中公新書 2583

鴋澤 歩著

鉄道のドイツ史

帝国の形成からナチス時代、そして東西統一へ

中央公論新社刊

はじめに

題して、「鉄道のドイツ史」。本書は、一八〇年におよぶ中央ヨーロッパ・ドイツ語圏の鉄道の歴史を追う。それによって、ひとつながりの近現代ドイツ史を把握してみたい。つまりこれは、小さな通史の試みである。

「EUの悩める盟主」であり、「ヨーロッパ経済の心臓」であり、「再生可能エネルギー政策の旗手」であり、「〝過去〟への取り組みのモデル」であり、「サッカー・ワールドカップの優勝常連国」……である、今日のドイツ連邦共和国（Bundesurepublik Deutschland：BRD）は、どのように形成されたのか。

これを私たちの言語《ことば》で確認する作業の必要は、いまさら取りたてて論じなくてもよいように思える。もしもドイツやヨーロッパに何の関心ももたなくても、彼らは、地理的に離れているとはいえ、なかなか親しいといえる私たちの隣人である。その経歴や過去に関して知る意義を、真っ向から否定する議論がありえるだろうか。もしもありえたとしても、それはあまり真面目《まじめ》なものとは想像できない。

では、なぜ鉄道なのか。

鉄道——固定された軌条上に動力車とそれに連結された車輛《しゃりょう》を走らせることは、純粋に工学的技術である。この普遍的な技術体系が、ある伝統と特徴をもった、つまりそれぞれに特別な社会に突き刺さったときに、どのような変化をそこに生じさせたといえるのか。こうした疑問は、グローバルな規模で広がり続けるテクノロジー社会に生きる私たちが、当事者として追い続けるべきものだろう。

そして、鉄道に付随して起きたドイツ語圏社会の変貌《へんぼう》が他国のそれ、たとえば日本の明治期以降の経験とどのように等しく、どこがどのように異なるのか——も、私たちを強く惹《ひ》きつける問いになる。

鉄道は、比較的短時間に世界的に普及した技術システムだといえる。だから国際比較や地域比較の視点であつかうには、たいへん便利な対象である。ドイツ語圏最初の鉄道開通（一八三五年）と日本のそれ（一八七二年）との間には三七年の開きがあったが、これでも、技術の地理的普及速度の当時の平均から見て、ゆっくりしたものでは決してない。

また比較的早くに日本の鉄道は、世界的同時代性を獲得したともいえる。たとえば、すでに一九三〇年代には、鉄道高速化の競争に、当時の国鉄も参加している。

異なる事情と背景をもつ異なる社会の鉄道史は、あるときから私たち自身の生きる社会のそれに重なったともいえる。そこから私たちが学びうるものは、きっと少なくない。さらに鉄道という多面的な存在は、ある歴史的時間にさまざまな角度から光をあてるのに好都合でもある。

だが本書では、特に鉄道と経済との関連に重点を置きたい。これは筆者の勤め先が経済学研究科であり専攻が経済史学だからという、書き手の事情ばかりではない。

ドイツやドイツ史というものを考えるとき、工業国、経済パワーとしてのドイツを視野から外すのは不可能だと思えるからだ。また、ドイツという国――とりあえず現在のドイツ連邦共和国とその前身の諸国家――の成り立ちに、ドイツ語圏の人びとが経験した経済成長や経済発展は、なにか本質的なかかわりをもっているのではないか。一九世紀の何人かのドイツ人ほど、「国民経済」ということばに意識的であった者はどこにもいなかった。二〇世紀のドイツ国家の指導者をもって任じた人びとの多くは、工業的生産力の拡張・高度化や製品販路の維持拡大と一国の運命とを重ねる点で、同時代でもっとも極端であった。

一国の歴史と一国の経済との関係は……という、なにかの一般論以上に、ドイツ史とドイツ経済とは密接に結びつけて考えるべきものではないだろうか。

そして鉄道史は、ここで必要な補助線となるだろう。ドイツの重工業の発展に、鉄道網の建設が最初の決定的なインパクトを加えた、というのはよく知られた教科書的な史実である。だが、それればかりではない。

ドイツ経済というからには、「ドイツ」という空間的な枠組みの中におさまっているはずである。ところが「ドイツ」は、歴史的に伸縮性と不定性に富んでいた。富みすぎていたといえるかもしれない。二〇世紀前半、「大ドイツ国」や「生存圏」がナチの侵略とともに主張されたのを思い出せば……。同時に、「ドイツ」は長く仮構性も帯びていた。一九世紀第3四半期にいたるまで単一の民族国家（国民国家）として存在せず、多数の主権国家がドイツ語圏に併存した。

ところが、そうしたドイツ語圏の国家としての曖昧《あいまい》さと分裂の時期に、すでに「ドイツの鉄道」というものは概念としては存在していたのである。実際には一九世紀終わりに統一的なドイツ帝国ができてからさえも、裏腹に、ドイツ語圏には諸「国鉄（官営・官有鉄道）」の並立があった。しかし、それらをひとまとまりに「ドイツの鉄道」としてあつかうことは、鉄道時代の比較的初期からはじめられていた。

どうやら、ドイツ経済という名の「国民経済」と鉄道とは、最初から不可分の関係にある。その関係は、たとえばフリードリヒ・リストというような人物の頭の中にだけあったものではないだろう。「ドイツ鉄道の父」とも呼ばれた先覚者リストの挫折《ざせつ》の後、一九世紀後半以降の「ドイツ鉄道史」は、この点を明瞭《めいりょう》に示してくれるはずである。

そして、二〇世紀なかばの破局と国民国家の分裂、二つの対立的なシステムに分かれたかつての「ドイツ経済」、そしてその再統合という一連の出来事について考えるとき、鉄道業への観察が有力な手がかりになりうることも疑いがない。

はじめに

二一世紀に入ったヨーロッパ社会は、統合と分裂、グローバリゼーションないしグローバリズムとナショナリズム、ローカリズムの間で、激しく揺れている。おそらくは明日の私たちを待ち受けている事態であろう。

また、それはドイツ語圏の人びとがかつて経験した歴史の、欧州規模で拡大されている再生産、繰り返しという面ももっている。

ドイツの鉄道の歴史をたどる必要は、小さくない。さまざまな地域の社会と経済をときに結び、ときに隔て、遠ざけもした交通機関とその制度・組織、それらを動かした人びとについて知ることだからだ。

もくじ

序章　ドイツ鉄道史ひと筆がき――「本書の構成」に代えて

一九世紀ドイツ・鉄道の時代

本論に入る前に、いわば「ひと筆がき」で、「ドイツ鉄道史」を大急ぎで確認しておこう。まずは一九世紀である。

「長い一九世紀」という言葉がある。フランス革命勃発《ぼっぱつ》（一七八九年）にはじまり、第一次世界大戦の勃発（一九一四年）ないし終結（一九一八年）で幕を閉じる「一九世紀」。諸革命を経た市民社会の成立、「産業革命」という語がイメージさせてくれる工業化、「第一次グローバリゼーション」とも呼ばれる欧州を中心に描かれる世界地図の確立、そして欧州大戦（第一次世界大戦）によるその崩壊……までを、一つのまとまった歴史的時間とする見方である。

しかし、ここではカレンダー上の「一九世紀」でよい。固定した軌道上を自走する機械車輌と、それに牽引《けんいん》された列車が移動する、という意味での鉄道は一九世紀の発明だからだ。

ドイツ語圏の鉄道史は、その建設進捗《しんちょく》の程度からまず四局面に分けられる。これは一九世紀末から二〇世紀初頭に活躍した経済学者W・ゾンバルトが採用した区分で、現在もほぼ

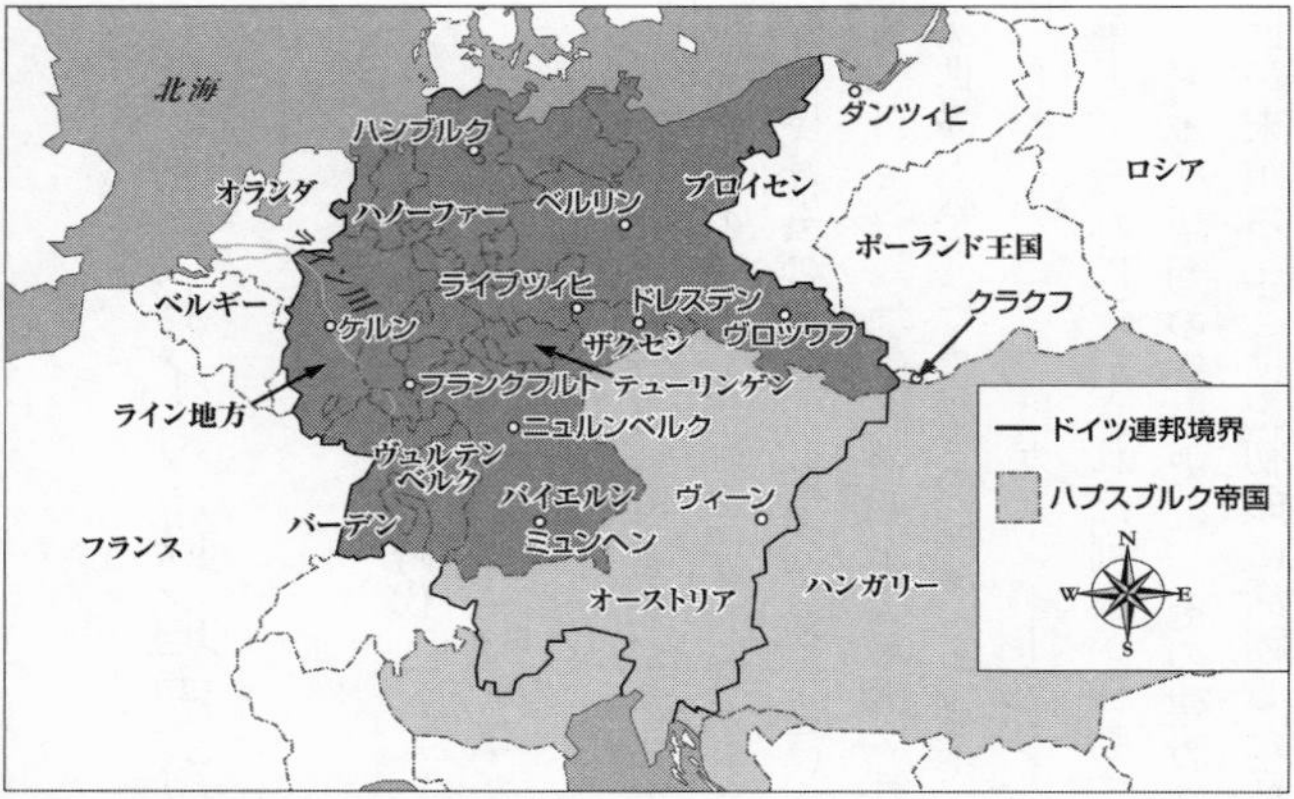

19世紀初頭のドイツ連邦とその周辺諸国

受け継がれているもの。

ちなみに、「ドイツ語圏」というのは、この一九世紀、「ドイツ」には概念の幅と政体の変化が著しいためである。便宜的な呼称と思ってくださるとよい。

フランス革命勃発から一七年後の一八〇六年、「ドイツ国民の神聖ローマ帝国」がフランス皇帝ナポレオン・ボナパルトの出現で崩壊した。それから一〇年たらずでナポレオンが没落すると、一八一五年、主権国家の集合体としての「ドイツ連邦」ができた。

三九（数え方によっては四一）の領邦（邦国）が、かつての神聖ローマ皇帝であったオーストリア（ドイツ語風に表記すれば、エストライヒ）皇帝を議長とする連邦会議に参集するだけのつながりであった。多民族国家であるこのドナウ君主国・ハプスブルク帝国のドイツ語圏であるオーストリアやプロイセンのような大国といっていいものから、バイエルン、ザクセンのような実力ある中規模の王国、さらに小規模の君主領、ハンブルクやリューベックといった都市国家にいたるまで、大小の邦国という地域国家によって「ドイツ」の地図はモザイクのように色分けされた。

一八六〇年代にはドイツ統一戦争のなかでプロイセン王国を中心に「北ドイツ連邦」が成立し、オーストリアが「ドイツ」から排除される。プロイセン中心のこの連邦が発展する形で「ドイツ帝国」が成立するのが一八七一年であった。以下の「ドイツ鉄道史」の区分は、そのドイツ帝国に生きた人びとの視点によるものであることに注意しておくべきだろう。

①一八三〇年代後半　鉄道建設初期―複数の大都市と隣接都市の連絡
②一八四〇年代初頭～五〇年代前半　鉄道ブーム期―鉄道網の骨格形成
③一八五〇年代後半～六〇年代　鉄道建設最盛期―「ドイツ」規模の鉄道網ほぼ完成
④一八七〇年代以降　国内鉄道建設の安定―鉄道網の整備と欧州規模への拡大へ

鉄道は、幕末・明治の日本人にとってそうであるように、一九世紀はじめのドイツ人にとっても、外来の新技術であり新しい交通機関であった。その導入に苦労した先覚者、開拓者たちによる、ドイツ語圏の「鉄道前史」を語り落としてはならないだろう。

だが、一八三五年一二月七日という日付は、重要である。この日、南ドイツ、バイエルン王国のニュルンベルクとフュルトの都市間に最初の本格的な鉄道が開通した。小さからぬ官許私営企業として出資者を募った鉄道会社の成功は、当時の分裂した「ドイツ連邦」内各地に大きな刺激を与えた。これが①の時期である。

鉄道建設は、主要都市間の連絡として各々の地域で計画され、急ピッチで進むようになった。ここで②の時期に入ることになる。

この①~②の時期に主役を演じた人びとの姿を、本書は第1章に続く第2章、第3章で確認しよう。「鉄道熱」と呼ばれる、なかば投機的な鉄道建設への投資ブームが一八四〇年代には起こる。四〇年代だけで路線距離は一〇倍以上になった。

全長六〇〇〇キロメートルを超える線路が出現した結果、一八五〇年代中にはドイツ語圏全土を覆う鉄道網らしきものが、その骨格をあらわした。一八五一年にはドイツ連邦内で南北ドイツを代表する「王都」であったベルリンとミュンヘンが鉄道で結ばれている。乗り換えをはさんでまる二日はかかったが、ドイツ語圏に当時存在した各領邦の国境や地域を超えたこのような連絡は、路線伸長とともに進んでいく。

鉄道ブームの時期には、鉄道業の内部でもその後の発展の礎となる変化が、確実に生じていた。

一つは、技術や資材の「輸入代替＝国産化」のはじまりである。これはドイツ経済の工業化と正確に連動していた。

　大規模な鉄道路線建設では英国やベルギーからの資材輸入がおこなわれ、鉄道というシステムを動かすのもこれら鉄道先進地域・国家から招請された人びとだった。鉄道関連技術の導入は必須《ひっす》であったが、ドイツ語圏では対応はかなり速やかだったといってよい。一八三八年にはザクセン王国ドレスデンのウビガウ社が国産第一号機関車「サクソニア号」をつくっている。機関車については四〇年代中に半数は国産に切り替えられ、五〇年代に輸入代替が完了する。

　一方、レール製造を担う製鉄業でもほぼ同様の事態が生じたが、その変化は単線的・直線的ではなく、企業家のインセンティブの働きを反映して、かなり複雑なものであった。
　②から③にいたる時期である。これら重工業をはじめとするドイツ語圏の産業の成長に鉄道が与えた影響は、第4章で詳しく検討することになる。
　第5章は、そうした巨大な変化に伝統的な社会の要素が強い影響を与え続けたという、近代ドイツ史研究の基本テーゼが成立したといえるのかどうかを見る。鉄道業の場合、このテーゼは、まったく新しい近代的産業組織の運営に、国家官僚制が有益なモデル、ノウハウ、人材を供給し、その展開を規定し、一面で支えたという魅力的な説明になる。はたしてそんなことが起きたのか、起きたとすれば実際にはどう起きたのかを、当時の鉄道組織の構成員たちの記録に即して確認してみよう。

結局のところ、ここで技術者の役割がクローズアップされるべきものとして浮かび上がる。国外の経験に直接間接に学んだ最初の世代に続き、ドイツ語圏の内部で養成された技術者が鉄道建設の現場に立つようになる。彼らが、成立しつつある「鉄道企業」という新組織のなかで、ドイツ語圏の「鉄道技師（Eisenbahningenieur）」という新しい職業集団を形成していく姿を追うのは、第6章。

そこにはある種の凝集があったが、それはときに排除をともなう。新しいグループは、「他者＝よそもの」もつくっていった。他方、よそものもただ疎外されているばかりではない。一八四〇年代前半、鉄道網の一つの核に育ちつつある王都ベルリン発の鉄道建設をめぐる、「怪人vs役人」とでもいうべきエピソードが、ここにはさまれる。

一八四八年にほぼヨーロッパ全土で革命が起き、旧い社会秩序がゆらいだ。ドイツ語圏の強国プロイセン王国では、革命の直接のきっかけは、東部領土の国有鉄道建設計画の財政的可否をめぐる議論だった。

第7章は、この旧体制と市民、民衆という三者の演じた革命の構造が、鉄道業組織の内部に縮図として再現されていたことを確認する。また、自由とドイツ統一とを同義語であるかのように追求した革命期の試みが挫折した直後、「ドイツ国民国家」的な統一へのたしかな動きが鉄道業のなかではじめられていた。前述の③にあたる時期、革命という劇の幕が下りてからの一八五〇年代から六〇年代には、経済成長がようやく誰の目にもあきらかな現象となり、景況の上下を含みながらも持続した。これに支えられて、ドイツ語圏内の鉄道建設が本格的に進んだ。

一八七〇年代初頭、つまり④の時期、鉄道延伸距離はおよそ一万九〇〇〇キロメートルに飛躍する。これは当時のヨーロッパ全体の延伸距離の四分の一弱であり、一国内の延伸距離で、一八七一年に成立していたドイツ帝国は英国（アイルランドを含む）を七〇年代中に追い抜いた。

すでに幹線といえる主要路線はほぼ敷き終わっていたが、鉄道路線の拡大と地域内の充実はその後も続き、一八八〇年代に入るころにはおよそ三万キロメートルに達した。ドイツ帝国にはヨーロッパ諸国でも最も密な鉄道網が急ピッチで形成され、第一次大戦の直前には延伸距離は最大六万キロメートルに及んだ。

ドイツ統一にいたる戦争でプロイセン陸軍が鉄道を活用したことは、フランスに対する勝利もあって、ドイツ帝国内の鉄道業の優越を自他に強く印象づけた。

実際にはまだそれはいくらか過大評価であった。線路の複線化はフランスに比べて遅れていたし、全国の統一的な鉄道網を機能させるための制度的仕組みやノウハウも整備の（長い）途上にあった。パリのような一国の鉄道路線のまぎれもない中心に帝都ベルリンがすぐになれたわけではないし、そうしたハブ的存在の都市は帝国内にいくつもあった。そのメリット、デメリットの評価はむずかしいが……。

しかし一九世紀第4四半期の経済成長のなかで、新興大国ドイツの鉄道業もまた発展を続ける。もはや技術革新の大半が鉄道業をとりまくものというわけではなくなったが、第二次産業革命、特に内燃機関の発達や金属工業、電機など機械工業の進歩を鉄道も取り入れていく。

ドイツの鉄道業はヨーロッパ大陸で国際的に大きな存在感をもち、それを背景に成立した「中欧」の鉄道は、国際的に広がりゆく鉄道網のなかで一種の覇権争いに入る。技術規格をめぐってのものでもあったが、端的には、ドイツを通らずに中東になど行かせるものか、行きようがあるまい、というのである。

ドイツ鉄道の変遷――統合と分裂と

鉄道路線の成長が安定した④の時期以降、一九世紀末からの「ドイツ鉄道史」をあつかう第8章以降は、鉄道業の経営体としてのありかた、その変遷を主に見ていくことになる。ある時期までドイツ諸邦・諸地域のばらつき、差異が無視できないが、全体でまとめると、以下のような時期区分ができる。

一八四〇年代まで　私営企業・ベンチャー企業としての鉄道業
一八六〇年代まで　官営・官有鉄道と私営鉄道の併存、「混合システム」の時代

一八七〇年代〜第一次世界大戦まで　諸邦での「邦有化」の進行と「国有化」の失敗
第一次世界大戦期〜一九二〇年代　戦時統制から「国有化」、ライヒスバーンの実現へ
一九三〇年代から四〇年代なかばまで　ナチ期ドイツ国鉄
一九四〇年代後半から九〇年代　戦後のドイツ国鉄解体から分断、再生へ

二〇世紀前半にいたるまでのドイツ鉄道史を貫くキイワードは、「国有化（Nationalisie-rung）」であろう。それは単に、国家所有の公益事業か私企業かという所有形態や理念の違いを指すだけではない。

「鉄道国有化」とは、一九世紀のドイツ語圏では「国民（ナッィオーン Nation）」の国家、すなわち「国民国家」の不在という状況下、とても複雑な意味を帯びた概念であった。たとえば、プロイセン王国やザクセン王国といった邦（Staat、英語では state）が仮に自国のすべての鉄道を邦有ないし官営化したところで、それは「Nationalisierung（nationalisation）」ではないのである。そしてこの複雑さは、まがりなりにも国民国家の形をとったドイツ帝国（ライヒ）が成立した一八七〇年代にも実は変わることはなかったのであった。

一つの国鉄をもつ一つの中央政府は、それが不在であるときには、不在ゆえに理想化されていた。ドイツ帝国成立前のドイツ連邦では、南ドイツの邦国では当初から国営・国有（邦営・邦有）鉄道が主流だったのに対し、ライン地方など西部や北部の経済的に発達した地域

では、私鉄企業が盛んであるという差があった。いずれにせよ、単一の民族国家（国民国家《ネーション・ステート》）がない以上、官有化や邦有化はあっても、ネーション化という意味の「国有化」はそこには微塵《みじん》もない。

鉄道国有化は革命期に追い求められた「統一国民国家・ドイツ」の理念にも掲げられていたし、五〇年代のプロイセン王国でもしばしば私鉄買収・官営化が計画された。しかし、いわゆる私企業と公営企業の並存する「混合システム」の時代は、長く続いたのである。

帝国成立後しばらくたって訪れた景気下降期には、多くの私鉄企業が喜んで邦レベルで官営化されるようになったし、財政難の政府が収益力のある鉄道を手に入れることもまたあったが、それはドイツ帝国レベルで一元的な鉄道公営化が達成されたことを意味しなかった。ライヒをつくった宰相オットー・フォン・ビスマルクが強く望んでいたにもかかわらず、であった。それはなぜだったのか、を第8章であきらかにしたい。

まがりなりにも帝国中央（ライヒ）が直営する鉄道、すなわち「ライヒスバーン（帝国鉄道）」は、普仏戦争で獲得したエルザス・ロートリンゲン（アルザス・ロレーヌ）地方の一鉄道路線に限られた。砲煙のなかで成立したドイツ帝国《ライヒ》の最初の「ライヒスバーン」にふさわしいような気もするが、第9章は、この帝国が再び砲煙のなかに滑り落ちていき、破滅するさまを描くことになる。

ドイツ鉄道史を貫くもう一つのキイワードは、おそらく「戦争」である。それは「国有化」という前述のキイワードと、あるいは表裏一体のものであったかもしれない。

一九世紀から続くグローバル経済のいっそうの進展のなかで、海外植民地帝国の夢想にとりつかれた（としかいえない君主を戴《いただ》いた）ドイツ帝国の鉄道もまた、国外を目指すことになった。

だが、ヨーロッパ各国のナショナリズムの高揚と暴走は、ドイツの鉄道業を翻弄《ほんろう》した。

そして欧州大戦（第一次世界大戦）が起き、鉄道業もまた深く傷ついた。「鉄道の戦争」は一九世紀ドイツ（とりわけプロイセン）がこれを完成させたといってよい。世界大戦の戦場でも、お家芸が発揮されたといえるところがある。

しかし、世界大戦は、ドイツ語圏の鉄道をほとんど存亡の危機にさらしたのである。

過酷な戦後処理のなかで、この敗戦国ドイツの鉄道業が「ドイツ・ライヒ最大の担保物件」として浮かび上がる。

第一次世界大戦の破局は、国民国家レベルで一元的に運営されるドイツ鉄道をついに成立させた。共和国となったライヒ（ドイツ国）の鉄道、すなわち「ライヒス（・）アイゼンバーン」あらため「ドイツ・ライヒスバーン」である。ライヒ交通省に直属する官営組織だったが、ほどなく敗戦国ドイツが支払うべき賠償金の稼ぎ手として、特殊会社の形態をとる。この「ドイツ・ライヒスバーン」の、その後わずか四半世紀の歴史が、第9章と第10章にまたがる。

戦間期、とりわけ「相対的安定期」（一九二〇年代後半）のライヒスバーンは、懸命に敗戦の傷を癒《いや》し、賠償金支払いという重い任務を果たしたといってよい。しかし、三〇年代初頭の世界大不況から無縁ではありえなかった。

ドイツ鉄道の一〇〇周年はもちろん一九三五年に大々的に祝われたが、すでにナチ体制下でのことであった。ニュルンベルクで開かれた記念行事の鉄道大パレードには、アドルフ・ヒトラーが総統として臨席した。

ナチス・ドイツのドイツ国鉄・ライヒスバーンは会社組織を脱して再度、官僚組織に組み入れられる。「未来の交通機関」とは思われなかったから、ナチ政府に優遇されたわけではまったくなかったが、世界的な課題であった鉄道高速化はいちはやく軌道に乗せ、ヒトラーの大規模都市計画にも参加した。幻の巨大駅の設計図が引かれ、模型がつくられた。

束《つか》の間の「繁栄」をナチ体制とともに享受したかに見えたが、それは破滅への道だった。再び欧州の前線に兵員と物資を輸送しはじめたが、戦局が悪化すると、おびただしい消耗を余儀なくされた。そしてまた、鉄路を強制収容所・絶滅収容所にまで伸ばした。ユダヤ人を移送する「死の列車」を走らせることになる。

自動車と飛行機に夢中だったヒトラーたちナチ政府は戦争をはじめるまで気づいていなかったが、鉄道がナチス・ドイツの死命を決することになった。東部戦線の決定的な敗北と、その後の戦時経済の機能停止に、鉄道輸送の破綻《はたん》は深くかかわっている。

連合国軍の空爆がライヒスバーンという経済の動脈を絶ったことで、エネルギー供給が途絶し、工業国ドイツの全身機能は麻痺《まひ》する。鉄道の発達とともに形成された、「ドイツ国民経済」はここに崩壊した。

敗戦後のドイツ鉄道業の再建は、中央政府が消滅し、分割占領下のそれぞれの地域で、分断された状態で進められることになる。一九四九年、東西に分断されたドイツ国家が主権をなお欠いたままで成立。西側のドイツ連邦鉄道（DB）と東側のドイツ国営（ドイツ・ライヒ）鉄道（DR）が別個の道を歩むことを余儀なくされた。

第11章では、経済体制の異なった二つの「ドイツ」に併存した二つのドイツ国鉄の発展をスケッチする。西ドイツのドイツ・ブンデスバーン（DB）と東ドイツのドイツ・ライヒスバーン（DR）である。初期条件や事情の異なる復興への努力と一瞬の繁栄、やがて程度を大きくたがえることになったモータリゼーションへのそれぞれの対応、一方の財務危機と民営化への道、もう一方の体制そのものの危機との呼応、そして、ドイツ再統一に続く一九九四年のDBとDRの東西経営再統合（民営会社「DB AG」の誕生）……。

二つの鉄路が再び交わるまでには、四五年を要したのであった。

第1章　鉄道建設の背景——ドイツをもとめて

ゲーテと鉄道

時代は、一九世紀はじめにまでさかのぼる。ナポレオン没落直後のドイツ語圏、すなわちできたばかりの「ドイツ連邦」である。

やはり、ゲーテからはじめよう。……とはいえ、ドイツの話だからなんでもゲーテだ、というわけにもいくまい。鉄道については、なおさらにそうである。

ヨハン・ヴォルフガング・フォン・ゲーテ。近頃やや安易に用いられがちの「文豪」という言葉の本来の意味を、ドイツ文学史上で体現する存在である。一七四九年に生まれ、一八三二年に没している。ところがドイツで最初に鉄道が敷かれたのは、一八三五年であった。

つまり詩人は、ドイツでの鉄道時代がはじまる直前にこの世を去っている。どの世界史年表にも、史上初の蒸気機関車を用いた輸送機関としての「鉄道」は、英国のストックトン＝ダーリントン間を一八二五年に結んだ、とあるはずだ。欧州大陸初の鉄道は、フランスのリヨン＝サン＝テティエンヌ間を一八三二年に走ったとされる。しかしゲーテが、これら外国の鉄道に乗る機会をもったという記録はない。

だが、老境に達した文豪が「鉄道（Eisenbahn）」にまったく無関心であったわけではないのも、たしかのようである。一八二五年六月六日、気を許す友人に宛《あ》てた手紙の一節に「富と速度は、世界が熱中し、諸人がそのために血眼《ちまなこ》になっているものだ」と記した。そして、「鉄道（Eisenbahnen）、速達郵便、汽船」に言及している。前記のストックトン＝ダーリントン鉄道の公式開業日（九月二七日）より三ヵ月以上早い。

鉄製の軌道の上に置かれた車輛を馬や人が牽引する「鉄道」の実用化も、鉱山での利用を中心に、一九世紀に入る前の時期からあった。現に、英国やフランスの最初期の本格的な鉄道も、短期間とはいえ当初は牽引力として馬がまず用いられた。ゲーテのいう「鉄道」もそうした前駆的な鉄道であったかもしれないが、蒸気機関車の発明はすでに一八〇一（二）年。軌道への部分的な採用の試みも続けられていた。

ゲーテは小領邦ヴァイマル公国の行政官として道路建設や河岸整備に業績をあげ、また当代一流の科学者とも自認していた。新しい交通技術が形成される動向に関心をもち、今日的な意味で純然たる「鉄道」を思い浮かべていたとも考えられるだろう。

一八二八年一〇月六日の言葉として、有名な『ゲーテとの対話』中にこうある。

「『ドイツが統一されないという心配は、私にはない』とゲーテはいった、『立派な道路ができて、将来鉄道が敷かれれば、きっとおのずからそうなるだろう』」

ここには、交通インフラストラクチュアとしての鉄道の正確なイメージがある。ゲーテ晩年の言葉だが、ちょうどその死の前後から、ドイツでの鉄道敷設の意義を熱烈に主張する人たちがあらわれている。後世にも定着した彼らの鉄道論が、先取りして語られているようでもある。

しかも興味深いのは、この箇所に続くゲーテの「ドイツ統一」論であろう。文豪は貨幣や度量衡の統一を望み、「ドイツ連邦」内に三九もあった主権国家の国境の撤廃と「商業貿易」の一体化を説く。しかも、これに続いて展開されるゲーテの「ドイツ統一」観は、すぐれて現代的なものだといえる。「大国らしい唯一の大規模な首都をもつ」中央集権のドイツ国家ではなく、文化や富が「国のあらゆる場所に均等に行きわたっている」状態でなければならない。一都市にいたるまで分権的なドイツ国家こそが繁栄を保証するというのである（引用はすべて山下肇訳、岩波文庫より）。

パリのようなメトロポールを首都にもたない近現代ドイツ国家の欠陥と危機を指摘する声は昔からあり、現代でも「大都会のない国」の田舎者根性が指摘されたこともある。これに対してゲーテの考えは、現代のユニークな経済史家フーベルト・キーゼヴェッターのそれを思い起こさせる。

ドイツ工業化論の現在

鉄道建設は、ドイツの「工業化期」にぴたりと重なる。また、その政治的背景である国家体制としてはゲーテ晩年の「ドイツ連邦」時代から、ドイツ統一戦争時代の連邦の解体・再編、「ドイツ帝国」の成立という変化の時期にあたる。

この点をふまえて、本章ではしばらく、ドイツ工業化やドイツ国家について、それがどのように考えられてきたのかを確認しておくことにしよう。鉄道史の流れそのものにすぐにあたりたい読者は、本章の残りは飛ばして、第2章に進んでくださるのがよいと思う。

さて、キーゼヴェッターは、現代ドイツのベテラン経済史研究者の一人。そのドイツ工業化論は、邦訳もされた新しいスタンダードである。

その特徴は、工業化をドイツ語圏の地域ないし地域国家のあいだの競争の過程ととらえる点にある。

たとえ「英国産業革命」などといっても、工業化と呼ぶべき事態は一国レベルで全土に均一に生じるわけでは(当たり前だが)なく、ある地域に根差した産業の新展開や成長を総称したものである。したがって本来、工業化は地域的な現象であるといえる。ここから一九七〇年代の経済史学では、欧州を股《また》にかけて活躍した経済史家シドニー・ポラードらが一歩を進めて、工業化の単位は(従来、自然にそう想定されていた)国家ではなく、国境線による区分とは無関係の個々の地域であるとした。

ドイツも他の国の例にたがわず、産業の発展は地域的な現象であったが、キーゼヴェッターは常識的なこの事実を再解釈して、中小規模の地域政府が演じた、工業化推進による厚生政策の地域間競争が「ドイツの産業革命」の本質だと指摘した。ドイツ語圏の中小主権国家の地域分立は、ノーマルな国民国家成立の失敗とみられ、近代ドイツ史の後進性の表れとも評価された。だが、キーゼヴェッターによれば、だからこそ生じた競争こそが工業化と経済成長を促進する原動力だったとされる。「地域分裂」すなわち統一的国民国家の未成立という一つの史実に、ネガとポジの反転のようにまったく逆の意味づけを与えるのである。

こうした評価の変転の背景には、「国民国家」への意味づけの二〇世紀に起きた変化がある。

一九七〇年代前半に生じた世界的な成長の停滞は、それまでの中央政府が主役を演じる経済成長や経済開発があきらかに行きづまったことを意識させた。国家エゴイズムを通過して、国民国家を超克した政治的な紐帯《ちゅうたい》も、たとえばヨーロッパ統合といった形であらためて求められるようになる。そもそもヨーロッパ統合の起点が、国境線をまたいで存在する鉱物資源と工業地帯の国際共同管理である欧州石炭鉄鋼共同体（ＥＣＳＣ）だったことは、欧州の政治経済の打開の方向を示すものだと受けとられる。

こうなると産業の地域性といういうかねてからの現前の事実にも、経済史研究上、新しい意味づけが与えられずにはいられないだろう。それが七〇～八〇年代の「地域の工業化論」であった。

そして、これは今日の工業化研究の方法的基盤であり続けている。ほぼすべての学術的論文は、特定の地域の経済現象を取り上げ、そこからその地域が属するかもしれない国の話まではしない。しなくてもいいのである。

晩年のゲーテが同時代に見ていたように（そして私たちも今なお観察できるように）ドイツ語圏では、経済地理的な分立性と多様性が目立っている。現在のドイツ連邦共和国に限っても、東西、南北の経済風土の差異は——単なる「格差」以前に——歴然としている。

この点はキーゼヴェッターを俟《ま》つまでもなく、先立つ世代の東西ドイツの経済史研究者ももちろん見落としていない。彼らに学んだわが国のドイツ経済史研究も、そこから独自の体系を打ちたてた。欧州諸地域の工業化の単位である諸「経済圏」という見方は、現代の欧州統合のなかで進められてきたEU地域経済政策にも一部マッチするもので、強い現実性を主張できるだろう。

ドイツは「ドイツ」だが……

ドイツ帝国（ライヒ）成立より前は、たしかにカギかっこ付きの「ドイツ」であろう。「ドイツ（の）皇帝」をもつようになったそのドイツ帝国にしたところで、その内実は連邦制的なもので、現に主要な各地の王国は「帝国」内に存続していた。市域だけを貴族的な市民の

「参事会」や市長が治める、自立した都市国家も存在した。

ドイツがある程度以上、中央集権的になるのは二〇世紀前半、第一次大戦後のヴァイマル共和制とナチ期だけだといえるから、なるほど「ドイツ」とカギかっこをつけて注意を払う必要は、絶対に無視できない。

またしてもゲーテ、であるが、詩人フリードリヒ・シラーは、盟友ゲーテとの共作の形で次の詩句を残している。

「ドイツだって？　それはいったいどこにあるのか？　そんな国は、見つからない。知的なものの始まるところで、政治的なものは終わるのだから」

詩句の成立した当時の文芸論争的な背景を離れての引用であるが、ここで注意しなければならない点が一つある。

ゲーテには、統一的なドイツという概念を否定する意図まではなかった。シラーはまた、「ドイツは文化のなかにのみ存在している」という意味の諦観《ていかん》にも似た言葉を残しているが、そこでも、ある〝ドイツ〟というまとまりまでは疑われていない。

どうやらゲーテたちにとって、ドイツの地理的多様性や分化、個々の地域の自律性と、現在のドイツの一定のまとまりや、将来あるべきドイツの統一とが完全に両立しないものだとされているわけではなかったようである。両者はバランスをとって共存すべきものであった。

そしてこれは、ドイツ語圏の経済史家ないし歴史家一般の分厚く長い系譜に共通する見方であるようだ。キーゼヴェッターもまた、テキストブックを『ドイツの産業革命』と題した。

歴史的観察対象としてのドイツ国家は――ドイツばかりではないのだが――しかし、そもそも国境線からして、時期によって不定的である。中央政府の行動を対象とする政治史・外交史ですら、統一以前のドイツを、一括《くく》りにはなかなか論じられない。だから多くの歴史研究者は、ドイツを方法論的に地理的に分割して論じてきた。「ザクセン史」や「バイエルン史」、あるいは特定の地方や都市の歴史を飽かず積み重ねた。経済史家もその例に漏れない。

それでも、そこで「ドイツ」が閑却されたわけではなかった。閑却すべきだとされることは、これからもないようである。地域の歴史と国民経済の歴史は、一方が一方を排除するものではない。ドイツ史にとっては、とりわけそうなのである。

ドイツについては特に、第二次大戦後の歴史学の新しい潮流であった社会構造史が、一九八〇年代に急速に進んだ国家史の否定(と部分的には地域史への分解)に抑制をかけ、結果として「ドイツ」史を対象とすることの意義を主張し続けることになった。

そして今、社会構造史の領袖《りょうしゅう》であるユルゲン・コッカやその後継者が取り組んでいる課題の一つは、グローバルな「資本主義(資本制)の歴史」である。一国史的な枠組みへの反省がある一方、一九世紀にはじまるグローバリゼーションの展開のなかでは、当然、国レベルのドイツが分析対象の一つになっている。

グローバリゼーションは「国際化」と同義ではないが、大きく重なることはたしかである。

やがて超えられていくのであろう、あるいはつながっていくのであろう、「国々」「国」とは何だったのか——これは歴史学の正当な問題関心であり続けるだろう。

そして、その正当性は「国民経済」という概念がいま主張できるものでもある。マクロ経済学が議論の基本的な単位とするのは、なかば自動的に各国経済、すなわち各国の「国民経済」である。それに加えて、現代経済学が獲得してきた新しい視点は、何か新しい「国民経済」の把握を可能にするのではないだろうか。

グローバルな視角による相対化、広義の「制度」の重要性の認識、経済現象を空間の枠組みでとらえること。こうしたものは、私たちが必要とする新しい「国民国家」論につながる、新しい「国民経済」論をもたらすはずである。歴史学と経済学の境界にある学問分野である経済史学の果たすべき課題が、ここにある。

「ドイツとは何か」と鉄道史

ドイツの鉄道業の展開をとりあつかう本書もまた、そのような課題に取り組むべきだろう。統一国家ライヒが実体をもっていたときですら、「ドイツとは何か」の議論は避けられなかった。ドイツ語話者とドイツ国民とのあいだやドイツ文化の担い手とドイツ・ナショナリズムの担い手たちとのあいだには、常にズレがあった。何をドイツ国としての凝集の根拠とすべきなのか、「ドイツ」の一体性とはどこに求めるべきなのか……、について、ドイツ人が繰り広げた議論は分厚い蓄積をもつ。

『教養の歴史社会学』終章で研究史を簡潔にまとめた宮本直美によれば、「ドイツとは何か」は絶えず問い続けられなければならなかったし、問い続けられることに意味があった。答えの出ない問題であるからこそ、「ドイツとは何か」を問うことが、ドイツ国家やドイツ人のアイデンティティになったのだという。

確たる答えを得られないとしても、問いかけ、問い直すことのなかに「ドイツ」の姿をさがす行為。かつて一九世紀・二〇世紀に「ドイツの鉄道」を建設する作業自体にも、この不断の運動は含まれていたに違いない。

第2章　鉄道時代のはじまり――一九世紀初頭～一八三〇年代

ドイツ最初の鉄道

ドイツ鉄道史の最初の一ページは、一八三五年一二月七日、「ルートヴィヒ鉄道」ことニュルンベルク－フュルト間鉄道の開業から書かれるのがふつうである。

この月曜日午前、冬の陰鬱《いんうつ》な空の下、バイエルン王国中部フランケン地方の両都市間六キロメートルが、小さな英国製蒸気機関車「アードラー（鷲《わし》）」の引く客車九輛編成の列車によって、一〇分足らずではじめて結ばれた。この日付が以降、ドイツの鉄道記念日となった。

そもそも、なぜドイツ語圏最初の鉄道は、他ならぬこの南ドイツの二つの街の間に敷かれたのだろうか。「玩具《がんぐ》のような」などと後世にいわれるものの、定期運行する最初の鉄道であった。

その背景には一九世紀初頭のナポレオン・ボナパルト（一七六九～一八二一）による支配の時期をはさんだ、ドイツ経済の大きな変化があった。鉄道建設は、それに押し流されまい、あるいは、置いてきぼりにされまいとする試みに他ならなかった。その必要は、ニュルンベルクという人口四万四〇〇〇の街では他のドイツ語圏主要都市に増して大きかったのである。ドイツでのナポレオン時代の開始は、「近代」への突入を意味した。中世以来の経済的機能が衰弱する不安に直面していた伝統的な商業都市ニュルンベルクと、手工業都市フュルトの経済人・市民は、鉄道というリスクの大きい新事業に賭《か》けた。「ルートヴィヒ鉄道会社」の募集した株式一七万五〇〇〇グルデン（主にドイツ南部の当時の通貨単位）は二〇〇〇年代はじめの五〇〇万〜六〇〇万ユーロにあたるというが、当時としては大きな資本規模である。そして最新の外来技術を利用せざるをえない事業だった。一種のベンチャー企業といえる。

最強の二人

この「ルートヴィヒ鉄道」の創設に関与した人物として、二人の名が必ず挙がる。ゲオルグ・ツァハリス・プラトナー（一七八一〜一八六二）とヨハネス・シャーラー（一七八五〜一八四四）。プラトナーはインディゴ（藍《あい》）やタバコなど植民地物産を取り扱う大商人で、ニュルンベルク経済界の指導者的存在だった。シャーラーもまたニュルンベルクの商家に生まれ、ホップをあつかうかたわら市参事会員として第二市長も務めた。社会事業に熱心で、現在のニュルンベルク工科大学の前身である工科学校（ポリテクニシェ・シューレ）も設立している。

太っ腹で情熱的なプラトナーと控えめで物静かなシャーラーのコンビが、二〇年代末以来

ルートヴィヒ鉄道（ニュルンベルク－フュルト間）

すでに話もあり、一度は立ち消えにもなった当地の鉄道建設計画に、一八三三年初頭、あらためて着手した。有志の中心になってほぼ一年がかりの調査をおこなったうえで、まだ珍しかった株式会社を設立、一三〇〇株に対して二〇〇人から出資をあおぐとともに、プラトナーみずからも一万一〇〇〇グルデン（三三万ユーロ）を引き受けた。多忙な王国技官パウル・デーニス（一七九五〜一八八二）を工事指揮に雇い、レールや機関車といった資材の買い付けに文字通り東奔西走したのであった。

彼らの二〇歳代は、ナポレオンのドイツ占領時代であった。故郷であり本拠地であるニュルンベルクは、名目上は神聖ローマ帝国の帝国都市としての自治の伝統を誇っていたが、ナポレオン・ボナパルトがドイツ語圏各地を軍事的支配下においた一八〇六年、バイエルン領内に強引に編入された。占領下ドイツに、侵略者フランスに抵抗する大学生を中心とした愛国的な運動が高まったのが、この時期以降の数年であった。

一八〇六年に英国との通商を遮断するためにナポレオンが発令した大陸封鎖は、近世以来、海外交易の一翼を担って繁栄してきたニュルンベルクの地位に打撃を加えた。つまりは、プラトナーらの事業に大いに影響した。また、ナポレオンがドイツ語圏ひいてはヨーロッパにもたらした新体制は、旧帝国都市の政治的独立を奪っただけではなく、ニュルンベルク経済にまったく新しい商圏をさがすことを余儀なくさせた。

ナポレオン没落後、「ヴィーン体制」下のドイツ連邦でも、地方都市ニュルンベルクの悩みは変わらないのである。

やはり「はじめにナポレオンありき」

二人の共通の経験は、ポスト・ナポレオン期に、ドイツ連邦に統一的な経済圏をもたらそうとする運動に触れたことである。一八三二年にはバイエルン・プロイセン間の関税協定の話し合いにバイエルン王国代表団としてともに参加し、ベルリンで「ドイツ関税同盟」の考えに触れた。内国関税を撤廃し、統一ドイツ市場をつくろうとする考えである。ニュルンベルクの地理的位置を生かし、「ドイツ市場」に新しい商機を求めねばならない。

鉄道建設の一つの原動力となったドイツの経済的統一を求める声もまた、ナポレオン時代がもたらしたものであった。反フランス意識は、名目的には神聖ローマ帝国に属する領邦という地域国家の臣民だった人びとに「ドイツ人」という新しい自意識を芽生えさせた。ナポ

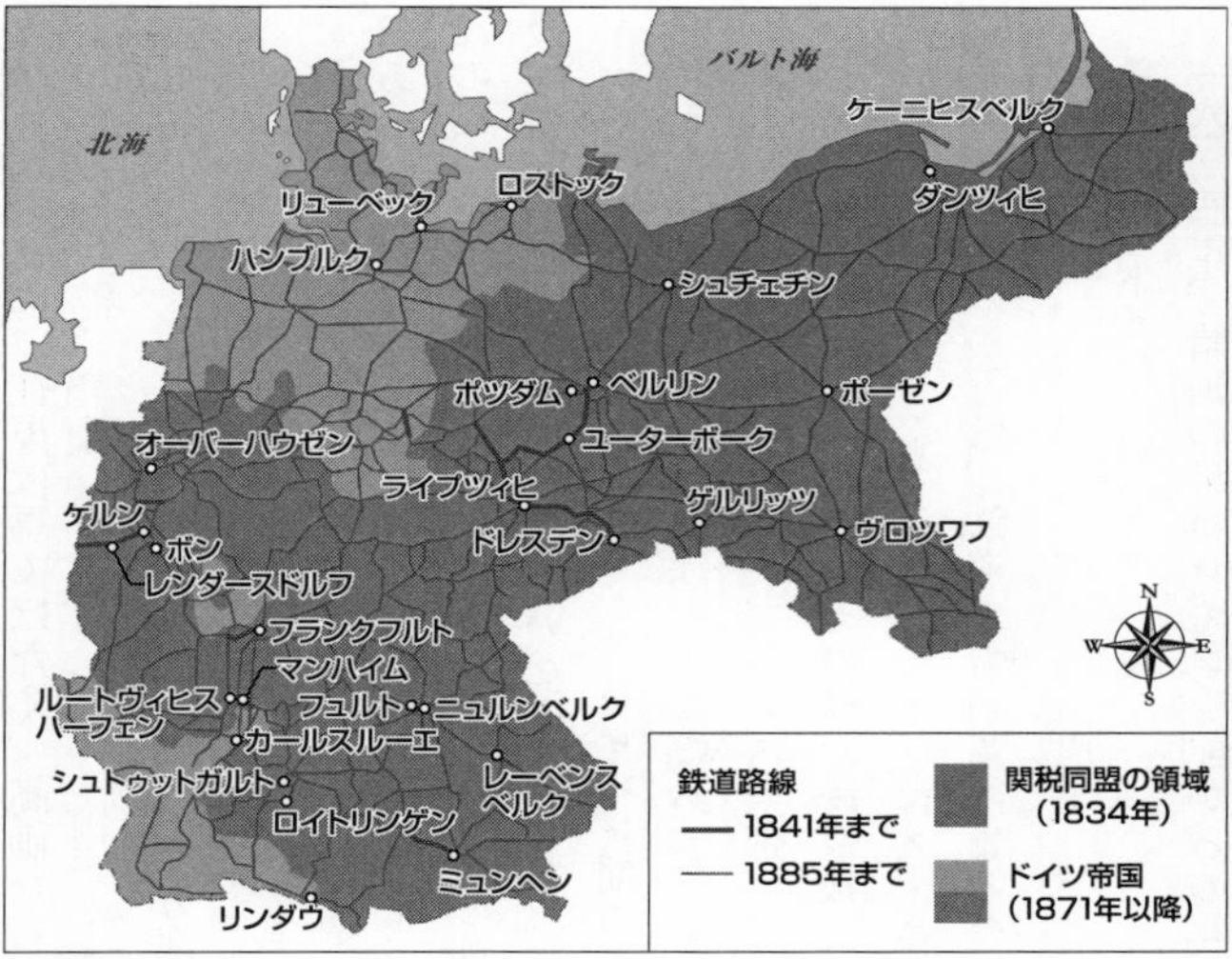

19世紀の鉄道

レオンはドイツ語圏から逐《お》われたが、フランス革命が生んだ立憲主義的な体制に生きる自由な国民という理念は、地域によって濃淡の差はあれ残った。

ナポレオンと戦い、戦場から帰ってきた若者たちは、数だけを整理して成立した三九の地方君主国家（いわゆる「自由都市」も市長という名の寡頭制的支配者をもったから、そうだといえる）に飽き足りない。立憲主義・自由主義と、統一ドイツ国家という理想がここに自然に結びつき、ポスト・ナポレオン時代の一九世紀前半を貫く政治運動の基調となっていた。

鉄道の最初の伸長期は、世紀なかばの革命勃発に向けて社会が加速する、一面では「政治の季節」だったのである。

ニュルンベルク－フュルト間の鉄道は、

少なくとも日に二往復は馬ではなく、高価な石炭を焚《た》く英国製の蒸気機関車によって客車をひいた。その名、「鷲《アードラー》」には、神聖ローマ帝国以来の伝統をもつドイツの国鳥の名をつけることで、片々たるバイエルン王国の一地方都市にとどまらない、統一（されるべき）ドイツの都市だという両市民の意思が込められているという説もある。

政治的統一がなかなか困難であることは、流血や追放をともなう弾圧ですぐにわかった。であれば、同じくドイツ人の生活を累卵《るいらん》危うき状態にしている経済的分裂をまず解消すべきなのだ——こうした考えに、「ドイツ」最初の鉄道企業家たちは、「ドイツの経済的統一」の最大の主唱者の肉声で触れていたようである。その人物、フリードリヒ・リスト（一七八九〜一八四六）もまた、ポスト・ナポレオン期の改革思想である立憲主義的改革を自邦でおこなおうと主張して弾圧を受けた一人であった。

ナポレオン・ボナパルト、フランス皇帝ナポレオン一世は一八二一年に流刑地セント・ヘレナ島で没している。だからその後の鉄道敷設にはもちろん何の関係もない。だが、やはり「はじめにナポレオンありき」。史家トマス・ニッパーダイによる浩瀚《こうかん》なドイツ史のあまりにも有名な冒頭の一行は、鉄道にも当てはまるのである。

鉄道前期のドイツ

一八一四年、諸国のナポレオン支配からの「解放」の結果、できあがったのは「すべてを元の（フランス革命以前の）ように」という復古・反動的な主張を前面に出す体制であった。「ドイツ連邦」は、各地の君主制の維持と新しい「ドイツ国民」理念の台頭との妥協の産物であるといえたが、結果としてドイツ語圏の分裂は維持される。ポスト・ナポレオン期ヨーロッパの体制を決めるヴィーン会議（一八一四〜一五年）に出席した当のドイツ語圏の君主・支配者層にとって、そのほうが都合よいからである。

ここから、「ドイツ国民国家」を目指す「愛国主義」は立憲主義、自由主義と同値になり、知識人の「ドイツ・アイデンティティ」追求は保守的な体制への抗議となる。ドイツ統一を唱えることは、この当時、左派的な進歩主義ないし急進主義の形をもっぱらとった。

保守反動の首魁《しゅかい》と誤解されたある文士の暗殺事件が起きると、ヴィーン会議以来の保守派の領袖であったオーストリア宰相クレメンス・フォン・メッテルニヒ（一七七三〜一八五九）はこの機を逃さず、ナショナリズム運動の弾圧をはじめた。

各邦政府当局による有形無形の圧迫に抗し、自由主義と踵《きびす》を接するドイツ・ナショナリズムは一九世紀前半を一貫する支配的な思潮として、一八三〇年代初頭に頂点を迎える。一八三二年のハンバッハ祭は、三万人におよぶ多様な階層の人びとをライン地方のハンバッハ城に集めた。統一を目指す運動は、行進で掲げられた「黒・赤・金」の革命旗（現在のドイツ国旗）に象徴された。祭には女性や外国人も集まったが、集会の立役者は領邦政府の反動化の現状に批判的な知識人の男たちであった。

一八三〇年代の自由主義知識人の群像のなかには、ヘッセン大公国の憲法停止をめぐって大学教授職を賭《と》した、言語学者ヤーコプとヴィルヘルムのグリム兄弟らの姿もある。彼らと同じ一七八〇年代後半に生まれたリストも、ここに数えられるのである。

失敗者フリードリヒ・リスト

リストは「ドイツ関税同盟の父」とも呼ばれ、「ドイツ歴史学派経済学の祖」ともされる。二〇世紀の経済学者J・A・シュンペーターの最後の大作『経済分析の歴史』によれば、リストは「一国民についての壮大なビジョン」を提示しえた、間違いなく偉大な経済学者であった。

だが生身のリストの生涯は、失敗と挫折に充《み》ちていた。

前半生は立身出世の物語、立志伝である。職人の家から出たが、ほぼ独学の末に南ドイツ・ヴュルテンベルク王国の国家官吏、ついで大学教授となり、裕福な市民階級出身の夫人との家庭を得た。愛国主義的な自由主義運動に参加し、言論の世界で注目を受けた。邦議会の議員にも選出された。後半生の基調はそこからの転落にあるといわざるをえない。信念の人だったリスト本人がどう感じたかは別として、心ない周囲の目にはそう映っただろう。

一八一〇年代末には政敵に睨《にら》まれたせいで、活発な政治活動を咎《とが》められて大学を解職された。家族を抱えての国外逃亡を余儀なくされ、投獄も経験する。ついに一八二五年にはアメリカに渡り、移民としての定着を試みるが、農場経営などはうまくいかない。

もちろん、出版事業や鉱山経営などで悪戦苦闘しつつもその後しばらく続いたアメリカ経験こそが、リストを私たちの知る「F・リスト」、現在もそのアイディアが生きている、後発国の保護主義的貿易は正当だとする理念の最初の学問的提唱者にした。

しかし貴重な見聞とそこから得た意見を持ち帰るべく帰国（一八三二年）するときには、もはやドイツ人としての法的地位を捨てていた。安全な帰国のために米国領事の資格を得、「外国人」になってしまったことが、故国「ドイツ」でのその後の事業に影を落とした。のちに触れるように、現実の鉄道建設計画にも手を染めるが、それらの成功からは排除されてしまう形となった。

フリードリヒ・リスト

つまりフリードリヒ・リストは大学人、政治家、事業家としては失敗者だった。五七年の人生の最期は、旅先での孤独なピストル自殺である。この悲劇は、一九世紀前半のドイツ語圏の社会が、リストのような進取の気象に富んだ人格にとって過酷なものだったことを端的に示す。同時にリストが人生の肝心のところで目論見《もくろみ》を外し続けた結果であったことも、否定はできない。

リストの見たドイツ経済

だが、たとえば現代の貿易自由化万能論への反発や、「普遍的・一般的だと高唱する干からびた経済理論（だけ）では、生きた現実の経済現象を把握などできない」という不満は、私たちの思想的感覚としては強固である。「先進国が自由貿易を唱えるのは、自分たちが先に上がったハシゴを外してしまう行為だ」と、現代の経済学者ハジュン・チャンも書いている。こうした意識のなかにこそ、リストと没後その弟子を自認した経済学者たち（「ドイツ歴史学派」）の理念とパッションは生きているともいえる。

経済学史上のリストの栄光は、同時代に隆盛をむかえつつあった英国古典派経済学への正面からの批判にある。かつては若い大学教授として、当時の経済学の国際的な主流すなわち「英国古典派」の祖であるアダム・スミスの忠実な伝道者たらんとしたこともある。しかし、やがてもっとも先鋭なスミス批判者に転じた。

一八一〇年代から、実践的活動もおこなった。「ドイツ商工業同盟」を結成し、苦境に立たされているドイツ語圏の「幼稚な」工業の立場を代表する論陣を張った。当時、各領邦政府が英国など外国製品の自由な流入を許す一方では、プロイセンのような大国が他の領邦に対して貿易制限をおこなうのも常態化していた。のちに亡命経験によって、いわゆる第二次独立戦争（米英戦争）直後の、保護主義の必要を唱えるアメリカ合衆国の議論を吸収する。

リストにとって、経済現象の主体は歴史的に成立したもっとも自然な単位である（とした）「国民国家」であり、その経済は生き物のように成長し、発展するもの――つまり「国民経済」である。子どもと大人、老壮若の違いがあるように国民経済の発展の度合いが違い、それぞれ歴史的な段階が（主に主要な産業の形態に応じて）認められるならば、もっとも進んだ「農工商段階」にある英国経済のための政策がドイツに当てはまるとは考えられない。とりわけ工業の発達がいまのドイツに期待されるとするならば、ドイツの生産規模が小さく、生産様式が幼稚な工業は保護され、その間に英国の機械化された工場生産を範にとって「育成」されるべきだ、というのである。

そうであろう。同時代的感覚では、工業の発達が富への唯一の道であるのは自明だった。すでに大陸ヨーロッパの人びとは、対岸の英国でフランスの政治上の革命に匹敵する大変化である「産業（の）革命」が生じているのを知っていたし、英国の工場がもたらす中品位・低価格の商品が市場に氾濫《はんらん》する脅威を感じずにはいられなかった。

こうした内容をもつ『政治経済学の国民的体系』は一八三〇年代末に懸賞論文としてまず執筆され、四一年に出版されたが、これにより経済学者としてのリストの名声が確立した。

歴史的発展段階論や有機体としての「国民経済」観はその後の「歴史学派」経済学に長く続く多大な影響を与えたが、ここに示された認識を背景に展開される、現状分析と政策的提言にこそむしろ、ジャーナリストとしてのリストが磨いたリアリズムが息づいていた。アメリカを体験したことで、産業保護の必要をはじめ、工業化する社会に起こる問題を他のドイツ人より早く、深く感知できたのだろう。

もともとスミスの『国富論』(一七七六年)も、アメリカ独立革命という同時代の社会・政治状況に敏感に反応した結果でもあった。また、スミスの(本人の認識では主著であったはずの)『道徳感情論』の延長線上にその内容は解釈されるべきことも、今日ではよく知られる。しかし一八世紀末からのドイツ語圏では、こうしたニュアンスを抜いて、スミス発の古典派的な自由貿易論を機械的に導入したきらいがある。

一九世紀に入っても、ドイツでは経済的自由主義と政治的自由主義とがくっきり分離していた。リストはその意味で、批判者としてきわめて真っ当にアダム・スミスを受容したともいえる。

リストの議論の柱は、英国工場製品の流入を防ぐ「育成関税」であり、それを可能にする全「ドイツ」規模の産業保護的な関税障壁であった。現実の当時のドイツ連邦が四〇近くの主権国家に分断されている以上、別個の組織がつくられなければならない。また、それぞれの領邦が国境で関税を取るために「ドイツ」国内の円滑な流通が妨げられていることも、工業のための市場という点でもちろん問題であった。

リストは、「ドイツ」共同の広域関税圏すなわち関税同盟の創出を、前半生のキャリアの頂点にあった一八一九年に連邦議会への請願書として提出している。米国亡命からの帰国後は、もっとも熱烈な論者として「ドイツ」の内国関税を撤廃し、輸出入関税体系を一つとする関税同盟の設立を訴え、ドイツ連邦北部、中部、南部で相互に競合的な関税システムが乱立しつつある事態の収拾をはかった（ちなみに一八七二年までは通貨の単位すら、ドイツの南北で異なった。北部ドイツの主要通貨一ターラーは、およそ四分の七グルデンにあたるとされた）。

関税同盟設立の論陣を張りながら、並行して強調されたのが「ドイツ」での鉄道建設の必要であった。近代ドイツ経済史の関連文献に必ず引かれるといっていい非常に有名な彼の言葉がある。

「関税同盟と鉄道は〝シャムの双生児〟（二重体双生児）である」

リストの鉄道論

一八二九年「北アメリカ通信」以来、三三年の「全ドイツ鉄道システムの基盤としてのザクセン鉄道システムについて」、翌三四年から三六年にかけて発表された「軍事的見地からのドイツ鉄道」を経て、四〇年から四四年までの五部構成の「ドイツ・鉄道システム」論文までに展開された鉄道システム構想は、リストのユニークな経済思想の論理的帰結でもあった。

リストにとって鉄道は、第一に「ドイツ」を一九世紀初頭現在の「農業国」段階から「工業国」へと引き上げるためのもっとも強力な手段である。すなわち、大別すると次の四方面から鉄道は「ドイツ」の工業の成長を推進するという。

a　鉄道輸送の他の交通手段に対する優越

b　鉄道敷設による地価上昇

c　鉄道建設による雇用促進

d　地域内・国内分業の促進

「シャム双生児」のたとえを思い出してみよう。この鉄道の経済的メリットのうち、aとdはまとめて統一的国内市場の形成という彼の主張の前提になるものだといえる。ドイツ内の領邦間の関税を撤廃すると同時に、主要な都市を結ぶ鉄道網を築き、高速化され安定化された全国レベルの流通を実現することではじめて「ドイツ」全国市場が可能になるだろう。政治的な国民国家建設に先立ち、その呼び水ともなる国民経済の建設をもたらすはずであった。この意味で全ドイツ鉄道システムは、リストの思想体系の要《かなめ》なのである。

口惜しき「鉄道の父」

リストの鉄道網プランの先見性は、実現した路線網と対照すれば、直感的にあきらかだといえる。東はトールン（現ポーランド）、ダンツィヒ（現ポーランド・グダンスク）から、西はケルン、北はリューベックから南はミュンヘン、リンダウ、バーゼルにいたる主要都市間を結ぶ鉄道網（「ドイツの鉄道システム」）の骨格を示し、並行路線や過当競争のない秩序だった鉄道網形成を望んだ。

だが、当時の主要諸都市を結んでみたら当然こうなる、という点は否定できない。現に、リスト・プランを総体的に実行したから今日のドイツ鉄道網がある、のではない。リストが期待したはずの計画的で効率的な路線建設というものは、ドイツ語圏全体ではおこなわれていない。

ドイツ語圏の鉄道建設は、実際は、もっと野放図な勢いに任せて進んだといえる。

リスト自身は、ドイツ語圏で最初の長距離路線であるライプツィヒ－ドレスデン鉄道の開通に積極的に関与した。これを礎に全国鉄道網建設に乗りだすつもりだったが、地元ザクセンの株主と衝突し、開通を待たずにライプツィヒを離れている。

そしてともに鉄道建設に尽力したザクセンやヘッセンの市民たちは、設立された鉄道会社（ライプツィヒ－ドレスデン鉄道：一八三七年、ヘッセン・ルートヴィヒ鉄道：一八四五年）の役員に、リストを加えようとはしなかった。

リストはたしかに先駆者であり、「ドイツ鉄道の父」である。だが、結局はなんら報われず、また、子が期待を裏切る形で育った点でも、どうやら口惜しい父でもあった。

第3章　初期鉄道建設の担い手たち——一八三〇〜四〇年代

開拓者たち

ドイツ鉄道史上の「パイオニア」「プロパガンディスト」は、もちろんリストばかりではない。英国で鉄道が実現（一八二五年）する前後から、二〇〜三〇年代のドイツ語圏で鉄道という新技術体系を紹介し、あるいは鉄道建設計画を立案、路線敷設を主導した人たちの名を挙げればキリがない。ドイツで鉄道建設がはじまったときには、すでにこの世を去っていたヨーゼフ・フォン・バーバー（一七六四〜一八二五）などである。

彼らにつづいて、前述のデーニスや、父の跡を継いだフランツ・アントン・フォン・ゲルストナー（一七九三〜一八四〇）が、最初期の鉄道建設に従事した指導的な技術者。彼らのドイツ語圏各地、さらに東欧に広がる活躍から、ドイツの「鉄道技師」の歴史がはじまるといえる。この点については続く章であらためて見ていこう。

まずは大金を投じて多忙な彼らを雇う、鉄道企業家の最初の一団が現れなければならなかった。フリードリヒ・ハルコルト（一七九三〜一八八七）、ルードルフ・カンプハウゼン（一八〇三〜九〇)、ダーフィット・ハンゼマン(一七九〇〜一八六四)等の名は落とせない。

ハルコルトは西部ドイツ・ヴェストファーレン地方の工業家。オランダにライン河口で通行料を取られていることを問題とし、こうした隣国の妨害を受けることのない新しい通商路を拓《ひら》くものとして、一八二五年に西部ドイツ諸都市をライン下流のブレーメンやエムデンと結ぶ鉄道を提唱した。二八年には最初の合資による鉄道会社を興し、三〇年にはルール地方に畜力使用の小鉱山鉄道を建設している。

カンプハウゼンは大穀物商でケルン市議会議員を務めていた。同市に三三年に設立された鉄道委員会の中心的存在で、彼の理念もまた西部ドイツから外港につながる新しい通商路の開拓にあった。「ケルン-アントワープ線」構想がそれにあたり、三五年にはライン地方からベルギーにいたる鉄道建設のための合資会社を設立した。

これに競合する鉄道路線・会社を提案したのがハンゼマンであり、彼の計画では直接ベルギー国境を目指すのではなく、アーヘンとケルンを結ぶ迂回《うかい》路線を敷くべきだとした。ハンゼマンはケルンを起点とする通商路の開拓にとどまらず、ライン左岸の経済的発展の要として鉄道建設を位置づけていた。

ブームと市場

ドイツの鉄道建設を最初に担ったのは、このように大半が当時の都市経済に活動の基盤を

ライプツィヒ - ドレスデン鉄道理事会の会合（1852年）

置く商工業者であった。

ニュルンベルクや、西部ドイツ・ライン地方だけではない。ドイツ語圏各地にそうした人物が出現し、いずれも経済人だった。たとえばバイエルン王国での初期鉄道建設を主導したジーモン・フォン・アイヒタール（一七八七～一八五四）にせよヨーゼフ・フォン・マッフェイ（一七九〇～一八六〇）にせよ、ともに貴族称号を得ているものの、前者は宮廷銀行家、後者も大商人である。マッフェイはのちに自分の名を冠した機関車メーカーを興す。

ザクセン王国の商工業者たちも、みずからの活動領域である地域経済・都市経済の論理に動かされて、鉄道建設計画を進めた。

フリードリヒ・ハルコルトの弟が、ライプツィヒ - ドレスデン鉄道会社代表だったのは示唆的である。兄ハルコルトは、自由主義的なドイツ・ナショナリズムでリストに共鳴するところがあった。鉄道は「絶対主義と封建主義の霊《れい》柩車《きゅうしゃ》」だ、というのは、彼の有名な台詞《せりふ》である。弟グスタフ・ハルコルト（一七九五〜一八七五）も、その考えを共有していたはずである。

だが、こうした理念だけが最初の鉄道企業家たちを動かせたわけではなかった。行動原理は、あきらかに経済的なものであった。だから、知識人リストの愛国主義・国民経済論に鼓舞され、それに理念としては同調しつつも、雄大な計画に突き進みがちなリスト先生には結局、お引き取りを願った。

四〇年代前半からの「鉄道ブーム」は、諸都市の有力者たちの活動の延長線上にある。ほぼすべての鉄道路線は、有力な商業都市を結ぶ路線として計画されたのである。

鉄道はあきらかに有利な投資先だとみなされた。ドイツ語圏最初の鉄道会社である官許バイエルン・ルートヴィヒ鉄道会社すなわちニュルンベルク－フュルト鉄道の株式配当率は一八三六・三七年度に二〇％に達した。

これはあきらかに投機熱の高まりすぎた極端な例であるが、現代の数量経済史家R・フレムトリングの計算によれば、一八四〇年代の鉄道投資の収益率は非常に高い。一八四七年まで平均的な配当率は常に年五％を超えて六％に近づくときもあり、しかも安定的にこの水準を保っていた。一八四四年のベルリン－ポツダム鉄道などは「業績がかくも好調であるならば本来七％程度の配当があってもよいはずだ」と鉄道業専門誌の記事で批判されている。鉄道の専門誌がもう出されていたのである。

それはともかく、革命が起きた四八・四九年にはさすがに三%台に急落するが、五〇年代にはすぐに四～五%台に回復し、銀行、鉱工業、綿業などへの投資の配当率と比較してもこれらを上回る。

当初、鉄道債は有志・関係者の顔の見える地域内で売買されたが、株式会社の形態をとっていけば資金調達のマーケットは地理的に広がり、かつ出資層も広がる。鉄道株式の発行自体が、ドイツ語圏の株式市場の確立に重要な効果をもった。ベルリン取引所は一八四一年にはわずか三社の株を取り扱うにすぎなかったが、四七年には三〇社の鉄道会社が五〇を超える鉄道株を発行するようになっていた。

鉄道建設の費用は、当時の一般的な開業費用の水準をはるかに超える額であり、たとえば三〇～四〇年代のプロイセンでは製鉄工場の設立に三万から五万ターラーの資本金が必要だったが、本格的な鉄道には一〇〇万ターラー単位の金額が準備されねばならなかった。ライン鉄道会社は路線建設開始に際して三〇〇万ターラーを必要とし、結果的に九〇〇万ターラーを費やした。なお一ターラーは、二一世紀現在の五〇〇〇～六〇〇〇円以上に当たるとも考えられる。

一九世紀前半のドイツ経済は、いかにも後発国らしい「資本不足」にあったと考えられていた。リストもそう信じていたに違いない。しかし、鉄道建設に大量の資本が一気に集まったところを見ると、「資本不足」と呼ばれる現象は、実は資本を流通させる仕組みや経路の不備と考えるほうがよい。

つまり、鉄道業は、各領邦の出す国債くらいしか行先を見つけられなかったドイツ語圏の資本を、掘り起こしたのだ。

ドイツの市民の時代

鉄道に投資したのはどんな人たちだったただろうか。一言でいえば、市民である。

ヨーロッパの一九世紀は市民の時代であり、それはドイツ語圏でも、英国やフランスとは違う形で、そうなのであった。

近代ドイツ史研究では、市民層を他国にはない独自の区分で論じる。有産階層として経済活動に生活の基盤を置き、フランスはじめ他国では「ブルジョワジー」と呼ばれるのに近い層は「経済市民《ヴィルトシャフツビュルガートゥム》」と呼ばれる。鉄道委員会に集まり、鉄道債や鉄道株式の売買に熱中した商工業者たちは、多くがこれにあたった。これとは別に、ドイツ史では「教養《ビルドゥングス》市民《ビュルガートゥム》」という特徴的な区分があり、これは有産市民に対していわば有知識・有資格市民とでもいうべき存在である。

もしも財産が潜在的・可能性的にも皆無であれば「市民」ではないのだが、一般的に教養市民の財産は、そこそこでしかない。ただ彼らは高いレベルの教育を受け、市民社会に必要なさまざまな技能と国家資格をもっていた。支配階層である王侯貴族とも、やがて大半が「労働者」化した民衆とも、異なった意識をもち、「市民的なるもの（市民性）」を追求するのが、こうしたドイツ語圏の市民であった。

ビーダーマイアー（Biedermeier）という言葉が、この二種類の市民——正確にいえば、市民たる男たちとその家族——の姿に光をあてる。

「ビーダーマイアー（村夫子）時代」という文化史の区分がある。ヴィーン体制下、いわゆる「復古期」（一八一五～三〇年）やそれに続く「三月前期」（四八・四九年革命勃発前）には、自由主義・民主主義やリベラル・ナショナリズムの高揚、隣国フランスの七月革命（一八三〇年）に揺れながらも、政治的には不安定のなかの安定、もしくは動揺のなかの停滞があった。そのなかで大多数の市民は、政治問題に顔をそむけて、個人や家庭の生活に沈潜するようであった。一種の退却であったかもしれないが、そこにはまた、かりそめにも平和で安定した世界への素朴な信頼があった。

そこでは旺盛《おうせい》な消費意欲が発揮された。いわゆる「ビーダーマイアー様式」の実用的な家具調度品ばかりではない。菓子や酒などの嗜好品《しこうひん》、玩具、小間物が購入され、さらには貸本屋、公開講座、百科事典セット、観劇、美術展覧会、演奏会といった文化活動にかかわる消費も流行した。ピアノが家庭の楽器として登場、大流行したのもこの時期である。

本当のことをいえば、こうした消費活動を享受し、「市民的なるもの」を追求できたのは、

モーリッツ・フォン・シュヴィント作「芸術家の家で」（「訪問」）

「小市民＝ビーダーマイアー」のイメージに反し、富裕な上層市民層や生活スタイルを市民化させた宮廷貴族など、都市のごく一握りの裕福な住民にすぎなかった。

そして、最初の鉄道投資家とは、まさに彼らのことであったのは覚えておいてよい。鉄道株式ブームといっても、社会の広範な層に広がる大衆的な株式投資がおこなわれていたわけではない。このことは一九世紀以前の社会での「消費」「文化」の理解にも大事である。けれども、たとえば日曜日の一家揃《そろ》っての長時間の（しんどい）散歩がそうであるように、「市民的」な生活習慣は、経済成長とともに階層を越えて伝播《でんぱ》していく。鉄道による移動、鉄道旅行などといったものもまた、ひどく高価ではあったが、人びとの生活に次第に広く浸透していった。

壁に貼《は》られた地図を前に美しく着飾ったご婦人たちが何やら話し合っている「芸術家の家

で」（または「訪問」）と題された、やや下った時期、一八六〇年ごろに描かれた絵画がある（モーリッツ・フォン・シュヴィント作）。彼女たちの同類である淑女や令嬢の父や兄弟は、鉄道投資に熱中していたかもしれない。しかしその「鉄道熱」は、もちろん投機の一面ばかりではなく、旅客と運輸という鉄道利用にはたしかに大きな需要があった。

「ドイツ」の鉄道建設は一八四〇年代に入ると加速し、リストが描いた路線網プランをほぼなぞることになる。だが、そこにはリストの期待した全「ドイツ」的な計画主体は存在しない。彼が危惧《きぐ》した並行路線や無駄な迂回路の弊害も見られた。鉄道路線のある種の合理的再編は、その後の私的・公的な買収による路線統合を待つことになる。

ドイツ史のなかの官吏

リストの理想は、影響をうけた一部の市民のなかにもちろん生きていた。一八四六年、西部ドイツと王都ベルリンの鉄道企業一〇社は、「プロイセン鉄道管理体同盟」を結成するが、これは翌年、「ドイツ鉄道管理体協会（Verein Deutscher Eisenbahn Verwaltungen）」に改名、発展をはかろうとする。

略称ＶＤＥＶ。「ドイツの鉄道」というまだ架空の存在を自分たちの主語にしようとした人びとの集まりが、四〇年代後半には成立した。たしかにＶＤＥＶは、ついに統一ドイツ鉄道をもたなかった一九世紀ドイツ鉄道史の一方の主役になっていく。

しかし、企業家たち以上に、みずからの構想を、当時の「ドイツ」社会にもっとも直接的に働きかけることができる存在があった。領邦国家の官僚たちである。「ドイツ」の鉄道システムの形成にも、彼らの存在は大きく影響している。

ドイツ鉄道のパイオニアに挙げるべき名の中に、バーデン大公国の立憲主義的な指導者カール・F・ネベニウス（一七八四〜一八五七）や、ブラウンシュバイク公国に邦有鉄道を敷いた君主の枢密顧問フィリップ・フォン・アムスベルク（一七八八〜一八七一）のような政治家、官僚たちがいた。

前述の現代ドイツの社会史家コッカは、近代市民層の国際比較をおこない、先に出てきた「教養市民（層）」こそ、近代ドイツ社会に独自の存在だと論じた。医師や弁護士などの専門職、大学教師、文筆家、そして官吏が、その中核。コッカは、英仏といった「西欧民主主義国家」の市民社会とは異なる道（「特有の道」）をたどった近現代ドイツ社会史理解の要に、この教養市民層の存在を位置づけた。

繰り返しになるが、草創期の鉄道業に積極的に関与したのは、大きくは市民層に属する人びとであった。プロジェクトとしてそれぞれの地元で「鉄道委員会」を結成し、ドイツ語圏でも最初期の株式会社組織を準備した彼らは、その都市や地域の有力者・経済市民層である。だが、ヴィーン体制下のドイツ語圏では立憲政治・議会制はまだ確立していない。領邦や連邦規模の国政に参加することはむずかしかった。政治を動かすには、国家官僚になる以外の選択肢はきわめて乏しかった。

高等教育を受け官吏に登用されれば、なお世襲君主や貴族が支配する自国（邦）や他国（邦）の政治に携わることができる。これは教養市民層にとって魅力的な、そして青年リストも選んだ——のちにそこから脱落した——キャリア・パスであった。

話はさかのぼる。一七世紀以来、ヨーロッパという比較的狭い地域にひしめきあう国々は、程度の差はあれ絶対主義王政的な統治の確立を目指し、官僚制を整備した。いきおい伝統的な貴族階級の廷臣だけではまかなえない、膨大な数の官吏が必要とされる。それゆえ、官吏養成機関である大学がヨーロッパ各国でむやみに増えた。このため、学があり筆もたつのに官職にあぶれる大学生も増加し、自然に彼らは反政府的になって、英仏の市民革命の担い手である反体制的ジャーナリストとして活躍することになったのだという説もある。

この事情はドイツ語圏（当時は神聖ローマ帝国）でも変わらず、最大級の宗教戦争で国際紛争となった「三十年戦争」（一六一八〜四八年）後の復興期には中部・東部ドイツを中心に大学が新設された。共存を余儀なくされた新旧のキリスト教が神学教育を競わなければならないという背景もあった。だが、ドイツ語圏の大学には官吏養成機関としての性格が（たとえば英国などよりも）ずっと濃厚だったともいわれる。

かつてイタリア諸大学の法学部で学んだドイツ人学生の主な就職先は、諸侯の家産官僚だった、という中世以来の伝統も影響しているといわれるが、ハプスブルク帝国やプロイセンといった大国はもちろん、人口数千規模のミニ国家でも、複雑化する一方の行政を官僚制機構でまわす必要は高まる一方であった。

一七世紀には官吏として必須の広範な知識を与える「官房学」が講じられるようになり、一八世紀に入るとプロイセン王国ではハレ大学とフランクフルト（アン・デア・オーダー）大学に官房学講座が設置され、より一般的な統治の学問として体系化される。主権者である国家君主をも拘束する「公法」の概念も徐々に浸透していく。この伝統的な官房学が一九世紀初頭には、英国で興っていた古典派経済学を摂取するのである。

軍事大国プロイセンは、ドイツ語圏でも官僚国家としてもっとも飛びぬけて目立つ存在であった。一七〜一八世紀のヨーロッパ諸国の標準では住民一〇〇人当たりで一人程度の徴兵で過酷といわれていた兵士の割合を、二五〜三〇人に一人という率にまで高めて常備軍を確立し、短期間で神聖ローマ帝国辺境の出来星大名からオーストリアに拮抗《きっこう》するまでになった東部ドイツ（いわゆる「エルベ〔川〕以東」）の王国である。

「王は国家第一の下僕」という台詞で啓蒙《けいもう》専制君主として名高いフリードリヒ大王（即位一七四〇年）を出したこのホーエンツォレルン（ホーエンツォラン）家の王国では、一般行政と軍政を融合させた軍事国家を維持する必要から、絶対主義王政の官僚機構が整備された。大学での官房学の勉強と二回にわたる試験の合格が必要とされる、業績主義による官吏登用が制度化される。

ゲッティンゲン大学とケーニヒスベルク大学の卒業生からかなりの数の官吏が採用された。フリードリヒ大王のころには貴族の下層がプロイセン官僚の供給源だったが、次第に市民層にまでリクルートは拡大する。

哲学者イマヌエル・カントが国家学を講義していた時期のケーニヒスベルク大学では、官房学の講義でアダム・スミスがいちはやく紹介された。受講者の若者たちから、カント哲学と経済的自由主義を体に染み込ませた開明的な国家官僚が輩出される。のちのプロイセン国家の近代化政策の担い手である。

ナポレオンに対する敗北後、プロイセン王国では革新的なカール・フォン・シュタイン（一七五七～一八三一）、その退陣後はやや穏健なアウグスト・フォン・ハルデンベルク（一七五〇～一八二二）があいついで宰相となり、史上名高い「シュタイン＝ハルデンベルク改革」を保守派との衝突と妥協のなかで進める。

その目指すところは、身分制的秩序の解体、軍隊制度の「国民化」（外国人兵士徴募の禁止や貴族の特権廃止など）を含む軍制改革、財政再建、中央行政機構の再編成、地方自治制度の再編などであった。大学出の開明派官僚の腕の振るいどころとなる。憲法と議会政治の機能をなお欠く官僚絶対主義ともいわれる国政の状況下、官吏の権限と力は大きかったのである。

経済政策では、彼らの自由主義的経済観と、ナポレオンの前に脆《もろ》くも敗れた自国の後進性の自覚とのあいだで微妙なバランスがとられていく。すなわち、絶対主義王政時代の重商主義思想にもとづく国家の介入や保護を撤廃し、自営農創出を念頭に置いた農業・土地制度改革や個人の営業の自由を導入するなどの自由主義的制度改革をおこなう一方で、「必要に応じて」産業の育成振興政策をとることにも積極的であった。

一八二〇年代のシュタイン＝ハルデンベルク改革期の終わりには、プロイセン経済は制度的には一八世紀以前とは面目を一新し、いわゆる資本制的なものへの「移行」を不完全ながら達成したとされる（経済史家R・ティリィの整理による）。ドイツ関税同盟に先駆ける、プロイセン王国内の域内関税撤廃による統一的な市場形成の試みも、財政再建を推し進めるなかで生じていた。

鉄道建設のはじまりとプロイセン官僚

ここで再び鉄道に目を注げば、彼ら改革派官僚はもちろん鉄道建設に積極的であり、多大な貢献をおこなった――と書けるのかというと、そうではない。むしろその反対の事態を、少なくともこの時期、鉄道建設開始の当初に関しては見ていかなければならない。

といって、頑迷固陋《がんめいころう》なお役人たちは新しい技術に関心も理解も示さなかった――といったわかりやすい説明も、この場合は、あまりあたらない。一八二〇年代にはプロイセンの大蔵大臣フリードリヒ・モッツ（一七七五～一八三〇）のように、いちはやく鉄道、しかも国営鉄道に関心をもつ指導的な高官が出ている。

モッツは独自の鉄道網のプランすら出した。東部ドイツの内陸とバルト海港湾とを連結するもので、プロイセン王国の支配層の一部をなす東部ドイツ農場主による穀物交易の便宜を念頭に置いたプランだった。

リストの全ドイツ語圏鉄道システム構想に比べると、モッツのプランの予見性はさほどでもないように見える。経済的開発度のまだ低い地域の南北方向への流通経路を描いてみせたにすぎない。またその規模も、あくまで蔵相を務めるプロイセン王国内にとどまる。

だが貿易港と首都につながる路線建設はフランス、ベルギーの路線計画に見られたものであり、モッツのプランもそれに近い。そして、ここにはプロイセン王国の新領土ザクセン州で積んだ、地方行政家としての経験が生きていた。現に後年、東部ドイツの穀物流通の活性化は、鉄道路線建設によって形成された「ドイツの小シカゴ」などと呼ばれる物資集散のいくつかの拠点とセットで語られるようになる。

プロイセン王国の自由主義的交易のプランを体現した鉄道建設のプランが、モッツの手でつくられていたのである。この思想こそ、リストの保護貿易主義が正面から対決の相手としたものであった。

モッツはドイツ関税同盟の実際面での推進者であり、この点でもしばしばリストに比肩する存在として取り上げられる。モッツもまた「ドイツ関税同盟」のプランナーであり、いわば最初のディレクターでもあった。すでに内国関税撤廃（一八一八年）を済ませていたプロイセン王国で、王国内の他邦飛び地を編入したことに続き、北ドイツの比較的小さな諸邦国を糾合して関税を一体化、北ドイツ関税同盟を成立に導いた。一八二九年、北ドイツ関税同盟とバイエルン、ヴュルテンベルクの南ドイツ二国の間の包括的通商条約を締結、二一ヵ国が参加する関税同盟成立（一八三四年）の基盤を打ち立てている。

モッツの死後、後任の蔵相もまた鉄道への理解が高く、国営鉄道建設にも意欲を示していた。ところが彼も三四年に世を去った。ドイツ語圏で最初の鉄道が誕生する前年である。

この結果、プロイセン官僚の大勢は国家による鉄道建設推進には否定的となる。わずかに当時の皇太子（一八四〇年に即位してフリードリヒ・ヴィルヘルム四世）とその側近だけは国営鉄道の実現に熱心であったが、国王フリードリヒ・ヴィルヘルム三世側近の財務官僚たちがこれに対立する。

国営鉄道ひいては鉄道敷設そのものに消極的な理由を、彼らはいかにも優秀な官僚らしくみずから整理してみせている。終生財政畑を歩き、国営の模範企業創設に力を尽くしたことで知られ、新設の商工行政庁長官として鉄道主務官庁の主に擬されたC・フォン・ロータ－（一七七八～一八四九）は、国費による鉄道建設や資金援助、特権的保護などによる国家主導の鉄道建設推進は今後もあるべきではない、と国王に上奏報告した。

その根拠は、①鉄道の収益性への疑問、②舗装国道など既存の交通インフラとの利害対立、

③現下の国家財政逼迫《ひっぱく》、④鉄道投機の過熱への心配、⑤他邦との鉄道連絡によるプロイセン王国の政治的独立性の低下、であった。

この時代のプロイセン工業化推進政策の担い手としてもっとも名高い商工官僚P・C・ボイト（一七八一～一八五三）ですら、その業績を詳細に観察した経済史家の高橋秀行によれば「驚くべきことに」鉄道にはほぼ無関心であった。シュタイン＝ハルデンベルク改革の一成果、プロイセン王立工業技術委員会の第二代委員長就任以降、ボイトこそは工業化政策・技術政策を前進させ、その司令塔ともいうべき存在であり続けたのであるが……。

このボイトといい、ベテランであっても保守的でも退嬰《たいえい》的でもなかった有能な官僚たちのこうした態度の根底にあるのは、何だったろうか。ローターが示した理由は合理的なものだが、やはりそこに、開明的で改革志向でありつつも自分たちがいったん作り上げたプラットフォームでのみ思考し判断するという、官僚のいかにもありがちな姿を見ることはできそうに思える。

もっとも、プロイセン官僚制がいつまでも鉄道業に距離を置いていたわけではない。一八三七年にはローターが商工行政庁長官を解任される（四月）が、当時の皇太子との鉄道行政をめぐる意見対立が原因だったという説が有力である。この結果、商工行政庁自体が解体され、鉄道建設の管理を含む商工政策は大蔵省に移行する。鉄道行政はやや積極化した。一八三八年には、有名な「プロイセン鉄道法」が施行された。これは国家がみずから鉄道経営には乗り出さないという消極的な財政姿勢と、民間による鉄道建設を監督し鉄道建設振興を金銭的にも補助するという積極的な介入主義との混合物であった。

そして「プロイセン工業の父」と呼ばれた大蔵省商工局長ボイトの配下の技術官僚たちは、親分の鉄道への無関心を乗り越え、知らず官僚制の枠をはみ出していくことで、ドイツ語圏の最初の「鉄道技師」の一団になっていくのである。

それを語るのは、本書では第5章の役目。章が一つ飛んでいるが、それは第4章を、彼らの活躍する背景である工業化の時代にあてたいからである。

第4章　鉄道の一九世紀ドイツ経済史

数字から見る「工業国ドイツ」の過去

今日のドイツ連邦共和国の名声は、相当部分を優れた工業製品とその世界的ブランドに負っている。たしかにドイツは、いわゆる先進国中で、経済に占める工業セクターの比重はGDPや雇用者数で見ても、アメリカやイギリスに比べて相当高かったし、今も高い。

多くの先進国が経済発展とともに第三次産業（サービス業）を中心に産業構造を転換させ、その一方で世界の工業の拠点がかつての開発途上国・地域に続々と移動している一方で、現代ドイツは近年、日本並みへの変化こそあれ、なお「工業国」だといえる。

もちろん、最初からそうだったわけではない。

経済史家W・フィッシャーの概観によれば、一八〇〇年にはドイツ語圏の就業人口の三分の二弱が農業、林業、水産業などのいわゆる第一次産業に属していたとみられる。工・鉱業を中心とする第二次産業に属するのは全体のおよそ五分の一、商業や運輸業をはじめとする第三次産業で主に生計をたてるのは六分の一程度であったようだ。

この観察結果が物語るのは、すでに一面では一八世紀以前に経済には構造的な変化があきらかに起こっていたこと、つまり工業化への動きがゆっくりとはじまっていたことである。だが、やはり農業への経済の依存の大きさがまず印象づけられる。

少し下った時代の交易の構造を見てみよう。一八三〇年というからまさに鉄道建設期前夜ということになる。ドイツ語圏（関税同盟圏）の輸出品のおよそ七割は、西欧向けの原材料品と食糧である。二割強が、東欧や南欧向けの工業製品であった。輸入の内訳では、綿花などの原材料を中心とする植民地物品が三分の一以上を占める一方、英国、ベルギー、フランスからの工業製品が三割を占める。フィッシャーの整理によれば、きわめて「発展途上国」的な交易構造であった。

なお、主要な交易相手国は英国である。リストの危機感に裏づけが与えられた形だ。

だが、注意しなければいけないのは一九世紀初期のドイツ経済の「後進性」の程度だろう。当時のGDPの推計値（経済史家アンガス・マディソンによる）で、ごく粗いがちょっと面白い目安が得られる。

一八二〇年時点で、「ドイツ」と当時の経済大国であり最先進国であったはずの英国とのGDP推計値の比は、およそ一：一・三五。これは二一世紀初頭の中国とアメリカ合衆国のGDPの比（およそ一：一・三六）にほぼ等しかった。

ちなみに同じ二一世紀初頭の合衆国のGDPはラテンアメリカ諸国総計のおよそ二・七倍、

アフリカ全体のおよそ六・四倍である。また、一人当たりGDPで見ると、一八二〇年当時の独英の差（一：一・六）は、およそ一九六〇年代高度経済成長期の日米の差に近いだろうと考えられる（一九七三年当時の日米の比が一：一・四五）。

一九世紀初期のヨーロッパ内の国・地域の経済規模の較差は、今日の先進国と発展途上国ほどではないことがわかる。また、独英経済間にある種の競争あるいはレースが成立していたともいえるかもしれない。しかし一方で、後進性を自分たちの社会（この場合は「ドイツ」）に強烈に意識させるには十分な差があったことも、昭和三、四〇年代の日本からアメリカを見たときをおもえば類推できる。

農工間分業をともなう交易関係をつうじて一方の国や地域がもう一方に競争やレース参加を許さず、工業化＝経済成長を不可能にするという事態は、リストが危惧したものだった。

「産業革命」はなにを変えたのか

たとえば後年のドイツの工業力の心臓部となる西部ドイツのルール地方は、一九世紀初頭、人口一万内外の小都市が散在する農業地帯にすぎなかった。

もちろん、中世以来の手工業の発展は軽視できない。都市には同業者組合（ギルド）の伝統があり、中部ドイツ・ザクセンの山間部には時計や玩具・小間物などの軽工業が栄え、マイセン磁器などの工芸品もすでに一八世紀から名高い。東部ドイツ・シュレージェン地方の農村部には麻織物産業が栄えた。

問屋制と農村家内工業が結びついた外部市場向けの産業を工業化以前(proto)の工業、すなわち「プロト工業」と、経済史では一般に呼ぶ。一八世紀なかばごろまでは、先進的な工業といってもその程度のものだった。そう誰もが思っていた。プロイセンのフリードリヒ二世が、一八世紀中ごろに神聖ローマ皇帝家たるヴィーンのハプスブルク家にオーストリア継承戦争(一七四〇~四八)を仕掛けてまで奪取したシュレージェン地方は、「織維工業が盛んな先進地域」だったと西洋史の教科書には書いてあるはずだが、そこには比較的廉価で雇える熟練の手織工が大勢いたのである。

英国で起こった「産業革命」と呼ばれる工業化は、工業・製造業それ自体のありかたを大きく変えた。その本質的な意味は、このような同時代人的な「工業」への認識を一変させたところにある。

「産業革命」という語感に似合わず、手工業から機械化された集団作業場すなわち工場(factory)への転化は急激に起きたわけではなく、技術的な飛躍も一八世紀末から一九世紀にはまだ「革命」的ではなかった。産業革命史を彩る発明は、手工業的伝統の改良や生産現場の試行錯誤の結果であった。

だが、もっとも進んだ、すなわち生産性が高く営利を顕著にあげられる製造業とはどんなものか、という観念は、英国の初期の工場とその製品の競争力を目の当たりにした同時代人によって、すっかり変わった。

これに応じて、世界経済のなかでの自他のポジションの認識と、それへの意味づけもまた変わらずにいられない。一つの国を単位とする経済という意味での「国民経済」としては未成の、国際交易の中で圧迫にさらされている「ドイツ経済」。これを意識した者——つまり、たとえばリスト——にとって、鉄道建設とは、この事態を突破する道に他ならなかったのである。

その認識は、どの程度正鵠《せいこく》を射たものだったのかを、二つの角度から確認していくことにしよう。一つには鉄道建設が「工業国・ドイツ」の礎を築いたことであり、いま一つは鉄道による地域経済の統合の促進である。国を単位とする一体化した同質的な経済が、鉄道やドイツ関税同盟とともにできあがったといえるのだろうか。

重工業へのインパクト（1）レールをつくる

鉄道建設はレールや機関車、駅資材などの多大な関連需要をもたらし、未発達だったドイツ語圏の製鉄業や機械工業に決定的な影響をもたらした——というのは経済史の常識に属することのようである。

経済史学の近くにある学問分野に経営史学（ビジネス・ヒストリー）があるが、ドイツに対する経営史研究に必ず登場する鉄鋼業のクルップ（現ティッセン＝クルップ）や機械メーカーのボルジッヒなどの創立と発展には鉄道業が深くかかわっていたことも比較的よく知られている。

理想家肌の父親が破綻させた製鉄工場を受け継ぎ、大鉄鋼メーカーの実質的な創業者となったアルフレート・クルップ（一八一二～八七）。のちに「大砲王」とあだ名されたように、彼の率いたクルップ社は一九世紀後半以降、長く「ヨーロッパの兵器庫」「ドイツ帝国の兵器庫」として、兵器製造で「死の商人」の悪名を馳せた。その社章は図のようなものであった。

クルップの社章

鋼鉄製クルップ砲を三つ並べて砲口の正面から見たものだ、などと悪口をいわれたが、クルップ社飛躍のきっかけとなった機関車車輪用の継ぎ目なしの輪鉄を記念したのである。

鉄道建設が、ドイツ語圏に質・量ともにそれまでにない需要を喚起したことは間違いない。すでに見たように、ドイツ語圏の鉄道建設はその進捗の程度から四局面に分けられる。

①一八三〇年代後半　鉄道建設初期
②一八四〇年代初頭～五〇年代前半　鉄道ブーム期
③一八五〇年代後半～六〇年代　鉄道建設最盛期

④一八七〇年代　国内鉄道建設の安定

それぞれの時期について重工業――とりわけ製鉄業とのかかわりを中心に概観してみよう。一八三〇年代、すなわち①の時期には鉄道建設が開始されたものの、その規模はまだ限られたものだった。ドイツ語圏の大半が参加した「ドイツ関税同盟」内の一八三九年までに敷かれた路線の長さは、約二四〇キロメートルにすぎず、複線路線もまだ敷設されていない。鉄道建設がもたらす需要の規模は、まだドイツ語圏の重工業を刺激するほどではなかった。それでも、およそ七・五万トンだったとされる鉄道建設開始の一八三四年の関税同盟圏内の棒鉄生産量は、一八四一年には一〇万トン台に乗っている。

②の時期、一八四〇年代に入ると鉄道建設が加速し、製鉄業に与える影響もその分増大する。一八三〇年代末に鉄道株式ブームが起こった。株式市場そのものが将来の発展の基盤をこのときに得た。また、これまでにない大量の資本需要に応じるために新しいタイプの金融機関である信用銀行が創設され、その後の産業金融に対応できる制度がつくられた。

一八四五年には路線伸長は総計二三〇〇キロメートル、四八年には四五〇〇キロメートル、さらに加速して五五年までには八三〇〇キロメートルに達した。四〇年代前半には鉄道レールから派生する需要は、ドイツ関税同盟圏内の銑鉄《せんてつ》総需要の約一六％、総生産量の約二二％であったが、この割合は需要量の増大とともに上昇し、五〇年代後半にはそれぞれ二六％、三七％に相当するにいたった。

三〇年代末までのドイツ語圏では、高価な木炭を利用して農具製造などに使われる比較的高品位の錬鉄《れんてつ》をつくる小規模な経営が大半を占めていた。主に中品位製品用の英国からの輸入品とも市場の棲《す》み分けができていたが、降ってわいたような鉄道からの巨大な需要には対応できない。そこで当然、輸入が急増した。英国からの棒鉄輸入は一八四〇年には六六〇〇トンだったものが一年で三倍に増えて二万一二〇〇トンとなり、銑鉄輸入も同じく一気に倍増した。レールは九割を英国製品が占めるようになる。

しかし棒鉄の輸入は四〇年代後半にピークを迎え、次第にドイツ製棒鉄・レールの割合が増してくる。一八四七年の棒鉄生産量はおよそ二〇万トンに迫り、五〇年代後半には三〇万トン規模に達した。もちろんここには英国やベルギーに範をとった、石炭を利用した製鉄業への転換があった。

この変化は、最終製品であるレールに直接結びつく棒鉄製造部門でまず起きた。英国で一八世紀末にヘンリー・コート（一七四〇～一八〇〇）が特許をとった、石炭を燃やす反射炉の炉内で溶解した鉄を掻《か》き回す（パドル）ことで脱炭反応を促進させる、パドル法がようやく導入され、同じく英国で開発されていた圧延法とともに中品位の棒鉄生産を担うことになる。

棒鉄生産に利用するため、安価なコークス銑鉄の輸入が一時増大した。しかし銑鉄生産でも、ドイツ語圏の業者は五〇年代に入るとコークス高炉数を急増させ、技術革新と輸入代替に向かって動き出した。

こうした製鉄業の全面的な輸入代替は③の時期にいっそう進行した。このころからルール地方が資源供給地帯として発展を見せ、豊富な石炭の産出はコークス高炉の導入という設備投資を活発化させた。棒鉄生産では前の時期からの輸入代替がさらに進み、六〇年代には依然として順調な鉄道建設に支えられて次の技術革新が準備される。

すなわちベッセマー法（酸性底転炉製鋼法）の導入である。これによるベッセマー鋼は、発明当初には高品質ゆえに高価な坩堝《るつぼ》鋼の代替品として期待されただけだったが、鉄道レールの大量需要に結びついたときにその真価を発揮した。従来のパドル鋳鉄レールより耐久度に優れたベッセマー鋼レールへの切り替えは、レール交換コストに悩む英国の諸鉄道で六〇年代にほぼ完了し、ドイツでは遅れること一〇年の七〇年代に急速に進行した。

ベッセマー法のドイツでの使用占有権を獲得したのが、一八六二年のクルップ社である。アルフレート・クルップの会社はそれまで坩堝鋼を主力商品とし、レール市場にはあまり食指を動かさなかったのだが、翌六三年にバイエルン国鉄に自社製レール五〇本を売ったのを皮切りとして、自社収益の大半をレール製造で満たすようになる。クルップのレール市場進出に脅威を覚えた既存の企業も、次々にベッセマー転炉を導入したが、これを支えたのは一八七四年にピークに達するドイツ国内の鉄道路線伸長であった。このときまでにはベッセマー鋼の八割が、レールとして生産されていたのである。

一八七四年から七六年までになおベッセマー鋼レールの生産量は三倍増を遂げたが、このときに重要な役割を演じたのは、すでに輸出市場であった。販路を国外に求める必要が、ドイツ（ドイツ帝国）の製鉄業者にはもう生じていた。

だが裏返せば、この七〇年代後半から八〇年代にいたる時期までは、製鉄業の量的・技術的発展は、ドイツ語圏内の鉄道建設の影響から決して離れなかったのである。

重工業へのインパクト（2）蒸気機関車をつくる

鉄道が草創期の重工業に与えたこの経済的インパクトは、開発経済学の「後方連関効果」というタームでよく説明されてきた。原料、中間財、完成品、流通といった財の流れを川にたとえるなら、ある産業が「川上」（「後方」）の産業に大きな需要を与えることでその発展も促す効果をもつことがあるだろう。鉄道建設が進むことによって川上の資材供給産業に刺激を与えたことをすでに私たちは見てきた。

それ自体の成長性の高い産業が、そうした連関効果をもたらす力をもっている場合、「主導産業《リーディング・インダストリー》」と呼ばれるが、一九世紀ドイツ語圏の鉄道業はこのリーディング・インダストリーに擬されてきた。

そしてここに、技術的なスピルオーバー（波及効果）もあったことが強調される。鉄道という「近代」的交通インフラストラクチュアに利用される資材・部品供給のために、製鉄業や機械製作に「近代」化が必要とされた、というわけである。

ザクセンは機械製造の長い伝統をもち、英国からの技術導入にも熱心であった。J・A・シューベルト教授のウビガウ社が実用的な蒸気機関車の嚆矢《こうし》「サクソニア」号をつくったことはすでに触れた。このほかにもザクセンではケムニッツのザクセン機械工業などが三〇年代末から機関車製造に着手している。また、三〇年代末からベルリンのルートヴィヒ・クーファールなどの企業が、機関車を現地の路線に供給できている。

一八四〇年代末、国産蒸気機関車を製造するドイツ語圏の代表的な企業としては、プロイセン・ベルリンのボルジッヒ、バーデンのケスラー（のちエスリンゲン機械工場）、バイエルンのマッフェイの三社がある。

ブレスラウの大工の子だったアウグスト・ボルジッヒ（一八〇四～五四）はベルリンで技術教育を受け、一八三〇年代なかばからアメリカ製蒸気機関車をモデルに国産機関車製造をはじめ、一念発起してこれを事業化する。四〇年代初頭には英米製に劣らぬ性能をもつにいたり、工場規模も急速に拡大、一八〇〇名の従業員が働くようになる。四〇年代なかばには累計一〇〇輌、四〇年代末には累計二〇〇輌生産を達成した。五〇年代に入るころにはプロイセンの諸鉄道会社への機関車納入をほぼ独占し、たしかにここでは輸入代替が達成された。五〇年代中に一〇〇〇輌生産を達成している。

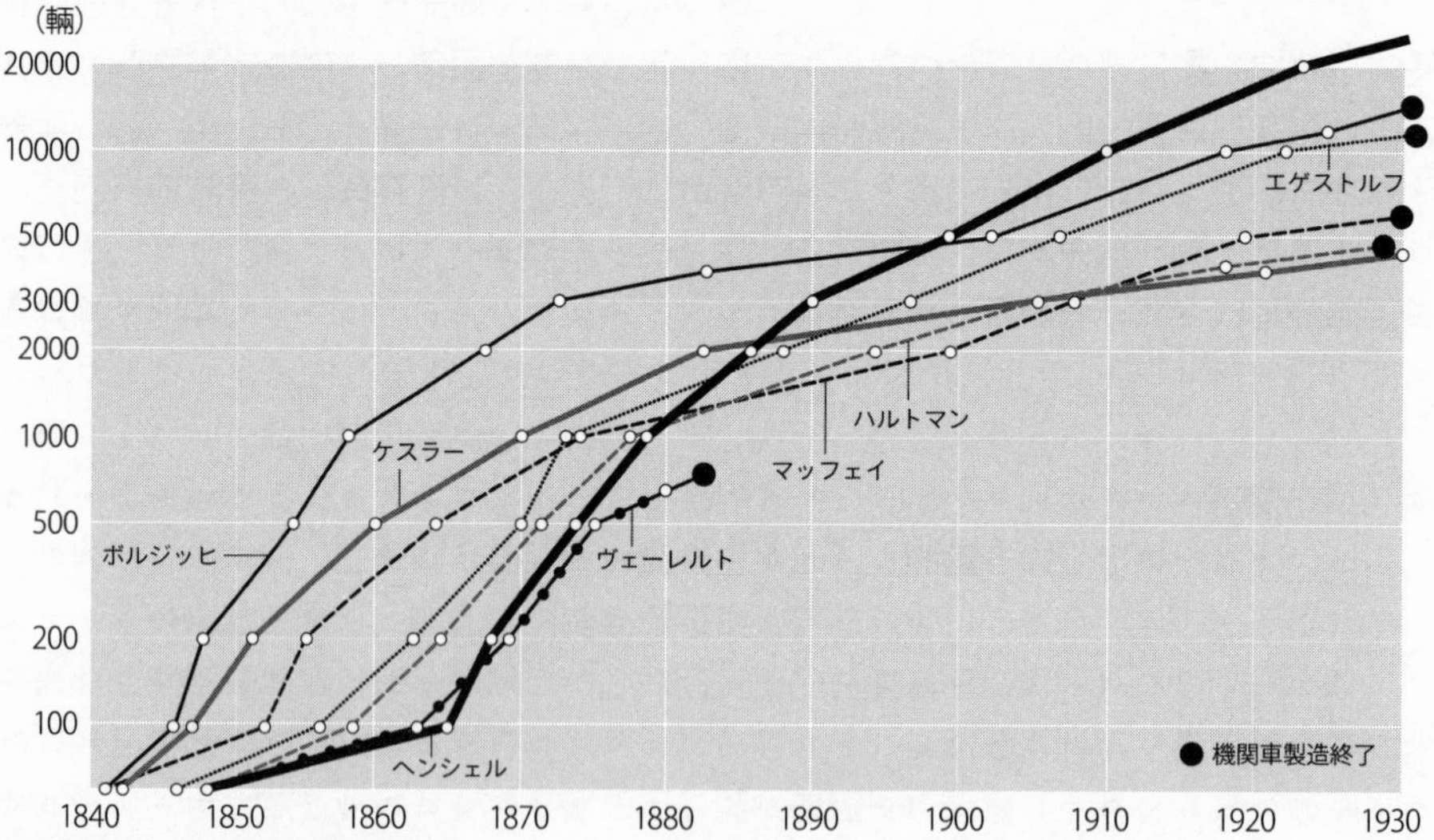

主要機関車企業の生産台数の伸び

カールスルーエのエミール・ケスラーが一八三七年につくった南ドイツ最初の機関車工場は、ボルジッヒ、マッフェイらとほぼ同時期の一八四一年に最初の機関車製造に成功し、翌四二年に「バーデニア」号を建造する。ボルジッヒにやや遅れ、四〇年代中に一〇〇輛生産を達成し、五〇年代中には同業他社「カールスルーエ機械工場」を買収、五〇〇輛生産にいたった。

マッフェイ社は、すでに名前の出たミュンヘンの大商人J・A・マッフェイが一八三七年に鉄工所を手に入れたことからはじまる。ミュンヘン＝アウクスブルク鉄道の建設に関与していたマッフェイは、一八四一年、最初の自社製機関車「ミュンヘナー（ミュンヘン人）」の製造に成功する。高性能にもかかわらず採用には恵まれなかったが、ここから一八五一年に「バヴァリア」号製造という飛躍にいたる道がはじまる。

ボルジッヒの「ボルジッヒ」号は時速四〇キロ、ケスラーの「バーデニア」号は時速四五キロを出した。マッフェイの「ミュンヘナー」号は、さらに高速を出し、時速五九キロから最大七〇キロに達したともいう。

一八五〇年代には、これらに加えてハルトマン、エゲストルフ、ヴェーレルト、ヘンシェルといった主要な機関車メーカーが各地で活動していた。ドイツ製・国産機関車が増え、つまり、輸入代替が進む。

鉄道と工業化

一九世紀ドイツ語圏の製鉄企業の行動も、鉄道建設ブームという未曽有《みぞう》の事態を前に、国際市場の合理性に則《のっと》ったものだった。一八三四年のドイツ関税同盟成立後もつづいた基本的にオープンな国際経済環境のなかでは、鉄道需要のもたらしたマクロ的なインパクトがすぐにドイツ語圏内（だけ）の重工業者を潤すわけではなかった。だから一九世紀なかばごろのドイツ語圏の製鉄業者たちは、少なくとも二〇世紀の後発国の工業化政策担当者よりは堅実で細心でなければならなかった（一九六〇年代以前の開発経済学に沿って機械的に「輸入代替的工業化」政策を遂行した結果は、後発国に手痛い失敗をもたらすことになった）。ドイツ語圏の各重工業地域では、交通・輸送コストや資源付与の差異によって、鉄道需要に即応した技術革新へのありかたも異なった。

先進的な技術導入への努力は払われ、先にも見たように、そこにはたしかに「英国の技術に追いつく」ことが目標とされた。ボルジッヒはボイトが築いた新しい技術教育機関であるベルリン工業インスティテュート（現在のベルリン工科大学の前身）の卒業生だった。亡父と一族から引き継いだ製鉄工場の経営を一から立て直したアルフレート・クルップは、身分を偽って英国の先進工場を「見学」し、最新技術を社長みずからスパイしたという。

しかし、やみくもに新技術を導入すればいいわけではなく、技術選択はそれぞれの地域や企業の置かれた条件――たとえば材料・部品の輸送コストなど――に応じておこなわれた。

鉄道の大規模需要がまだ発生していなかったときには、従来の木炭を使用した製鉄法で、比較的廉価で高品位の錬鉄をつくり続けるほうが合理的であった。石炭を活用した「近代的」な製鉄法を導入するには多額の設備投資が要った。さして売るあてもない商品をつくるために、最新技術や設備を買い入れる必要がどこにあるだろうか。現にそれに似たことを試みた人物に、他ならぬアルフレート・クルップの父がいる。一八一〇〜二〇年代、ドイツ・ナショナリズムと企業家精神に動かされ、わが手で郷土に近代製鉄業を興そうとした。だが、このフリードリヒ・クルップ（一七八七〜一八二六）は、最新製鋼法を開発したと称する詐欺師まがいの発明家にころりと騙《だま》されなくても、結局は破産の憂き目にあったのではないだろうか。

また、パドル法という新製法に慣れた熟練工は、高賃金で英国から雇い入れる必要があった。当初、大量の需要をまかなうためにレールに用いられる棒鉄は、英国からの輸入に依存していた。

ところがこの棒鉄の輸入が短期間で三倍増すると、すみやかにパドル法の導入がおこなわれる。当初は原料として使用されるコークス銑鉄は輸入に頼るほうが割安であったため、ドイツ語圏の銑鉄業者を刺激することが少なかった。だが、一八四二〜四四年の不況期に英国製銑鉄価格が下がると、従来の伝統的な木炭銑鉄業者の市場も食われるようになってきた。一八四四年の関税の一部引き上げは棒鉄生産を担うドイツ語圏の精錬業者を後押しし、四八年には英国製品との価格競争力も備わってきているが、これには当時の交通状況からして地域的な運搬コストによる差が大きい。輸入港とつながる水系をもつ中部ドイツでは英国製品の価格競争力は強く、ライン地方や南ドイツのようにドイツ人の精錬業者が優位に立った地域や、英独製品が角逐した北ドイツ地域とは、また大きな差があった。

たしかに鉄道のインパクトはすこぶる甚大であったが、その中身については一般的な理論やモデルに引き付けすぎた議論は、一九世紀ドイツの場合、あまり意味をもたない。地域や企業にまで視点をおろした観察が必要なのである。

そして、これは鉄道がドイツ語圏の各地域経済の統合にいかなる影響を及ぼしたか、という議論に大きくかかわることでもある。

鉄道は地域経済を統合したか――穀物市場で見ると

鉄道がその安定的で大規模な輸送能力によって広範囲の流通を実現し、ばらばらだったドイツ語圏の市場を一つにまとめた――というイメージは鮮やかである。ドイツ帝国成立に先立つ一八六〇年代には、ドイツ語圏を覆う鉄道網と呼べるものはほぼ姿を現していた。それによって、一九世紀のさほど遅くない時期にドイツ全国規模の市場統合が実現していたというのが一九世紀末以降の経済学者たちの考えで、あまり疑う余地はない定説だとされてきた。

だが、そもそも市場が統合されている、とは何だろうか。全国的な一物一価の成立という意味だとすれば、鉄道建設によってそれが成立したといえるのはいつごろ、どのようにしてであったのだろうか。

鉄道研究の古典エミール・ザックスの『鉄道論』（一八七九年初版）によれば、プロイセン各地域の平均的な小麦価格は一八二〇年代には最大で二〇％以上開いていたが、一八八〇年代にはこの差異が一二％まで減じ、一九一〇年には最大四％弱しか価格の地域差は開かなくなった。これは鉄道をはじめとする交通機関の発達のためだと結論された。

しかし、第二次世界大戦後の経済史研究者が同じく穀物価格の動向から簡単な統計数値を算出してみると、話は単純ではなかった。実際に鉄道路線がまず敷かれ、輸送が実現したと考えられる領邦内の各地の市場では、穀物価格の平準化が鉄道とともに進んだ、という結果は得られなかった。中近世以来の地域的な穀物流通はそれなりに整備されていたので、鉄道が新しく付け加えた要素はなかった、とでもいえそうな結果であった。穀物に限らず、鉄道による輸送には運賃のある程度の低下がなければならない。鉄道が流通に直接的な影響を与えるには、それゆえに時間がかかったとも考えられる。

そんなことは当たり前で、そもそも穀物は各都市の市場には周囲の農村から荷馬車に積まれて運ばれてきたのだ、と思い当たると、調査すべきはむしろ「実際の流通が成立していなかった地域間の価格平準化」であったかもしれない。実はザックスの古典的な研究も、先に紹介した「国家的経済地域の一層狭い範囲」以上に「生産と需要とが海と陸によって隔てられているところの世界商品」が行き来する各国間の価格平準化にまず関心を払っていた。また、鉄道業の初期にみられた現象として顕著だったのは、「個々の部分地域の漸進的な平均価格の平準化」よりも、ある地域の不作時などの極端な価格変化が生じたときに価格平準化が生じることだった、とも主張している。

そこで地理的に離れた主要都市（たとえばベルリンとミュンヘン）の間で穀物価格の動向を計測すると、一九世紀なかばには平準化が進んでいることを否定しない統計的数値が得られる。つまり、両地域の小麦やライ麦の価格の相関係数の値が、顕著に上昇している。統計的観察としてこれで十分とはもちろんいえないが、ドイツ語圏の広い範囲での価格の平準化が鉄道建設期を境に進んだことを否定する結果ではない。

またこれらとは別に、のちの穀物先物取引市場の成立には遠距離輸送を可能にする鉄道の存在がなければならなかったことも、市場の高度な発展に果たした鉄道の役割として覚えておいてよい。

しかしこれだけで市場統合、ないしは地域経済の統合や、まして「国民経済」の成立を主張するわけにはいかないだろう。

特にこの鉄道建設期は前述のように工業化期と重なるが、ドイツ語圏の工業化は（およそ世界中でそうだったように）地域的な現象であり、資本や原料や労働力の調達というインプットの側面ではほぼ完全に地域に依存していた。

この場合の「地域」とは、とりあえず国家の領域全部や国境線とは無関係に存立する地理的なまとまりを指す。一つの国家の内部にある小さなまとまりでもあれば、複数の国家にまたがる空間でもありうる。事業が拡大したのちも製品の市場流通が「全国規模＝ドイツ市場」を志向していたとは限らない。地域から直接貿易港を通じて対外輸出に向けられることもありえたし、輸入港など経ずとも（また、たとえば他邦の王都であるベルリンなどとは関係なく）すぐ先の国境を越えたところのドイツ語圏外に直接輸出されることも考えられた。

国内市場の統合と工業化との関係も、単純ではなかったのである。

「ドイツ国民経済」と交通インフラストラクチュア

いや待て。何よりも鉄道建設の直前には「ドイツ関税同盟」ができていた（一八三四年）ではないか。統一ドイツ国家こそないが、プロイセン王国を中心に「ドイツ連邦」諸邦内・諸邦間の関税は撤廃され、保護関税を主張するならば不十分とはいえ、対外的な関税障壁が設けられている。これらは「ドイツ」の経済的な国境として働き、リストの「育成関税」構想を現実化したのではなかったか。――そんな風に考える読者もいるかもしれない。

しかし第二次世界大戦後の経済史研究者は、関税同盟に関するこうしたイメージを退けている。関税率の高低は簡単に議論できないが、工業製品に対する平均税率は、プロイセン王国やそれを基本的に継承したドイツ関税同盟圏、さらに七〇年代のドイツ帝国では同時代の他国（合衆国、デンマークやベルギー、ロシアなど）の関税に比べれば、低率であった。

一九世紀なかばの中欧での統合された市場の成立の要因が、ドイツ関税同盟に代表される関税撤廃ないし税率低下ならびに通貨協定、さらに鉄道建設に代表される新しい輸送技術、の三つだとすると、このうちどれが市場統合にもっとも貢献したのかを計測した最近の研究がある。欧州の六八都市の市場についてのデータから、関税撤廃・自由化が各地の価格差を約七％低減させ、通貨協定は約六％低減させたのに対して、鉄道路線との連結が価格差を低減させたのは約一四％に及ぶとの結果を得ている。鉄道という技術革新が市場統合・物流の規模拡大に与えた影響は、制度の変更が与えたよりも大きい、という結論である。

もっとも、鉄道や汽船による交通インフラの効果が上がる前から、自由貿易に向けた諸国間の制度の改定・調整は相当以上の働きをもっていた、とする別の研究もある。最近の研究成果なので、統計メソッドを駆使した計測結果である。それによると、一八三〇年代以前から、地域間や「国」内ではなく、むしろ国際的な価格の連動性のほうが先に向上した、という結果が出される。つまり、経済のグローバル化がナショナル化に先行した、ということになる。

そこで、より長いタイムスパンで「ドイツ国民経済」の形成を正確に把握しようとする最近の試みを見てみよう。現代の数量経済史家ニック・ヴォルフは一国の「経済統合」を「あるエリア（国家）内部の境界を越えることでかかるコスト（交易費用）が、エリア間の境界

（外国との国境）を越える交易費用よりも、有意に低い状態」と定義した。国境地帯のある地域にとって、近くの外国に輸出するほうが国内の別地域で販売するよりコストが低いようでは、一国が経済的に統合されているとはいえないだろう、という理屈である。

そのうえで、一八八五年以降ヴァイマル共和制時代について輸送物流統計からデータをとり、交易費用の動きを観察した。その結果、ドイツ帝国内の各地域の「経済統合」は先の意味で達成されていたとはいえず、一九三〇年代初頭にいたるまで経済統合は交通インフラの整備に応じてきわめてゆるやかにしか進行していなかったことが結論された。

次のようにいえるだろう。鉄道建設が一九世紀中に市場統合をすみやかに達成した、国民経済を一九世紀中にはつくった、という古典的な想定はすでに崩れている。だが、鉄道を筆頭にする交通インフラストラクチュアの発達は、「一物一価」がある程度成立する市場空間を、非常にゆるやかなテンポでだが、たしかに形成していったのである。だが、それは地域的な経済連関が徐々に着実に広がって「国民経済」の形をとる、ということでは必ずしもなかったようである。

なにかしらの飛躍が「ドイツ経済」形成にはあったようだ。となると問題は、その「飛躍」とは何か、だろう。

「国民経済」とは何か

一九世紀は、「地理上の発見」以降の一六世紀に進んだ世界経済の流れからも突出して、「最初の(第一次)グローバリゼーション」が目立って進行した時期であった。工業化の開始と制度上のうごきが、それまでの地域経済のロジックを超えて、それを推し進めた。これが、私たちが気づいた、ある「飛躍」ではなかっただろうか。

「国民国家」の体をなしていなかった中欧・ドイツ語圏諸地域は、このグローバル経済に直面するなかで、経済成長のための枠組みを形成せざるをえなかったのかもしれない。

産業革命前後の英国よりも早く、一七世紀のオランダ(当時、オランダ共和国)に最初の「近代経済」ないし「近代国民経済」が成立していたという評価がある。そこに浮かび上がるのは、グローバル経済という新しい環境(環世界)へのいわば共鳴板としての「国民経済」ではないか。

なお、オランダの経済史家ファン・デァ・ワウデとヤン・ド・フリース『最初の近代経済』の訳者である大西吉之の整理では、その提示する「近代国民経済」の条件とは以下の四点。①自由経済の存在、②農業からの解放と社会的自由による社会構造の複雑化・近代化、③私的な経済活動を支える法的整備とインフラの整備、④経済発展を支える技術と組織。

オランダとドイツの国土の面積や、あるいは置かれたグローバル経済の状況(工業化による経済規模の飛躍的増大と、諸技術の発達に応じて一層複雑な制度が構築される必要)の差は、その「国民経済」的実質がともなうまでに要した時間を、「ドイツ」の場合にはずいぶん長くしてしまったと考えることもできる。

そして鉄道という交通インフラの発達は、そこで起きたことに本質的なところでかかわった。それはおそらく間違いがない。

だが、どのようにかかわったのだろうか。これを確かめなければならない。またそのことで、工業化期という人類の歴史上はじめて起きた持続的な成長の時代の「国民経済」の意味を、またあらためて考え直すことができるだろう。

鉄道の経済史——マクロの観察から組織の観察へ

まず、まとめておこう。ドイツ語圏に持続した経済成長には、鉄道の存在が不可欠だったとはいえそうである。経済史学で有名な「アメリカの経済成長への鉄道建設の貢献は、鉄道による社会的費用節約を推算してみると、かつて想定されたよりずっと小さかった」というノーベル経済学賞受賞者R・W・フォーゲルの通説破壊的な（いまや、これ自体古典的といえる）結論は、ドイツ語圏にはどうやら当てはまらない。

だが、工業需要や技術革新へのインパクトは「ドイツ国家」や国民経済の枠組みで生じたものではなく、個々の企業が活動するドイツ語圏の諸地域経済に与えられたものであった。「国民経済」の方向をとった地域市場の統合はたしかに生じたといえるが、「国民経済」規模の市場が確立する過程は、鉄道網の一応の完成と「ドイツ帝国」としての政治的統合の時期である一八七〇年代を越えて、緩慢すぎるほどの速度であったようでもある。このことをどう考えればよいのだろう。

そこで思い当たるのが、鉄道という交通インフラの新しさ、独自性である。鉄道以前の（オランダや英国に「近代国民経済」をもたらす力を与えたらしい）水運や道路網とは異なる、一九世紀に発明された鉄道ならではの特徴から、「国民経済」形成への関与のありかたを考えることができるのではないか。

鉄道が、前時代の交通インフラよりもはっきりと大規模な組織をもったことをここで挙げられる。それは地理的に大きな範囲を多数の人員によってカバーし、同時にそれらの人員がおこなうべきさまざまな複雑な作業を統括する機能をもった大規模な組織であり、それ以前の産業組織には類例をほぼ見ないものだった。

どうやら、組織としての鉄道に着目せねばならない。

第5章　ドイツ的な、あまりにドイツ的な?——国家官僚制と鉄道

初期の鉄道企業

一九世紀なかば、ドイツ語圏の鉄道といえば、後年のような巨大組織ではなかった。鉄道地図をまた見てみよう。一八四八年には最初の鉄道敷設からすでに一三年を経ていたが、鉄道路線は依然、地域の中心的な都市とその近隣都市との連絡が主だったことがわかる。邦国首府クラスの主要都市間の長距離連絡路線はいまだ形をとっていない。さして長からぬ路線を経営するのは、たいていその路線のみをもつ会社であり、したがってその経営組織も小規模で単純だといえた。比較的初期から国営鉄道の形をとった南ドイツ諸邦の場合も、大差はない。

最も初期のドイツ語圏の鉄道企業は、図のようなシンプルな構造をもっていた。路線距離は数十キロメートルからせいぜい一〇〇キロメートル台で、最大級の企業の総路線が四〇〇キロメートルを超えないという小さな規模に比例して、まだ職制も整備されず、部門ごとの管理者も少ない単純な階層(ヒエラルキー)にもとづく組織であったといえる。

プロイセン王国の鉄道法の制定で国家管理の原則が定まると、一八三九年に大蔵省が定めた会計原則にしたがって予算上の報告をあげる必要から、組織も路線管理・運輸管理・一般管理の三部門に分けられた。

こうした組織に配置された人員の数はせいぜい数百人規模、例外的に大きなもの（路線長三八五キロメートルのニーダーシュレージェン゠マルク鉄道や二七〇キロメートルのベルリン゠ハンブルク鉄道など）で、日雇い労働者まで含めて千数百人規模であった。

とはいえ、新しい技術を応用しつつ地理的に離れた距離を統括する、当時としては小さからぬ規模の人員を合理的に配置した組織をいかに運営するか。これはドイツ語圏の人びとにとっては、まだ手探りであった。

一八三〇年代前半までは「蒸気軌道」という英国の新発明の紹介や見聞録・視察記録がしきりに書かれたが、同年代の後半になるとプロイセン王国などの技術官吏たちの手による英仏語からの翻訳や、みずからの執筆による技術専門書が各領邦で刊行される。

四〇年代になるとドイツ語圏内での実際の鉄道建設の記録が現れ、四〇年代もなかばをすぎると、やがてタイトルに「ハンドブック」「必携」といった語句を冠した包括的な鉄道業入門書・教科書の類も現れる。ようやく鉄道の技術的基本事項とその運営を、ドイツ語圏の人びとが自家薬籠中《じかやくろうちゅう》のものにしはじめたといえる。

そうしたハンドブックの一つに、マクデブルクで一八五一年に出版されたJ・フランク著

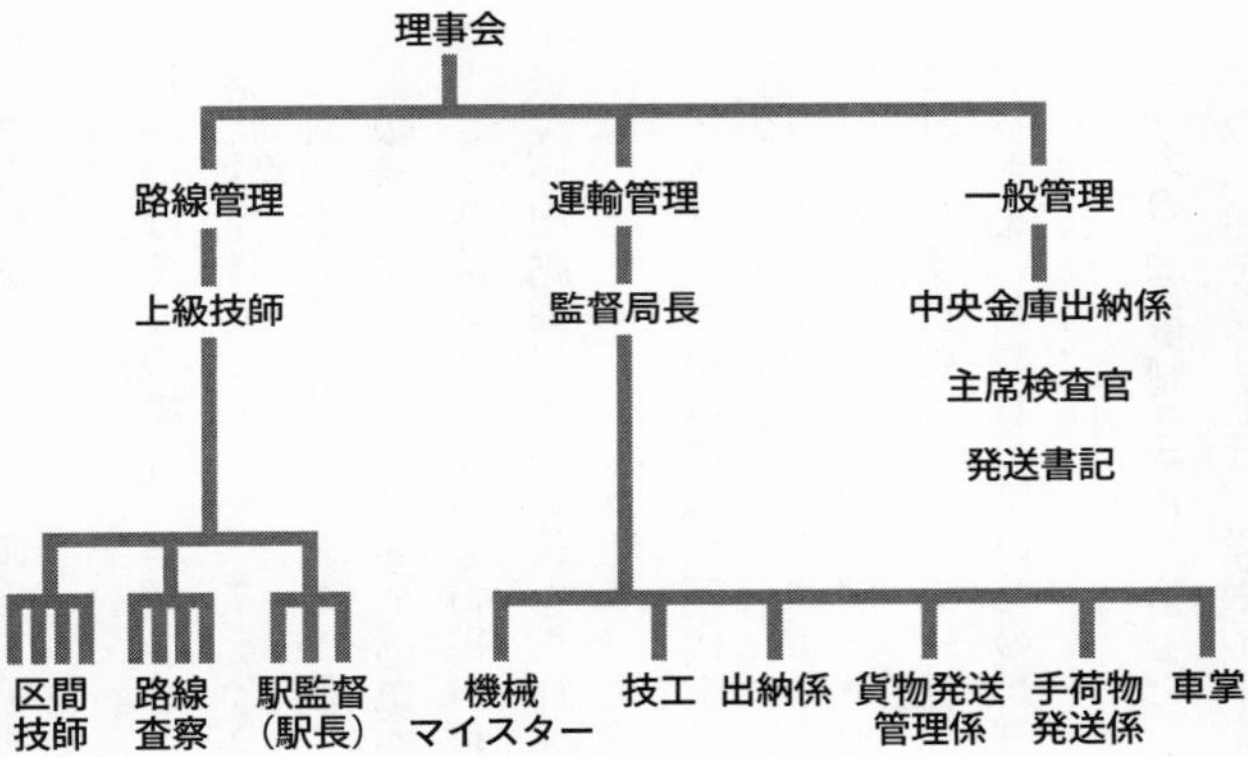

ベルリン－ハンブルク鉄道の組織図

『実際的鉄道職員——経営幹部、監督官および鉄道職員、おなじく鉄道のもっとも耐久的な施設を任されると目される人びとのためのハンドブック』がある。

一八五〇年代はじめの鉄道関係者の目に、ドイツの鉄道企業は「巨大な産業経営」と映った。したがって「有能な経営者が大会社を運営する原理で組織され、管理されねばならない」のだが、そのためには「カウフマン的原則が徹頭徹尾貫徹されなければならない」とされた。「カウフマン的」というのは「ビジネスマン的」とも訳せる。収益性の経済合理的な追求といった程度の意味合いであるらしいが、その端的な表れは、迅速な情報と意思の疎通、文書による確認、意思決定の集中であった。

各路線の建設や開業に際しては、路線規模に応じて一〇名から二〇名程度の重役（経営幹部）で構成される委員会が設立されねばならない。鉄道企業の最高機関であり、予算の確定・検査、理事会の選出・監督、上級職員の雇用を主におこなうとされた。

理事会は多くの場合、委員会または株主総会から選ばれた二、三名で構成される、経営上の意思決定機関であるが、「少なくとも週に三回、できることなら毎日開かれるべきである」。この理事会の下にそれぞれの職制、プロイセンでは前記三部門を専門的に掌握する管理者的な上級職員がおかれる。多くの場合、路線管理部門のマネジメントは技術者（上級技師）が担当し、運輸管理では運営局長がおかれるものとされた。一般管理部門では、理事会が直接中央金庫出納長以下の職員を指揮する例がみられた。

こうしたモデルはあったが、鉄道企業の形態は邦国や地域によって多様であり、のちのライン・スタッフ組織に似た近代企業といってよい形態に近づいたライプツィヒ－ドレスデン鉄道などの例もある。しかしこのザクセン王国の主要都市を結ぶ路線にしても、一八四〇年代には比較的小さな管理機構と単純な階層組織という特徴を大きく離れるものではなかった。

これから半世紀で、ドイツは世界最大級の鉄道会社をもつにいたった。そこで組織運営のノウハウをいかにして築いたのか、あるいはどこから得たのかが問題となる。

コッカの「官僚制モデル」論

この問題を取り上げ、鮮やかすぎるほど鮮やかな歴史学的解答（案）を示してみせたのは本書ですでに何度も名前の出ている、ドイツ社会史の泰斗コッカである。ドイツ語圏の鉄道業は、組織運営・経営管理のモデルとして伝統的なドイツ官僚制から学んだのではないか——と、一九八七年の短い論文で彼は考えた。

一九世紀後半より前から、比較的大規模な経営組織であった鉄道経営体は、同じく階層的に編成され地理的に広範囲をカバーする大組織であった国家官僚制を模倣し、そのノウハウを吸収した——というのが、問題提起的な論文で示したアイディア。

国家官僚制の集権的な運営や垂直的な階層組織、さらに官僚層からの人的資源の供給が鉄道業運営に貢献したであろうことをコッカは指摘し、これらをドイツ語圏鉄道業の（特にアメリカ合衆国と比較した際の）特徴とすべきものだとした。アメリカでは最初の大規模な経営体である鉄道業が、製造業企業にライン・スタッフの合理的な階層的組織をもつ大企業のモデルを与えたが、ドイツでは鉄道業にも国家官僚制というモデルがあったというのである。

このコッカの「ドイツ」のイメージは、いわゆる「プロイセン・ドイツ」に重なるだろう。たしかにプロイセン鉄道業、とりわけ一八四〇年代以降に出現したプロイセン国鉄（邦有鉄道）の構造を見ると、官僚制的ルールのなんらかの意味での介在はあきらかだといえる。行政組織が鉄道業を監督する制度自体が、早々につくられている。

プロイセン王国はドイツ語圏初の「鉄道法」を施行したが、すでにこれに先立つ三六年にプロイセン王国・商工建設局は「一般的規定」を設けている。はじまったばかりの鉄道業に対して、路線建設期間の制限や営業報告の義務を明確に定めた。

一八三〇年代からほぼ四〇年代いっぱいまで、プロイセン王国の鉄道主管官庁は大蔵省であり、四つの部局の一つである商工および建設局のなかに「国家関与により運営される諸鉄道の委員会」が部課の一つとして設置された。そこには王国各地の鉄道企業の理事会にも名を連ねる知事、郡長ら中央・地方の官僚が委員として集まっていた。四〇年代からは鉄道技術官吏数名がこれに加わり、鉄道業の営業面での許認可に携わった。

王国各地の鉄道委員会をつうじての間接的な統治の色彩が、まだ強い。強大なプロイセン王国の、地方（州）分権を含む、かなり連邦制的な性格がここにもうかがえる。

しかし、ここで一八四八・四九年革命がはさまる。一八四九年には、前年設置（商工業管轄専門の省庁としては一八二五年以来、ようやく復活）された商務省（商工ならびに建設省）の第三局が、より直接的な鉄道行政をはじめた。新任の商務大臣アウグスト・フォン・デア・ハイト（一八〇一～七四）の鉄道国有化（邦有化）への強い志向も反映している。ハイト商務大臣時代にプロイセンの鉄道企業の半数が官有化された。だが、六〇年代にはいわゆる「自由主義時代」にあって、また私鉄企業が盛り返す。

私鉄と国鉄が併存する、いわゆる「混合システム」の時代である。だがこの時期も、色彩の濃淡はあるものの、官僚制的コントロールは当初から及んでいた。だからこそ一八四〇年代なかばという早々に、鉄道（私）企業の集合体であるドイツ鉄道管理体協会（ＶＤＥＶ）

が旗揚げされていたのである。まずは、事故時の賠償責任を全面的に企業に帰する鉄道法二五条規定の改正の要求を中心に、プロイセン王国当局の営業への過度の関与に対抗する団体としてスタートしたのであった。

プロイセン国鉄の官僚制的雇用ルール

一八三〇年代の諸規定では、個々の鉄道組織でどこに、どのように、どれだけの人員を配置すべきかまで、行政当局が詳しく定めたわけではなかった。しかし四〇年代には、プロイセン王国の行政は鉄道建設に徐々にコミットしはじめていた。主要幹線の完成を促し、それらを結ぶことで王国内の流通を支障なく発展させることを、当局は考慮しはじめた。

革命をはさんだ一八四九年以降、新商務大臣ハイトの時代には、プロイセン国鉄（邦有鉄道：Staatsbahn）管理の基本的な枠組みが必要となってくる。そこで一八五〇年四月、「国鉄管理ならびにそれに必要な官吏の任命に関する一般規定」が発令された。

この「一般規定」は、四度の附則・改正を経て一九世紀終わりまで効力を維持し、プロイセン国鉄の職員の雇用関係を次のように規定するものとなった。

①俸給・待遇・昇進の上級官吏と中・下級官吏の区別：たとえば各地路線の理事会には、原則国家試験をパスした法律・行政職の上級官吏が充てられる。

②段階的雇用：職員は、一年間の試傭《しよう》期間後、原則五年の（解雇の可能性のある）採用を経た後、予算上認められたポストに空きがある場合、テニュア（終身雇用権）をもつ官吏として本採用される。

③廃兵・除隊下士官の優先：（技術職を除く）中・下級官吏のポスト補充については、廃兵・除隊下士官のうち、一定期間以上の軍務によって「文官任用証（民間での扶養証明書）」を得、文民公務で任用資格を得た者を優先する。この任官資格をもたない者が雇用されるのは、原則として空きポストがあり、なおかつ前記の有資格者が候補として待機していない場合に限る。

このうち①については、ほぼ貫徹されたらしい。鉄道職員は「職務に必要な教育水準」に応じて三グループに区分されていた。

公文書記録にあたると、一九世紀末になってからなんらかの受勲・受章の対象となったいわば高級鉄道人、たとえば当時のVDEVの幹部クラスの経歴を見ることができる。このうち鉄道官吏経験者については、上級法律官吏登用試験をパスしたことがキャリアの最初を飾っている例ばかりである。一方、官吏登用試験を経ていない中・下級官吏については、上級の職位に就いた者の記録から見る限り、キャリアの天井があったことは疑いがない。

次に②に示された官吏任用のルールだが、これも一八五〇年代前半に確立していたらしい。

人事記録によると、五〇年代前半以降の任官者四五名については任用に要する期間は平均五〜六年となり、前記の原則がその通りに運営されるようになっている。また在職年数の若齢化と長期化がみられ、比較的早期から長期的雇用と一定の制度化された昇進過程が成立していたといえる。

それは、勤務部門・職種について安定的であり首尾一貫・自己完結的なものであった。つまり、入職時にたとえば会計業務なり駅業務なりに配置された場合、一〇年ごとの異動状況を見ても同じ部門・職種にとどまって昇進または現職維持しているのがふつうであり、このことは後の時期ほど明確となったようである。また入職は、四〇年代には建設工事現場での勤務からの抜擢《ばってき》あるいは職務・職階上は「横滑り」といえる採用が見られたものの、五〇年代以降には多くの場合、中級職員としての職階の最低レベルや「見習」などから始まるようになった。

ドイツ語圏の国家官僚制に見られる昇進システムの中核である、「ラウフバーン」という特徴に対応するものである。ラウフバーンとは、（同程度の教育を前提とする）同一種類の官職を職務内容に応じて縦に配列したものであり、そのまま官吏の昇進経路を示した。

一八五〇年に成文化された原則のうち、③には制度の背景について説明が必要だろう。除隊兵士・退役軍人の優先的な公務任用というのは、いかにも軍国主義・プロイセンの官僚制システムに特徴的なルールである。初期近代、プロイセン王にのし上がった父のあとを継いだフリードリヒ・ヴィルヘルム一世が、スウェーデン戦争（一七一五〜二〇年）時に採用した恩恵的な福祉制度に起源をもつ、伝統的な文官職斡旋《あっせん》制度であった。

一八五三年には、私鉄の国有化にともなって生じる職員の移動について「文官任用資格のある職員のみを国有鉄道は引き受ける」との原則が閣令で定められ、六七年には「（技術職を除く）下級職員ポストの少なくとも半数は軍出身の候補者で占められるべきである」と、この原則は再確認・強化された。

このように見ると、コッカの仮説は、とりわけプロイセン国鉄のような官有鉄道については、字義通り成立するように思えてくる。これはドイツの鉄道員の気質や挙止への同時代的な感想にも符合するから、まことにもっともらしい。

プロイセン国鉄内部の「内部労働市場」

しかし、プロイセン国家官僚組織の一部として官僚制的組織形態やルール、慣行を受け入れていることは、有効な経営モデルとして国家官僚制を模倣したとか運営原理として導入したとかいうことと、ただちにイコールではない。時期的に、鉄道業のドイツ語圏の「初期」と、明示的な官僚制ルールの徹底とは、四〇年代末をはさむ数年のズレもあるのも、気になるところである。

先に観察した雇用の長期化・安定化も、「官営鉄道」である以上官僚制のルールが機械的に適用された、というだけではない一面がある。つまり、いわゆる内部労働市場が組織としての合理性追求から、ドイツ語圏の企業組織としてはいちはやく形成されていたとも考えられる。

「内部労働市場」というのは、企業内に構造化された労働市場のことであり、高度に発達した企業はこれを必要とする。ある企業は必要な人員をその時々でスポット的に入職させ、一方で雇用される側もより良い条件を提示する企業を求めて基本的に移動を続けるというのが、「外部労働市場」。「内部労働市場」とは、こうした労働需給に応じて決定される賃金を基本に成立する雇用関係に代わるものである。労働者はある企業のなかでの訓練によって得たその企業に特化した高度な技能を売り物にし、その企業の中での昇進（プロモーション）によって賃金や待遇の上昇をはかるようになる。また企業側も従業員への訓練が無駄にならないことになるし、職場での献身をもたらす忠誠や高い士気を期待できるようになる。したがって、長期的で安定的な雇用構造を企業内部にもつのは企業にとっても従業員にとっても有利になるはずだ、というわけである。

この「内部労働市場」という概念を通してプロイセン国鉄の主管官庁・プロイセン王国商務省（商工ならびに公共事業省）の人事記録に残された事例を見直すと、ある特徴が浮かび上がる。つまり、プロイセン国鉄中級職員のほとんどのプロモーションは特定の路線ないし地域内で完結していた。職員・官吏の地域や路線をまたぐ異動はなく、長期・安定雇用は国鉄全体で成立していたわけではなかった。

一九世紀なかばには、なお体系的・専門的な職業訓練（オフ・ザ・ジョブ・トレーニング）の不徹底が指摘されていた。ある上級官吏は、端的に「泳ぎを覚えるには水の中に入ることだ」それしかなかった、と回顧している。したがって私鉄企業ごとに特有の事務処理ノウハウがあり、それらの路線のなかでの職員に必要なスキルは、いわゆるオン・ザ・ジョブ・トレーニングで習得されなければならなかったといえそうだ。

鉄道企業は当時としては大規模であり、さらに大規模化の可能性をもつうえに、その部門は多岐にわたって複雑な構造をもっていた。こうした鉄道業の組織的特性が、地域・企業特有のスキルを習得するのに適した一定の昇進経路《ジョブ・ラダー》をもつ内部労働市場を、一八五〇年代という早い時期に生み出したといえるのである。

官庁の雇用ルールが、単純に新しい官庁である邦有鉄道に転写されたわけではない証拠として、私鉄路線にも職員の長期・安定雇用がみられたという事実がある。オーバーシュレージェン鉄道出身のR・ハルニシュという職員は、一八五六年に会社と終身雇用契約を結んでいた。ところが、買収・官営化による国鉄採用でこれは五八年にいったん破棄されている。六二年、官吏任用という形で今度はプロイセン国鉄との終身雇用関係をもつにいたったが、数年のノン・テニュアの時間があったことをどう判断すべきだろうか。

ドイツの鉄道員＝兵士・下士官？

ここで再び③のルール「文官任用制度」の実態をたしかめておく必要があるだろう。

ドイツの鉄道業組織が官僚制の影響を受け、それを経営上の問題の解決に利用できたというコッカの仮説の根拠の一つは、官僚組織からの絶えざる人員供給であった。ドイツの鉄道職員は「上司の命令に直立不動でこたえる下士官」（経済学者W・ゾンバルトの言葉）であったというイメージは根強い。

その肯定的な面をとれば、高い労働規律ということになる。現に、同時代の英国議会からの視察者も、ドイツ語圏の官有鉄道の職員は勤勉でよく訓練されていると評価したが、「これはおそらく軍隊教育に負うところがきわめて多いだろう」と推察している。

だがこれに対して、文官任用制度の実施がさまざまな弊害をもたらしているという声もまた、同時代の鉄道業内部には強かったのである。そもそも予算上認定された正規ポストが限られている以上、文民職員の昇進・任官は遅れることになるし、採用される元下士官や兵士の能力は低いというのであった。

当時の人事記録を再整理してみると、文官任用証取得者のキャリアを数字の上でたしかめることができる。見つけられた文官任用証取得者とそうでない者（いわば「文民出身者」）がほぼ同数であるが、これらのグループの履歴を比較すると、鉄道業内部で下士官・兵士出身者は採用や昇進で優遇されたものの、必ずしも重用されたわけではなかったとも考えられる。

一九世紀後半に商務省（商工ならびに公共事業省）が分割改組された公共事業省の鉄道職員に関する人事記録からも、文官任用証取得者の経歴と勤務実態についての記述をさがしてみた。かなり分厚い書類綴《つづ》り数冊から、私たちが見るべき文官任用証取得者はわずか一五名だけがピック・アップできるにすぎなかったが、そこから、文官任用証取得者の平均的なキャリア・パスは浮かび上がる。

文官任用制の実態

ある下士官の除隊が見えてくると、部隊所属の師団長など（中将クラス）の名義で文官任用証が発行され、部隊長が個別の官庁宛てに紹介状を書いてくれる。履歴書や部隊勤務証明、場合によっては学校の卒業証明書をもって求職活動に入ることになるが、仮採用は一～三ヵ月以内に決まる。ここまでは軍隊の顔が利いているわけである。

しかし肝心の任官までには、相当の時間がかかることも覚悟せねばならなかったようだ。文官としての仮採用（試傭）から本採用を経たのちに任官（テニュア付き採用）にいたるわけだが、四〇年代には文官ポストは慢性的不足にあり、仮採用にも三、四年を要した例すらある。

とはいえ、たいていは仮採用から半年程度で文官職本採用にいたれたようである。本採用にあたっては試傭期間の就業態度のチェックとともに面接試験や実技試験もあり、正書法や計算力がテストされることもあったが、あくまで形式的なものだったようである。本採用から任官までは平均四年程度で、先にみた「五年以内」という原則が守られている。

多くの文官任用証取得者は、鉄道業の現業ではなく、その周辺の事務部署に配置されている。本採用時の職階は雇員や官房雑務係補助、計算係助手といった比較的低い水準に集中している。

除隊時の階級の差（上等兵、伍長、軍曹、曹長）は、鉄道業への入職時の職階にある程度対応させられているし、その後のキャリアにも関係があるようだ。すなわち、元曹長の三名中二名が顧問官称号を獲得し、恩給額四〇〇〇マルクを超えるのに対して、軍曹は昇進に関して二つのグループに分けられ、伍長・上等兵はすべて下級職員として遇されている。

これは兵士・下士官としてのスキルと、商務省（公共事業省）の中・下級官吏としてのスキルがある程度一致していることを意味するのだろうか。もしそうならば、さらに進んで、役人のノウハウがそのまま鉄道業やその周辺の事務仕事で生かされたということにもなりそうだが、どうもそうとも限らないのである。

軍隊での地理工兵の伍長から技官的な事務助手として採用され、鉄道管理第Ⅱ局・Ⅴ局の地図課長を務め、一八九〇年代にはついに枢密顧問官称号とともに〝教授〟称号も得た、きわだった昇進のケースもあるが、文官に転じたときには能力不足や職種不適合を指摘される例も多い。同じ文官任用証取得者であっても、そのスキル評価には差があった。にもかかわらず恩給（年金）額は除隊時の位階で決められたから、融通の利かないところのある制度でもある。

元兵士・下士官の軍隊的エートスの流入が、ドイツ語圏とりわけプロイセン国鉄職員の規律を高めた、というのは疑いないだろうか。プロイセン国鉄の雇用慣習の結果をドイツ語圏の鉄道全体に当てはめられるかどうかに、あらためて引っ掛かりをおぼえる以外には、これを否定する余地は少なそうである。また、その材料もここではない。

ただし、やや奇妙な任官のエピソードがみつかり、示唆的ではある。一八六三年、商務省官房に住み込みの雑用夫を六年にわたって務めていたクールベという元上等兵と当局との、夏から年末にかけてのやりとりは、以下のようなものであった。

クールベ「官房雑務係のポストが空いたようですので、任官を希望いたします」

当局（大臣名義書簡）「貴殿はそういうが、もし任官したら俸給は年二四七ターラーであるぞ。ところがいまは貴殿の妻君が事務所の掃除をして手当を受けているし、住み込み勤務の手当ても貰《もら》っているだろう。手取り収入は四一七ターラーあるが、これが激減することになるから、考え直してはどうか」

ポーターなどの下級職員が手取り賃金の低下を恐れて昇進を拒む例は、たとえば英国のグレート・イースタン鉄道などにもあったと記録されているし、現にプロイセン国鉄でも八〇年代になってから同様の理由で降格すら希望され、実行されたことがある。しかし、このやりとりに続くクールベの答えは結局、「そうはおっしゃいますが、私はなんとしても官吏になりたいのであります」というものであったらしく、彼は同年任官し、俸給は二五〇ターラーとなった。

賃金を犠牲にしてまでひたすらに任官を望むとは、近代社会の成員にあるまじき封建根性だと非難すべきだろうか。作家ハインリヒ・マン（一八七一～一九五〇）は、そうした心性を近代ドイツ市民社会特有の後進性だとして風刺する小説を、「臣下（Der Untertan）」と題した。そこまでいわぬまでも、商務省の末端にも官僚制的ないし軍隊的位階秩序の感覚が浸透していたケースだ、としてもよさそうである。

ところが、このクールベの選択は、長期的には経済合理的な行動に他ならないことになった。七年後に省内に別の空きポストが発生してそこに異動できたことで給与はあがり、死後には官吏遺族には年金支給がある。このあたり本人の計算があったかどうかは不明だが、軍隊的エートスと官庁的な福祉制度、個人の経済合理性や将来期待（予想）との関連は、なかなか一筋縄ではいかないもののようである。

「例外的」雇用は例外的か？

また、プロイセン王国の国鉄には、一八五〇年代を中心に、官僚制的秩序からの逸脱がみられたようである。

通常、プロイセン国有鉄道の官吏の採用に関しては前述の「一般規定」にもとづき、理事会―商務省内で処理が完了した。それらは本来の法的規定では、中・下級職員には文官任用制度を基本とするものであったはずである。

しかし国有鉄道職員の正規採用（任官）に関して、国有鉄道各路線の理事会の稟請《りんせい》を商務大臣が取り次ぎ、国王（内局）に対して「恐れ多くも陛下のご叡慮《えいりょ》を賜《たまわ》り、例外をお認め下さり、鉄道任官資格を某なるものに付与されんことを」と上奏するケースが複数みられた。

このこと自体はドイツ（プロイセン）鉄道職員に関する通史にもきちんと記載されている。邦有鉄道開通時から、採用資格をもたない非軍人の採用可能性を探らなければならなかったし、私鉄買収で邦有鉄道に移管した場合も、文官任用の規則は破られなければならなかったという。

もう少し具体的な数字を得るつもりで、本書の筆者は、一八五〇～七〇年代のプロイセン国鉄について、商務大臣（商務省）の申請によりプロイセン国有鉄道で任官資格を「例外的」に付与されたケースを数えたことがある。任官（終身雇用権取得）にいたった数は七六件、任官者の数パーセントにすぎないが、それぞれの推挙上奏からわかる「例外的」任官者の経歴は示唆的であった。

「例外的」任官は、五〇年代に集中（六〇件）する。「例外的」任官が、プロイセン国鉄の出発期に必要とされたことがわかる。また、総じて「例外的」任官は、一定以上の専門的事務技能を要求される中級職員を主な対象にしていた。

出生地である州、最初の就業地、鉄道業への就業地、任官地を対照すると、まず出生地と最初の就業地の強いつながりがあらためて確認できる。しかもこれは多くの場合、行政区（県）内の移動であった。新規の鉄道建設（工事）では、その地域の事情に詳しい人材が不可欠であるとされたことに符合する。

鉄道業に入るまでの前職を確認すると、もっとも多数を占めるのは地方官庁での事務・会計業務についていた例（行政官庁一二件、法曹関係官庁一一件など）である。

しかし同時に、非官庁部門出身者、特に商業出身者の存在に目を配っておく必要がある。鉄道業に入る直前に商業についていたのは二件にすぎないが、行政官庁や弁護士事務所に入る前に商人であった例を少なくとも三件加えることができ、また特に「鉄道業でのビジネスマン（カウフマン）的交渉の必要」を任官資格申請の際に当局が明記した場合がある。元下士官の任官の場合も、その多くは軍で経理関係の職にあった。

国有鉄道に導入がはかられたのは、計数に明るく合理的思考能力をもった労働力だったといえそうだ。「上司の前で直立不動でこたえる下士官」を雇うだけではだめだと、鉄道の所轄官庁である商務省は当時から認識していた。老兵・廃兵たちの能力への判定は、現場では辛かった。後世の評言だが、「長年の軍隊経験は命令と指示によってしか動けない精神をつくってしまう」というのであった。

そこで、管理者層の能力不足と付随的な弊害（高齢化）に対して、商務省は他省庁文官の任用と私鉄企業に範をとったギムナジウム新卒者の実習採用による人事の補強を考えていた。だが、それは一八五二年に、おそらくは軍の意向を受けた国王官房からの反対で断念せざるをえなかった。「例外的」任官が確認されるのはこの抜本的改革案の断念の翌年からなのであった。

要するに「例外」は必要不可欠であり、決して文字通り「例外的」ではありえなかった。

官僚的な、あまりに官僚的な？――技術官僚たちの世界へ

ドイツ語圏の鉄道業の運営には、国家官僚制というモデルを借りてくるだけでは済まなかったようである。

コッカの議論はおそらく、一九世紀ドイツ語圏には有力な社会的規範として国家官僚制の存在があった、というもっとも広い社会史的文脈で把握されるべきだと思われる。理念型としての官僚制的秩序の導入がなかったわけでも、それに意味がなかったわけでもない。鉄道業をとりまく環境には、近代国家の支配原理の浸透があったし、鉄道業に参入する人びとに

官僚制的秩序感覚を体現する者は多かった。

しかし、鉄道初期にそれが最も必要なものではないようでもあった。鉄道路線を建設し、汽車を動かし、企業としての利益をあげることには、官僚制的な精神とノウハウの持ち主を集めてくるだけでは足りなかった。

新しい経済部門の現場で新しく起こる多くの問題を解決するためには、新しい組織的な対応が求められた。それは大筋ではアメリカ合衆国などの経験とも変わりがなく、国有化される前の私鉄は、みずからそのように動きはじめていた。国有化後の官業となった鉄道は、必要な人員とともにその試みを（人員の形でも）引き継いだのである。

では、地域の事情に通じ、「ビジネスマン的感覚」をもった中級事務職員の仕事とはなんだったろうか。

彼らに期待された事務的な管理知識は、鉄道建設期には、路線建設に使用される工学的技術と密接に結びついていた。また、この鉄道技師の役割の補佐であると同時に、彼ら鉄道技師の活動の広い意味でのモニタリングも重要な部分を占めていたはずである。

こんなことをいうのは、鉄道工事の成否は、初期の鉄道企業にとって決定的に大事だったからである。したがって、鉄道建設を指揮する技術者の存在はきわめて大きかった。

やや時期をさかのぼり、鉄道時代に新しく出現した技術者集団である「鉄道技師」の姿を追うことにしよう。

第6章　鉄道技師の世界、あるいは怪人vs役人

帰ってきた男

ベルリンで発行され、一八世紀以来の伝統をもつ新聞があった。一九世紀前半には当時の発行者一族の名前をとって『ヴォス新聞』が通称となる。そのころは週三回発行され、リベラルな市民層の意見を代表するとみなされた。

その『ヴォス新聞』一八四〇年五月一七日付紙面に小さな記事が載った。

「現在当地（プロイセン王国）に滞在する注目に価するさまざまな外国人のなかに、北アメリカの諸鉄道のジェネラル・エンジニア（General-Ingenieur）である、ポメルンの小さな町出身のツィムペル氏がいる。（略）氏は得られた経験を祖国に役立てようと、ドイツに戻った。（略）」

「ツィムペル氏」ことカール（チャールズ）・フリードリヒ（フレデリック）・ツィムペルは、一八〇一年生まれ。ポメルン（北ドイツのバルト海沿岸の一地方）ではなく、ニーダーシュレージェン地方（現在はポーランドに属する）のシュプロタウという町の出身であった。

はやくに両親を結核で失っている。一八一八年にプロイセン軍に歩兵として入隊し、二〇年代は兵士・士官として勤務したらしい。この間、王太子の「近習副官」や会計係を務めたとされる一方、測量官の国家資格試験にも合格している。また二八年には歩兵中隊の運営に関する著書も出した。多才な人物であったようである。

二〇年代末、本人によれば「精神修養のため」アメリカ合衆国にわたり、除隊している。合衆国市民権を獲得し、名をアメリカ風に「チャールズ・フレデリック」に改め、「Ch.F.」または「Chas.F.」と綴るようになった。このおかげでファーストネームはときに「クリスティアン」とも誤伝されてきた。

三〇年代には、ニューオーリンズ・カロルトン鉄道などルイジアナ州のミシシッピ川流域で、複数の鉄道路線建設工事に従事した。三七年にアメリカを引き揚げ、ヨーロッパに戻った。『ヴォス新聞』は、その立派な理由を本人の説明によって伝えたのであろう。しかし、のちに必要あってプロイセン王国の元ニューヨーク領事が調査報告したところでは、「土地投機に失敗し、蓄えた財産の大半を失うのみならず多額の債務をかかえ、返済不可能のためひそかに逐電」ということになる。

ともあれ、数ヵ月以上の英国（イングランド）留学を経験したのち、三八年にはハンガリーのペスト－プレスベルク間の鉄道工事に「上級技師」として翌年秋まで勤務している。この当時のドイツ語圏では、一線級の鉄道技術者の履歴である。

プロイセンに戻った一八四〇年春、国王（フリードリヒ・ヴィルヘルム四世〔在位一八四〇～六一〕）に拝謁した。ほぼ同時に鉄道業に関する著書『北米、英国およびその他の国々の鉄道建設活動』を「至高はじめ高位の方々、そしてわが友人の」要請により（同書「序文」）ヴィーンで出版し、これにより「プロイセン金メダル」を下賜された。

拝謁実現や勲章授与の経緯は判然としない。だが注目すべきは、この前後に裕福な王室御用商人カール・トロイとの関係を得ていることだろう。ツィムペルの運命は、このトロイが理事長に就任（四〇年七月）したベルリン゠フランクフルト（アン・デア・オーダー）鉄道（以下BFEと略する）の建設への従事を境に、転変する。

カール・フリードリヒ・ツィムペル

後世の私たちは、C・F・ツィムペル（一八〇一～七九）という人物について、先ほど挙げたように、いくばくかの伝記的事実を（ときに生年を〝一八〇〇年〟と誤られもしたが）知っている。

しかし、それは大半が一九世紀の鉄道技師としてのものではない。ツィムペルの名は、たとえば「ツィムペル水」という今日も使われる薬品と結びつき、近代医学と距離を置いたドイツの民間医療家としてのみ残った。斯道《しどう》の大家ツィムペルもまた、当時のホメオパシー（同種医療）や代替医療につきものだった神秘的で異教的な雰囲気を身にまとうために、経歴をそれらしく粉飾した。それは鉄道技術者としての経歴を、ところどころ塗りつぶすことになった。

面白くない過去を消すのはありがちなことで、他人がとやかく言うほどでもない。だが、この一九世紀なかばという初期の鉄道技術者の場合、なぜそんなことになったのかを探るのには、本書にとって意味がありそうなのである。

ベルリン‐フランクフルト鉄道の建設（1）クレレ計画の破棄

現在のドイツ連邦共和国とポーランド共和国の国境の街、フランクフルト・アン・デア・オーダーは、その名のとおりオーダー（オーデル）川沿いの都市である。プロイセン王国時代にはブランデンブルク州の行政区所在都市であり、大市が開かれることで知られた。西部ドイツのフランクフルト（アム・マイン）の繁栄をみならうように命名されたといわれる。

一八三〇年代には人口二万三〇〇〇人。もし人口約二四万人の王都ベルリンと鉄道で結ばれ、やがてその路線が同じオーダー河畔の古都ブレスラウ（現ポーランド・ヴロツワフ）まで延伸されれば、地域の商業は一層活性化されるだろうと期待された。ドイツ語圏の鉄道建設の最初期からある地元フランクフルトの鉄道待望論は、リストの鉄道建設を唱道する論文にも取り上げられた。

一八三六年には、この当時の通例で地元名望家たちが中心になり、「ベルリン‐フランクフルト路線建設協会」を設立する。同年一二月には路線計画を公表し、ブランデンブルク州庁の認可も得た。

この計画を作成したのは、路線建設委員会のメンバーの一人でもあった王国枢密上級建築顧問官アウグスト・レオポルド・クレレ（一七八〇～一八五五）。当時から国際的に高名な数学者であり、彼が創刊した数学専門誌の通称『クレレ・ジャーナル』にも名をとどめる。すでにこの三六年当時には、ベルリン大学の創始者アレグザンダー・フンボルトや歴史家レオポルド・ランケなどと並んで、四五名しかいないベルリン王立学術アカデミーの正会員であった。夭折《ようせつ》したノルウェーの天才数学者ニールス・アーベル（一八〇二～二九）の、心優しい庇護《ひご》者でもあった。

鉄道建設の実務では一八三八年にベルリン‐ポツダム鉄道の建設計画にも携わっているが、鉄道技術者としての活動で最大の意義をもったのは、『建築術雑誌』という専門ジャーナルの主宰である。この雑誌はプロイセン王国の技術官吏に多くの購読者をもった。鉄道時代の初期である。鉄道技術は、工学技術の最新トピックの一つで人びとの関心も高く、クレレの雑誌もしばしば取り上げた。

クレレは特に、いわゆる「アメリカ・システム」の導入に強く反対する論陣を張った。この時代、鉄道建設の「アメリカ・システム」とは一般的には、土地が安く労働力が高い合衆国で、工期をできるだけ短縮し、費用をおさえる路線建設スタイルであった。地形的な迂回とカーブを多用した路線設定と、後々の設備の交換を前提とした安価な資本設備を特徴とする。

しかしクレレはとりわけ、木製レールに錬鉄を被《かぶ》せたもの（〝メッキ・レール〟）の使用を指してそう呼び、これに廉価で粗悪な資本設備を代表させて批判したのである。レール交換のコストを考慮すれば「アメリカ・システム」は何ら経費節約的ではないというのが、クレレの主張であった。

ベルリン－フランクフルト鉄道計画書でも、第二部「技術編」で特に独立した一項を設け、彼のいう意味での「アメリカ・システム」、つまり「五、六年で交換しなければならない」「弱い、木製の、長々と桁《けた》に固定されたレール導入」を批判している。長期的なコストを考えれば、「堅固な圧延鉄製のレールが必ずこの路線でも用いられねばならない」とした。

ところがカール・トロイ以下の株式会社BFE理事会は新しく七月に発足するや、会社発足時の旧理事会が採用したクレレによる計画を廃棄した。クレレ計画による路線工事は測量すら進んでいないが、そもそも予算見積もりも不十分だったというのである。

出資者を募って会社はできたものの、路線建設工事が挫折し、そのまま計画が立ち消えになってしまう例は、この当時のドイツ語圏で珍しくなかった。その多くは、同時代の新聞論調にしたがえば、路線計画自体の不備や、工事を指揮すべき技術者の能力不足が理由である。

ＢＦＥ理事会は、「およそ一〇年をアメリカとヨーロッパで鉄道業の研究と実践活動に専心した人物」であり「幸いにもその才能と経験を活用できることになった」ツィムペルに、軌道計画の検査と問題点の指摘を依頼した。その報告書は理事会を満足させ、ツィムペルは「ディレクトア」として新路線計画の作成と費用査定、ならびに工事の「上級指揮」をおこなうことになる。

ベルリン‐フランクフルト鉄道の建設（2）ツィムペル登場

ツィムペルは路線計画に、たしかに抜本的な変改を加えている。地形上の工事が困難な地域（分水界や泥湿地）を避け、平坦《へいたん》な高燥地を軌道が通過するようにしたことで、工事費用を大幅に削減できた。傾斜が急になったぶんは、馬力のあるアメリカ・ノリス社製の機関車の採用でカバーした。また貨車や客車もアメリカ製を用いる。クレレがこだわっていた上部施設に関しては、無批判にアメリカ製を採用したわけではない。地形の変化に応じて英国製重量レールとアメリカ製軽量レールを細かく使い分けた。

この計画変更は上部施設について大幅に節約ができた一方、当初計画では予定されていなかった中間駅の設置や新規土地購入などでは費用が増えることになった。そこで総額では増資を必要とし、計画予算はおよそ二六万ターラーとなったが、予算計画書では多数の新規項目が付け加わるなど、計画自体がより詳細で実用的なものに練りなおされている。

一八四一年六月、新計画による着工。工事期間中、ツィムペルはベルリン市内での住居を、職人親方も住むやや庶民的な通りから、同じ警察管区内にあったBFE本社社屋の近所に移した。金もできたし、通うのに便利だということだろう。計画変更で路線が市内をやや外れることになったケペニック市の当局や沿線住民との、さまざまな補償の話し合いの場にも出席し、工事責任者として発言している。

そこでの発言は基本的に、理事会の意思である「費用の節減」を代弁するもの。というより、それは理事会が決めることだ、の一点張りで逃げている感も強い。放牧の牛や羊が横切らないように線路に柵《さく》を設けよ、といったクレームも、その流儀でかわしている。

翌四二年一〇月二二日、BFE開通。路線長およそ八〇キロメートル。一六ヵ月という工事期間は、当時は非常に短いと評価された。理事会メンバーの一人が着工前に「これまでにないほど工事を安くあげてみせよう」と揚言したという噂《うわさ》が、のちに問題視されることになったが、とにかく経費節約の企図はかなったようだ。

鉄道会社としてのBFEは路線距離、設備額、積立準備金額などで比較して、当時のプロイセン王国内の鉄道一二社のうち中くらいの規模であるといえた。営業当初の二年の収入総額・支出総額もほぼ平均的であったが、いわゆる「営業係数」（収入・支出比）で見ると、当時もっとも先進的だとされたライン鉄道に次ぐ好成績をあげている。これから見ても、路線計画と工事に大きな失敗はなかったことはたしかである。

ベルリン‐フランクフルト鉄道の建設（3）毀誉褒貶《きよほうへん》のツィムペル

ところが、工事中からツィムペルに対しては大掛かりな非難が加えられた。まずは路線変更に対する反対論の一部として、ツィムペル批判ははじまった。声をあげたのはクレレの旧路線計画での沿線予定の土地の所有者たちであり、彼らはBFEの株主としての立場から、そもそも路線計画変更は一八三八年鉄道法違反だと主張する。一八四〇年の秋から年末にかけて、国王官房や大蔵省・内務省には、株主グループや路線にあたったケペニック市庁から、路線変更の取り消しの訴えがあいついだ。ツィムペルは「無資格の異邦人」としてやり玉にあげられた。

鉄道会社に土地を売る当てがはずれた強欲な地主によるクレームにすぎないと、プロイセン王国大蔵省当局は訴えをことごとく退けている。四一年年末にもBFE株主の一人からフランクフルト駅の位置を当初計画から変更した工事を差し止める要求があがったが、翌年三月、大蔵省はツィムペル計画を再認可している。

だが、「異邦人」はともかく——国籍をアメリカ合衆国に移したことは、ちょうど同じころにリストを苦しめていたが——、「ディレッタント」「無資格」というツィムペルへの中傷は、工事がいよいよ完成に近づくころに、にわかに重みをもってくる。

一八四二年九月五日、大蔵省はBFE理事会に対し、王国上部建設委員会の見解を伝えた。

路線工事中のある一角の勾配《こうばい》の処理に関して、三八年鉄道法第四条に則り、許可をうけたとおりの基礎工事がなされたことを文書報告するように命じるものであった。そのなかには、「これを確認するくらいのことは、理事会には大いにお役に立っている、かの技術者に相談するまでもないであろう」との、意味ありげな文言がある。

一〇月二二日、全線開通したBFEは営業を開始。『ヴォス新聞』は始発の模様を伝え、ツィムペルがつくった諸設備を高く評価している。ドイツ語圏の言論ジャーナリズムで大きな権威をもった『一般新聞』は「ドイツの鉄道システム」という無署名記事を出し、専門紙『鉄道新聞』が四三年二月にこれを転載した。

名前こそ挙げていないものの、はっきりとツィムペルの側に立った論調である。いわく、フランスの道路橋梁《きょうりょう》局は実用性を軽視するアカデミックな「技術のソルボンヌ」になってしまっているが、英国やプロイセンでも高コストの英国式の建設計画をとりたがる専門家の硬直的な姿勢が建設費をかさませ、工事の遅れや失敗が生じている。技術的な完成度をドグマ的に追うべきではない。ここでBFEの話になる。BFEでも「北米で実地の経験を積んだ技術者」への交代ではじめて事態が打開され、株主に利益がもたらされた。「おわかりの通り、その有能な人物にとっては自然の難関に対するほうが、技術的官僚主義の困難を打破するよりはるかに小さな苦労であった」

この『一般新聞』の記事は、ひょっとするとツィムペル本人が書いたのかもしれない。だが、これが専門紙『鉄道新聞』に転載されたことからは、その購読者層である鉄道業関係者の相当部分にも、ツィムペル擁護の考えがみられたことがわかる。

そして翌三月、ツィムペルは代わったばかりの大蔵大臣カール・フォン・ボーデルシュヴィンク（一八〇〇～七三）との契約により、プロイセン東部鉄道建設の測量を担当することになった。路線区間ごとにプロイセン王国の技術官吏と作業を分担し、一〇月末までこれを務めている。このあたりが鉄道技術者ツィムペルのキャリアのピークであった。ツィムペルの提出した路線計画は、けっきょく不採択となる。

鉄道技師ツィムペルの落日

工事も終盤にさしかかったころ、BFE理事会に釘《くぎ》をさした王国上部建設委員会とは、大蔵省の商工建設局に属する国王諮問機関であった。四二年当時には上級建築ディレクトアであるギュンター局長以下、枢密上級建築顧問官などの官位をもつ上級技官一〇名が所属していた。

彼らは、先立つ一八二〇年代初頭の「技術上部建設委員会」と「技術工業委員会」で開明的官僚の代名詞ボイトのもと実際的活動のピークにあった、クレレの上司や部下に他ならなかった。

BFE開通後のツィムペルが東部鉄道での協働でうまくいかなかったのも、プロイセン王国の技術官吏たちだった。東部鉄道の路線計画を分担したのは、フリードリヒ・メリン（一七九六〜一八五九）とF・E・S・ヴィーベ（一八〇四〜九二）。大蔵省商工建設局勤務の二人は一八三七年のデュッセルドルフ-エルバーフェルト鉄道建設以来の、現場の上司―部下関係にあった。上司メリンは一八四三年まで王国ザクセン州に勤務する土地建築顧問官であり、州長官ハインリヒ・フロットヴェル（一七八六〜一八六五）に仕えた。

このフロットヴェルが、また新しく一八四四年に王国蔵相となる。フロットヴェルは、ザクセン州の前はポーランド人の多数居住するポーゼン州で、特にドイツ語による行政一元化に辣腕《らつわん》を振るったことで知られた。新蔵相就任は、ツィムペルのキャリアに深甚な影響を与えた。フロットヴェルは、ツィムペルの鉄道技術者としての能力自体を疑っていた。

東部鉄道路線計画への参加を不本意な形で終えたのち、一八四三年中にツィムペルはキール駅舎の設計意見書提出やコトブスの馬車鉄道路線の測量に従事したが、関与したいくつかの鉄道路線計画はいずれも実現しなかった。

一八四五年に書かれたとされる自筆履歴書は後年の伝記が依拠したものだが、それによれば、この四三年に鉄道からは手を引き、イタリア、ギリシアさらに中近東への五年にわたる遍歴の旅に出た、ということになる。この「オリエント遍歴」は、四九年に医学博士号を申請した際には、公的な資格の不足を補う根拠として採用された。

しかし実際には、ツィムペルは鉄道技術者としてのキャリアを、そうあっさりとあきらめたわけではなかった。一八四四年、『鉄道新聞』七月一四日号にヴィーンから「鉄道業での私の経験と改善」と題する手記を寄稿しているが、そこでは、最近の鉄道技術の進歩に応じて自身の向上をはかるべく一月一五日から最近まで、英国、「大発明の母国」合衆国、ベルギー、フランス、「私にもっともなじみのなかった」ドイツの鉄道を検分する旅行にあったとし、アメリカ・システムの合理性をあらためて確認できたとする。締めくくりは、鉄道建設指揮への熱意を表明すると同時に、自分の売り込みをはかるものであった。

「(……)私は、これまでに得られた経験を教え伝えたいと前から望んでいる。ベルリンまたはヴィーンのトロイ・ルグリシュ商会宛てに、手紙を寄せられたい」

王室御用商との関係がまだ続いていることがわかるが、この売り込みの後も、ツィムペルにとっては面白くない事態は続いたようである。

そこで翌四五年一月、「国家試験に合格した建設マイスター（監督）と同等に鉄道の建設指揮をおこなう資格」を国王に直接請願することになる。測量官資格より上位の国家資格を欠いている不利を、いまやツィムペルははっきりと意識していた。

ところがフロットヴェル蔵相は、三月中旬これに対してきわめて否定的な意見を国王に上奏している。国家試験による資格制度は重要であり、ツィムペル個人の事情で特例を認めるべき根拠は——当人がかつて測量官試験に合格している点を勘案すればなおさらに——ない、というのであるが、注目すべきはツィムペルの業績と人物に対してコテンパンの評価を下しているとことだろう。

いわく、アメリカでの鉄道建設はごく小規模のもので、そのうえメンテナンスには多大の費用がかかった。これは「アメリカ・システム」そのものの否定であった。また、BFE工事の指揮は、実際には国家資格をもった技術者である部下たちの分担でおこなわれたともする。アメリカからの帰国の事情も、実は金銭スキャンダルによるものだとしたのも、このときであった。大蔵省として国王に期待するのは、当然、ツィムペルの請願を拒否することであり、所定の様式による返答の文面も準備された。

二週間後、準備された「請願を却下すべく裁可する」という文言の「却下すべく」を線で抹消し、ツィムペルの請願を認めるよう国王が命じたのは、蔵相には不本意であっただろう。国王やその周辺にツィムペルの人脈がはたらいていたと考えられる。この一九世紀前半、革命直前のいわゆる「三月前期」にあっても、官職・公職の人事が濃厚にパーソナルな要素で決定される一面は残っていた。

蔵相にしたところで、徹頭徹尾ツィムペルを排斥するところまで行ったわけでもない。ツィムペルをこきおろした上奏文ができあがりつつある、まさにその一方で、本人から求められた身元照会状では「なかんずく路線計画と測量に大いに熟練した有能な技師の真価を発揮したものであり、氏の求めに応じこの点を喜んで証明するものである」云々《うんぬん》という文言を含む書面にサインしている。

だが、ツィムペルを支えた人脈の効果も、このあたりでどうやら尽きた。鉄道技術者として新しく大きな仕事が舞い込んだ形跡はない。つまり、キャリアのはかばかしい好転はみられなかった。

この四五年一〇月、官房大臣・内務大臣になっていた前蔵相ボーデルシュヴィンクに宛てたツィムペルの書簡が、公文書の綴りに残されている。東部鉄道工事のさいに損なった健康と失った馬匹の代償として、ツィムペルは三〇〇〇ターラーの報酬を要求したが、結局一〇〇〇ターラーを得たにとどまっていた。それに対して、「約束の」二五〇〇ターラーもしくは勲章を再度要求するが、そこではなぜか脅しめいた言葉を使った。

「（……）私が道徳的確信をもっておりますことに、閣下が政治家として私生活において全国にその実を示されること以上に大事なことはありません。また私のほうとて、今日の諸事情を甘受することはできておりませんし、将来もできないからです」

だがこの思わせぶりな要求は、大蔵省商工局によって取次ぎ自体を却下された。鉄道技術者としてのツィムペルの公的記録は、これにより終わる。

伝記では一八四八年から四九年の革命期、ツィムペルがアンハルトのホメオパシー医師リュッツェのもとで働いたことを記すが、ツィムペル自身は六〇年代の回想で、それにはるかに先立つ一八三八年以来、「ヴィーンのロートシルト伯のもとでホメオパシーを学んでいた」とする。

四九年二月、「多年にわたる鉄道建設の技術的経験」を評価され、イェナの鉱物学協会により栄誉会員に選ばれたが、その二日後、同地イェナ大学に医学博士号を申請している。そのとき、蔵相がサインした一八四五年の身元照会状を添えた。四月、「ドイツでは医師開業しない」むねを申告のうえで、博士号はめでたく授与された。

ツィムペルの挫折が意味するもの

ツィムペルの挫折には、クレレの周辺に形成されていたプロイセン王国技術官僚たちのサークルが確実に介在していた。ツィムペル自身の学歴や資格の欠如、宮廷の人的コネに頼ったキャリア形成も、同じ文脈で語られるだろう。確立されつつあった近代的な国家官僚制度と、前近代ないし王朝国家的な旧時代（アンシャン・レジーム）の社会感覚との軋轢《あつれき》である。

もっとも、現実に「アメリカ・システム」導入が主流となったドイツの鉄道業を想像することも、また難しい。私たちが見てきた、製鉄業など重工業発達への鉄道建設のインパクトが「木製レール」主体でもありえたかどうかをとりあえず度外視するとしても、である。

プロイセン王国ではすでに技術的な収斂《しゅうれん》がはじまっていたが、ここに何らかの大きな錯誤があったとでもいえるのかどうか。クレレの「アメリカ・システム」不要論は、根拠のないアレルギー反応というものではなく、アメリカの特殊性を指摘するとともに、当時なお明確ではなかった「減価償却」の概念を先取りするものでもあった。

ここまで長々と見てきたツィムペルの挫折は、ドイツ語圏の「鉄道技師」という新しい社会集団形成史上の陰画的なエピソードと考えるべきなのだろう。

外来技術の導入と豊富な経験を売り物に、技術者が（しばしば自立したコンサルティング・エンジニアとして）鉄道建設現場を渡り歩き、「遊牧」にもたとえられる遍歴を重ねてキャリアとそれなりの財を積む時代が、たしかにあった。パイオニア的な技術者が成功をとげ、有力な鉄道技術官吏までがそれにならって退官、好待遇で私鉄に就職、あるいは独立してしまうような時期がそれだとすれば、一八四〇年代前半までが、そうであった。

このドイツ語圏鉄道建設の最初期が終わろうとするときに、鉄道技師ツィムペルは遅れて居あわせ、つい居残ってしまったのである。

技師と官僚（1）最初の「鉄道技師」たち

一八四〇年代、「鉄道技師（Eisenbahningenieur）」という職業身分が新しく誕生した。五〇年代にはそれが、ドイツ語圏の社会になじみの文脈に次第に定置されていく。

各地で鉄道建設が開始された一八三〇年代後半、外国留学などで得た知識を活用して建設工事を指揮した建築・土木技術者が、ドイツ語圏の初期の鉄道技術者の中心だった。彼らが鉄道技師の第一世代といえるだろう。

蒸気機関車をはじめとする機械関連を担当する機械技術者は、後代に先覚者として評価されるものの、この時期には建築・土木技師の陰に隠れた「鉄道技師」であった。ベルギーで五年の修業を積み、ザクセンの鉄道業に携わったJ・H・エールハルト（一八〇五年生）の職位は機械マイスターで終わった。機械関係の技術者はエミール・ケスラー（一八一三年生）のように、蒸気機関車の製造業者として自営の立場から鉄道建設に貢献した例が多かった。つまり官界では不遇であり、建築・土木技術者との格差が最初期からあきらかであった。

「建築家」や「建築官吏」に対する「職人」「機械工」の軽視・蔑視《べっし》という社会全体の通念が、鉄道建設という新しい場にも強くはたらいていた。この点を考えないと、鉄道技師の社会的出自や教育内容について正確な像は結べないだろう。

王侯権力や国家官僚制度を背景にエスタブリッシュされた、つまりは相当以上の社会的地位を保証された建築・土木技術者が中心であれば、この時期の鉄道技師の出身階層は比較的上層ということに、自然になるだろう。現にそうであった。

建築・土木関連の技術職は早くから国家資格・試験制度が整備されてきた分、教育水準も整備され、より高いレベルの学歴になる。まだ父親の職業に「職人」や「下士官」が加わることが多い機械技術者に比べると、あきらかに比較的上層の市民層出身者が中心で、学歴はイェナ大学、ゲッティンゲン大学といった古典大学か、さもなければ、建築官吏養成のためにあった建築アカデミー、さらにはポリテクニシェ・シューレやゲヴェルベ・インスティテュートといった新規設立の官立の総合工業専門学校であった。これらは、のちに工科大学に昇格する。

一八四〇年代前半、ツィムペルと対立したプロイセン王国の当時の技術官僚については、当時の宮廷人、官僚の名簿として年刊された「プロイセン王国国家カレンダー」によって、その顔ぶれと人数規模の目安を得られる。

一八三〇年代から四八年まで鉄道業の主管官庁だった大蔵省の商工建設局中、「国家管理により運営される鉄道の委員会」には、四三年以降、各年二〜三人の「鉄道業務のための技術者《テヒニカー》」の所属が確認される。彼ら中央省庁の比較的若手の鉄道技術者たちは、このの ち、四九年から鉄道主管官庁になった新設（再設）の商工・公共事業省（以下商務省）で中堅の鉄道技術者として活躍することになる。

彼らの上司が枢密上級財務参事官メリンであり、一八四三年には大蔵省の鉄道関連業務上級（上長）技術顧問官を当時最年少で務め、四〇年代なかばにはマクデブルク－ライプツィヒ鉄道建設・運行など各地の鉄道建設に従事していた。一八五〇年代初頭に商務省第Ⅱ局・第Ⅲ局のディレクトアを兼任、中堅・若手の鉄道技術者たちを配下に置く。

この他プロイセン王国各地計一二（五一年当時）の鉄道路線について運営・建設ないし監督機関である管理局、委員会がおかれていた。各地鉄道管理機関に勤務する官吏中、技術者の占める割合は総員のべ三七名中二五名と高く、この時期鉄道管理業務の多くの部分が技術者によって担われていたことがわかる。

要するに、プロイセンの中央省庁や地方出先機関での鉄道技術者の数は限られたものであり、その顔ぶれも固定的だった。

「ドイツ」全体に広げてみても、その規模がごく限られていたことは変わらない。統計によれば、一八五〇年当時の「ドイツ」の鉄道（邦有鉄道、私鉄）で「ある程度の高等教育を必要とする職階」に区分される技術系の雇用者としては、「上級技師（一七名）」「区間（部門）技師（七〇名）」「上級機械マイスター、機械マイスター（四四名）」など計一四六名が数えられる。当時の邦有鉄道の職員（官吏など、終身雇用権を与えられた者）と任期採用者をあわせた全雇用者数（建設・路線労働者を除く）はおよそ一万二〇〇〇名であった。

技師と官僚（2）鉄道ブームと高賃金

一八四〇年代、鉄道建設がブームになろうとするとき、建設工事を指揮できる技術者は引く手あまたとなった。

建設工事に携わる鉄道技術者の待遇は、技術者全体とりわけ機械技術者（もっとも狭い意味での「技師」「エンジニア」）の羨望《せんぼう》の的であった。各地で建設工事の指揮をとっていた主に土木技術者たちは、路線工事から路線工事へ切れ目もなく移動した。一定水準以上の技能をもつ技術者へのあきらかな需要超過があった。これを反映して、鉄道路線建設時の技術責任者や、それを補佐する技術者たちの賃金（給与）はきわめて高くならざるをえない。

たとえば一八四〇年に開通したミュンヘン＝アウグスブルク鉄道建設の区間エンジニアたちの年収一二〇〇～一九〇〇グルデン強という額は、当時の郡判事や市長の俸給（八〇〇～一四〇〇グルデン）を超え、大臣・長官の給与の最低額と比較可能な水準にある。

また、一八五〇年当時の全ドイツ規模での上級エンジニアの平均給与約一七〇〇プロイセン・ターラーは、鉄道会社のディレクトアや上級官吏の平均給与がかろうじて匹敵する額である。当時、ドイツ語圏の総雇用者の平均給与はおよそ二〇〇ターラーであった。

プロイセン王国の技術官吏についての一八四〇年代前半当時の記録からも、最初期の「鉄道技師」の賃金状況の一端がうかがえる。鉄道建設を指揮するトップクラスの技術官吏たちに特別手当や昇給が必須であることが繰り返され、鉄道会社による引き抜きが心配された。より下位の建設監督たちに対しても、これを国家官吏として確保するために、大蔵省内の商工業・建設局の通例賃金体系以上の給付やポストの新設がおこなわれた。高賃金やポスト上の配慮は、ドイツ鉄道史の通説とは異なり、何もごく一部の突出した上級技師に対してのみ与えられたのではなく、「鉄道技術者」全体がその対象となっていたのである。

プロイセン王国東部ベルリン＝ケーニヒスベルク間路線建設に際し、当時治水建設視察官だったレンツェという技官の待遇をめぐる一連のやりとりがある。四五年前半から再三にわたり特別給付が建設委員会―大蔵省から国王官房に上奏されたが、僻地《へきち》の過酷な現場での待遇改善の根拠にされたのは、鉄道会社の同等の技術者の給与との格差であった（「……彼の能力ならば鉄道会社では今のゆうに三倍の給与が得られるでありましょうが……」)。

これに対し、最初、国王官房は例外を認めることに渋り顔であった。このため、翌四六年一月九日上奏文では、当時鉄道会社で勤務中の鉄道官吏四名の給与と工事終了後の賞与が、具体的に数字をあげて列挙されている。年俸三〇〇〇〜四〇〇〇ターラー、賞与一万五〇〇〇から二万ターラーといったところである。これに対しては低すぎる建設官吏の俸給は、その士気ひいては成績にもかかわるとしたうえで、「有能な建設マイスター（監督）に限って官務から離れてしまうでしょう」と危機感を露《あらわ》にした。

この種の官庁文書の常として、ある程度の意図的な誇張が含まれているかもしれない。しかし国家・官庁の側にとっても、鉄道技術者の高賃金とそのもたらす影響は解決すべき問題として意識されていたのは、たしかである。

技師と官僚（3） 技術の制度化

技術者の高賃金の背景には、鉄道建設という事業のリスクがなお大きかったことがある。この時期には技術者の個人的な才覚や経験が、その建設工事の成否を決めるうえで重要だと考えられていた。鉄道技術の体系化が未発達であったためである。土木・建築分野について、たしかに国家資格の整備や高等技術教育では、対応が進められていた。

ところが鉄道建設には、道路や橋梁や水利に用いられる土木・建築技術と新しい種類の機械技術とを組み合わせる必要があった。だが、前記のF・E・S・ヴィーベといった技官が学んだベルリン建築アカデミーの一八二〇年代なかばの教科内容は、学校創立の一八世紀末と大して変わるものではなかった。「鉄道」はまだアカデミックな教科内容の埒外《らちがい》にある。

したがって鉄道建設にかかわる技術は、ヴィーベの場合、英国・ベルギー・フランスへの留学と、さらにとりわけ三七年以降のメリンの下僚としての実践で習得したものであった。

これに加えて一九世紀のドイツ語圏では、クレレが主宰したような、鉄道技術関連の専門紙・誌と呼べるものが相当数発行されるようになった。鉄道技術者はそれを有力な情報交換と修練の手段とした。その『鉄道新聞』など専門紙でも、機械系技術がもっと優先されるべきか、土木系技術がやはり肝要なのかをめぐる議論の、異なる立場の双方が異口同音に、「経験」という言葉を用いた。

したがって問題の解決は、パーソナルな「経験」を、取り出しやすい共有の知識体系に置き換える、オープン・リソース化にあった。回りくどい言い方を避ければ、鉄道技術を学校で教えられるものにし、大量の「鉄道技師」を養成、労働市場に送りだしてしまえばいいのである。「いい」のは、まずは彼らを使う側にとってであるが……。

一八四〇年代後半から五〇年代に鉄道業に入職し、私鉄と官有鉄道が混交するいわゆる「混合システム」のなかで活動を続け、六〇年代までの鉄道建設が最も活発な時期には指導的なポジションに就いていた技術者たちを、「第二世代の鉄道技師」と呼ぼう。

1850年ごろの鉄道橋建設工事（ライプツィヒ－ホーフ間，ゲルチュタール）

一八二〇年代・三〇年代生まれの彼らの社会的出自については、先行する初期鉄道技術者グループと大差はなく、比較的上層の出身者が目立つ。すなわち、官吏、牧師、歯科医、教師、ビジネスマンといった父親の息子たちである。高名な作曲家カール・マリア・フォン・ヴェーバーの息子でドレスデン生まれ、主にオーストリアで活躍したマックス・マリア・ヴェーバー（一八二二〜八一）の名もこの中に入れられる。

このグループはしかし、受けた学校教育という点で最初期の鉄道技術者とはかなり異なる。鉄道技師のこの世代では、かつて多様であった出身校が、ポリテクニクム（ポリテクニシェ・シューレ）など新設の官立高等技術学校に収斂していく傾向があきらかになった。機械系の技術者についてもそうである。一八四〇年代なかばから、公教育の鉄道建設への対応がドイツ語圏諸領邦で本格的に開始されたといわれる。

バイエルン王国政府は、パイオニア的鉄道技師の一人、デーニスのもとで働いた若い技師を一八四四年には教職に就け、四五年にベルギーおよび英国に一年派遣し、帰国後ただちに自国のポリテクニシェ・シューレの教授に採用した。

ハノーファーでは四〇年代初頭から技術職国家試験で鉄道技術が求められるなど、鉄道関連技術への強い志向がみられたが、高等ゲヴェルベ・シューレで鉄道技術が授業カリキュラムに採用されたのは四七年のことであり、国家試験に鉄道建設関連項目（測量、建築、機械的知識、鉄道業文献の知識）が加えられたのは五〇年であった。この結果、四〇年代なかばから六〇年代なかばまでのハノーファーの比較的高位の鉄道技官の九六％が、高等ゲヴェルベ・シューレもしくはポリテクニシェ・シューレの出身者となったとされる。

プロイセンでも、高等技術教育を経て国家資格試験を受験するという流れをもつ従来的な技術者養成システムでは、鉄道業関連技術への対応が進行しなければならなかった。

プロイセン王国の開明官僚ボイトが、工業化を先導すべく技術教育に関する学制改革をおこなった一八二〇年代なかば以降は、国家資格規定の変更に応じてベルリン建設アカデミーでは四セメスター（および二セメスター）の新カリキュラムが組まれた。一八三一年の二年制・四セメスター課程のカリキュラム編成には、計二六科目中、鉄道業を取り扱うものはまだ見出せない。

しかし四九年には国家資格試験規定が再び改定されている。そこでは、建設マイスター資格試験が「土地（ラント）および美的建築」と「道路、鉄道および治水建設」の二部門選択で実施されるようになった。これに応じ、ベルリン建築アカデミーのカリキュラムには明確に「鉄道建設」に対応した教程が設けられるようになった。四九〜五一年には「鉄道建設」を、大蔵省所属以来の鉄道技術者であった建築査察官が講じている。

四九年試験制度改定は画期的であったが、プロイセン商務省の人事記録から少しずつ齢の違う鉄道技術者・技官たちの受けた教育内容を見ると、鉄道関連技術のプロイセンの技術教育・資格試験制度への導入が、かなりゆっくりとしたものだったことがわかる。

鉄道技術の公教育や国家資格体系への導入は、たしかに四〇年代末に端緒についたが、システムとしては、五〇年代前半にはまだ完全に落ち着いたものとはいえなかった。鉄道業の特徴であると指摘された、建設系の技術と機械系の技術のバランスや融合については、カリキュラム的な定置は遅れた。ベルリン・ゲヴェルベ・インスティテュート（ボイト・インスティテュート）では一八五〇年以来、機械科には「鉄道および鉄製建築設計について」がおかれた。しかし建設業科がはじめて「鉄道上部構造建設ならびに橋梁建設」をおいたのは、一八七四年である。カリキュラム表の科目一覧で見る限り、新興の機械技術教育の側からは、鉄道建設技術への対応はほとんど進んでいない。

しかし、すでに道筋はついていた。一八六〇年代以降はじめて、技術高等教育・国家資格試験制度では「鉄道業」事項が独立し、また、鉄道業の建設・土木技術と機械関係技術との関連への対応とが明確に企図されるようになる。

技師と官僚（4）　鉄道技師という「仲間」

再びコッカの議論に戻ろう。組織管理の面とはやや異なり、鉄道業の技術的側面に、国家官僚制の伝統は有意義に導入された。初期鉄道業がかかえる第一の経営問題は、鉄道建設工事を成功させることであった。国家が養成していた技術官吏という人的資源とその再生産の制度を活用できたことの意義は、この意味で大きい。むしろこの点に、ドイツ語圏の国家官僚制の伝統が四〇年代以前の初期鉄道業にもった意味がある。

そしてコッカは、「階層的構造にありながら、仲間的要素をもつこと」を、特に官僚制の一つの特徴とした。

「鉄道技師」という新しい集団のアイデンティティとともに、他者を選別、排除する傾向もある「仲間的要素」をもった官吏や元官吏の集団が、鉄道業にはみられることになった。

学校の同窓関係はいうまでもない。鉄道についてアカデミーの教室で教えてくれた先生は先輩たる技師であり、しばしば国家資格試験の試験官にまわり、実習中に面倒をみてくれ、そしてその後も上司ないし同僚であった。ドイツ語圏の鉄道業とその経営への官僚制の影響は、まずはこの点により集中して論じられるべきだった。また、彼ら初期の鉄道技師が、そのまま五〇年代以降の邦有鉄道の技官になっていったわけではないことにも、注目すべきだろう。この点で、コッカ・テーゼはやや動態的ではないともいえそうである。

クレレの『建築術雑誌』などにはじまる専門誌のような研究ないし情報交換の場での交流は、彼ら一八四〇年代の鉄道技師集団が、国家官僚制的な枠組みを一部で超えた「仲間」意識をもつうえで決定的な重みを有した。

また、「鉄道技師」と呼ばれるようになった男たちにとって、出版活動を通じた「技術知識」や「経験」の交換・共有は、賃金などに関する鉄道管理当局（鉄道会社、政府当局）との、雇用市場での交渉力の強化に直結していたことも意識されていたに違いない。初期の官僚制的な秩序からの大きな逸脱の記憶は、しばらくは残っていた。

ここから、新しい意識が育っていったはずである。

一つには、組織的な活動の前面で絶えず主張された、「ドイツ・ナショナリズム」。すなわち、「ドイツ」鉄道の発展への技術の向上による貢献、といった意識の共有である。エリート集団としての閉鎖性はあきらかであったが、同時に超地域性や、国家＝邦の階層的（官僚）組織の枠組みを離れたという意味での横断性が「鉄道技師」団体にはみられた。鉄道ブームのなかで、まずは従来の枠組みから離れた新しい職業身分に凝集していったのである。

工学的技術は普遍性をもつものであろう。だが、それがプロイセンの改革官僚ボイトの名と結びつくような工業化奨励政策や技術教育制度改変のなかで、ドイツ語圏の「近代化」という西欧先進国へのキャッチ・アップの意識のもとに吸収された影響は大きい。普遍的な鉄道関連技術とドイツ・ナショナリズムとのあいだに一つの道筋ができていた。外来のものだった多くの鉄道技術がドイツ語という「国民」語で論じられ、伝えられたことも意味をもつ。

新しく芽生えた意識のいま一つは、自律的な個人である市民としての自由への志向である。初期の鉄道技術者の一人、それも高名な一人ウンルーを、その代表に挙げることは安直すぎるだろうか。ヴィクトール・フォン・ウンルー（一八〇六〜八六）はプロイセンの技官として、四〇年代なかばに私鉄鉄道建設の工事を指揮し、多額の報酬を得ていると報告された技官の一人で、内閣建設顧問官であった。その後ウンルーは官吏を辞し、鉄道業経営にあたるとともに政治の世界に生きることになる。

雇用市場でウンルーたちに高い評価――それは領邦政府をいささかならず慌てさせ、その対処をはからせもした――をもたらしたのは、賃金決定を雇用市場の需給バランスに任せる経済的自由主義であった。

もっとも、経済的自由主義は、政治的・社会的な自由主義とはとりあえず無縁である。少なくとも、当時のドイツ語圏には、そこにはかなりの分離があった。だが、二方面の自由主義が、鉄道技術者たちのなかで重なった瞬間もあったのではないか。

一八四九年六月、前述の技師F・E・S・ヴィーベは『新プロイセン新聞』（プロイセンの保守派により四八年に創刊された、のちの代表的な保守派紙『十字新聞』）上で革命派・共和主義者と名指しされた。上司から尋問の文書が届いたため、慌てて「共和主義的傾向は私にはまったくございません」と否定し、次のように書かねばならなかった。

「鉄道労働者、人夫頭、警備員らに共和主義的、共産主義的、社会主義的印刷物が出回っていますのは実に由々しき事態であり、力の及ぶ限り、それを阻止するのが私の義務であると存じております。私こと、以前より閣下にお目通りかなっておりますことを誇りにしておりましたので、あるいは閣下が私の誠心の義務遂行をいくばくかお疑いかと存じますことを、悲しみとするものです」

この上申書は、一八四八・四九年革命の余燼《よじん》のなかで書かれた。

宛先は、枢密顧問官メリン。また名前が出てきたこの大物技官は、弟子ともいえる長年の下僚の弁明を受け入れ、書類の余白に「保管しておくように」と指示を書いただけで、特になにか公に措置をとることはなかったようである。

役人が役人をかばうこと、かくのごとし――と片付けてしまえばそれまでだが、「鉄道技師」の「仲間」の世界に、古い秩序からの逸脱（と揺り戻し）もまたあったようである。

それは、四〇年代末という政治的変動の時期に、どのような意味をもったのだろうか。

第7章　幕が下りてから――一八四八・四九年革命とその後

一八四八年の革命と鉄道

一九世紀なかばには、全ヨーロッパ規模で革命が生じた。「長い一九世紀」という新しい歴史的時間のはじまり以来、一九世紀前半には、新しい市民的な要素が社会をすでに濃く染めつつあった。そのなかで延命をはかっていた古い支配体制に対して、欧州諸都市に起きた革命は、ついに決定的な一撃を加えたのだともいえる。

四八年革命の勃発は、年表風には以下のようなものとして、よく知られている。

一八四八年二月　フランスで七月王政（一八三〇年の七月革命で成立した裕福な市民層が支持する立憲君主制）が打倒され、ナポレオン登場前以来の（第二）共和政が成立する。

同年三月　二月革命がドイツ語圏各地に波及。自由主義的改革と国民国家としての統一を求めて、各国・邦の都市で武装蜂起。農村部でも領主制的支配への反抗。ヴィーンではメッテルニヒが退陣・逃亡し（一三日）、ポスト・ナポレオン期の保守反動的な「ヴィーン体制」

が崩壊。この結果、革命勢力を中心とする公安委員会が政権を握った。ドナウ君主国・ハプスブルク帝国すなわちオーストリア（エストライヒ）の体制がゆらいだことで、支配下の中東欧各地で民族自立運動が高まり、ハンガリーでは独立戦争に突入。一方の雄邦プロイセンでも一大市街戦（一八日）の結果、国王が立憲体制を約束する。

同年五月フランクフルト・アム・マインのパウロ教会に、ドイツ語圏各邦から五百数十名の市民層を中心とする代表が集まり、国民議会を開く。自由主義的な方向でのドイツ統一を目指して議論し、統一ドイツ憲法の制定を企図。

一八四八年に起きたドイツのいわゆる「三月革命」では、政治的イデオロギーについては急進性に差のある市民層が、まずは一致して、制度改革への要求貫徹を強行した。この点で、多くの市民たちにとって思いがけない急展開がそこにあったとはいえ、市民革命と呼ばれてもいいだろう。

鉄道は、実質的にも象徴的にも、ドイツ語圏でのこの一連の革命のはじまりを告げる存在であった。もともと鉄道による迅速な交通の実現は、当初より支配者層に警戒されていた。危険な政治思想が、容易に広がることになるだろうと危惧されたのである。

たしかに、フランス二月革命の知らせは鉄道に乗ってやってきた。これ以前は、反対にドイツ語圏から欧州の各地に、さまざまな急進主義者、革命運動家が、脱出や追放という形で鉄道を利用して移動していた。その一人が、三〇代のはじめだったカール・マルクス（一八一八～八三）。亡命者になっていたマルクスは、四八年春にはパリからベルリンに向かい、さらにそこから三〇時間にわたる汽車の旅によって、革命の渦中にあったヴィーンの北駅に降り立っている。

革命の動きは、鉄道輸送が可能にしたニュースの広がりにともない、急速に各地に伝播された。

四八年革命史の古典的著作には、鉄道は「最高の革命マシーン」であったとある。国民議会が開かれ、革命の成果を確保する動きの中心地となったフランクフルト・アム・マインは、長距離路線ですでに各地と結ばれていた。

また、ドイツ連邦の大国プロイセンに勃発した革命運動は、おりしも起きたいわゆる「鉄道問題」を下地にしていた。四〇年代後半、ようやく鉄道の国家経営に関心を示したといえるプロイセン王国だったが、それは王国支配層の母地ともいえる東部州への、多額の国家支出を投じる路線（「東部鉄道」）建設の形をとった。

この東部鉄道建設をめぐっては、州議会での西部州選出の市民層が反対の論陣を張り、さらに自分たちがこれまでも進めてきた私鉄の建設を、より円滑におこなえる制度改定を要求した。鉄道企業の代表者たちがベルリンに集まるなか、フランスから「二月革命」の騒乱の報が届いたのである。

ほどなく市街戦の火蓋《ひぶた》が切られると、プロイセン国王は、王国の鉄道政策にずっと非をならしていた西部・ライン州の有産市民（「ライン・ブルジョワジー」）の代表である二名に組閣させるしかなかった。ルードルフ・カンプハウゼンとダーフィット・ハンゼマンによる「三月内閣」成立。彼らはすでに鉄道企業家として本書に登場している。

革命の烽火《のろし》をあげた各地の武装蜂起には、多くの鉄道労働者がまず参加した。つるはしやスコップといった路線工事の工具を武器とした労務者の一団が、大学生義勇兵らに指揮されてヴィーン市内のバリケードに入る。ニュルンベルクでは王立車輛製造所の労働者が義勇軍を組織し、白い制帽をかぶり、青白二色の腰帯を巻いた。ベルリンではボルジッヒ機関車工場の労働者も市街戦に加わり、軍隊と衝突した。数多い犠牲者の葬儀の列には、のちに国民軍に加わる工場主アウグスト・ボルジッヒその人の姿もあった。

1848年革命時の「民主派」カリカチュア．保守派の出版物では「民主派」は外国人も混じった無法者として描かれ，鉄道で王都ベルリンに押し寄せる

蜂起には労働者だけではなく、鉄道職員が大量に加わる。ベルリンの三月一八日のバリケ

ード戦では、三〇〇人余りの死者のほか七〇〇〇名を超える逮捕者が出たが、シュパンダウ監獄に送り込まれたなかには、「政府および鉄道官吏」が含まれた。鉄道職員たちは革命のなかで「鉄道人協会」を組織し、カンプハウゼン／ハンゼマン内閣成立の後押しをする。

四八年春の革命的高揚は、夏に入ると、しかし、変調をきたした。国民議会で多数を占め、本来は急激な武装蜂起よりも漸進的な変革の実施を望んでいた穏健な自由主義者たちと、より急進的な「革命の担い手たち」である民衆層が掲げる社会的な要求とのずれが目立ちはじめた。市民層といっても一枚岩ではない。より急進的に体制転換を求める民主主義者と共和主義者の動きが際立ってくる。

秋からは都市手工業者や雇人といった民衆層の蜂起が頻発するが、ここから自由主義者たちには逡巡《しゅんじゅん》が生じる。同時に旧体制側の巻き返しが、三月に掲げられた目標実現のチャンスを急速にしぼませていくことになった。よく知られる、ドイツの革命の「失敗」の開始である。

一八四八年一一月から頻発した民衆蜂起は、復帰した反革命政府や自由主義者を首班とする「三月内閣」自身の手によって鎮圧されていく。

一八四九年三月末、「教授議会」のあだ名通りの長い議論の果てに、フランクフルト国民議会は、プロイセン王を「皇帝」に推挙し、まがりなりにも革命の果実として統一ドイツのかたちを示した。だがこれは、先立って国民議会が打ち出していた憲法制定や「統一ドイツ政府」樹立などの政策が、ことごとく画に描いた餅《もち》としてあつかわれたのと同じ結果になる。ドナウ君主国のドイツ語圏・オーストリアを首班とすべきだというわゆる「大ドイツ主義」が、革命で解体しかけていた多民族帝国の旧体制の復権によって現実性を失ってしまったため、苦肉の策としてオーストリア抜きの「小ドイツ主義」が採用された。だが、もはや当のプロイセン王は「臣下より帝冠を受け取ろうとは思わぬ」と、これを拒否できた（四月二七日）。

「国民議会」からは多くの議員が引き揚げ、一方で各地の民衆蜂起はプロイセン軍によって徹底的に弾圧された。四九年七月、バーデンの民主派人民軍が降伏し、最後の抵抗が終わった。

鉄道は革命の終局でも象徴的な存在となった——と『一八四八／四九　鉄道と革命』という小冊子でL・ガルとR・ロートの二人の歴史家は書く。なぜなら、四九年の各地の蜂起を鎮圧するプロイセンの兵員やそこで生じた戦傷者を運んだのもまた、はりめぐらされた鉄道網だったからである。

四八・四九年革命とは

「革命」一五〇周年だった一九九八年前後の比較的最近といえる時期の研究では、「四八年・四九年革命」の多様性・多面性に着目する。

すなわち、そこでの「革命」は複数形の〝諸革命（Revolutionen）〟である。「革命」の現場はヴィーンやベルリン、その他の王都だけではない。武装蜂起や武力衝突とは程遠い静かな形で、体制転換が進んだ場所もあった。

また、それらの革命を動かす原理も、特定の世界観や歴史観から導かれる、単一のものではなかった。「市民革命」としての側面はフランス革命からの延長線上にあったが、「三月前期」以前、中世以来の古いタイプの民衆蜂起や騒擾《そうじょう》の伝統との連続性はあきらかだし、一方でより新しい社会運動の側面もあきらかに先取りされていた。

革命は諸地域で、それぞれの形で起きたものであった。だから主要なプレイヤーには、自由主義者や急進派、都市の「革命の担い手」のみならず、ほとんどが蜂起に無関心だった農民層や、「反動」勢力すらも含めるべきである。しかも、市民階層がそうであったように、それぞれがきわめて重層的なのだ。集団間・集団内の複雑な相互作用を理解しなければ、革命の諸相をとらえることはできない。

一九八〇年代以降の欧米やそれに触発されたわが国のドイツ「三月革命」史研究が、従来の思考の固い枠組みを離れて着目したのは、もちろん市民ならざる者たちであった。それは、「労働者」「プロレタリアート」という硬直的な概念からもはみだした民衆の部分、マイノリティとその世界の発見となった。「乱痴気」「向こう岸」といった印象的な単語が「三月革命」史に登場したとき、私たちの視界は一気に広がった。

「市民革命」の標語とも、社会主義革命の歴史的正当性を前提としたスローガンとも無縁の、より古い民衆の共同体的規範（「モラル・エコノミー」）が、四八・四九年革命の像に浮かび上がった。

四七年の冷害の時期をピークとして、「大衆貧困」にあえぐ多くの都市や農村で、食糧暴動が勃発したことは、すでに知られていた。すなわち、多くの路上でパン屋が都市の貧しい住民たちによって襲撃され、パンが奪われるか、その場で戦利品としてばらまかれた。集団に襲われたのは穀物商、肉屋などさまざまであり、その理由は「不当な高価格で食料品を売ろうとした」ことへの制裁であった。

こうした襲撃事件は、歴史研究では、パンの値段があがったことをパン屋の強欲のせいにする、市場の需給の法則を理解できない無知蒙昧《むちもうまい》の暴徒の仕業、とまずは評価されるしかなかった。

しかし、次第に四八・四九年革命の武装蜂起に直結する意味が探られるようになる。こうした食糧暴動の詳細を調べ、革命期の民衆蜂起との連続性をあきらかにしていくことによって、新しい時代を拓くにみえる革命の底流に存在した古い民衆の世界が、革命の性質を理解するうえで不可欠のものであることがわかる。「新しい社会の古い革命」と呼ばれるべき側面がみえてくる。

一方、社会の新エリートである市民が、民衆に自分たちの新しい世界観――「ポリティカル・エコノミー」と呼ぶべきだろう——とそれにもとづく制度を受け入れさせていく過程は、たしかにみられた。（諸）革命の本質的部分を構成していたものかもしれない。

もしも、四八・四九年革命の本質から「近代化」というものが切り離せないとすれば、市民層による民衆の取り込みは、鉄道の内部にもその動きがあった。

革命のミクロコスモス

プロイセン王国では、革命後には保守的な貴族や官僚政治家の内閣が続く。内務省・警察当局は、鉄道業の反政府的思想（「民主主義」ないし「社会主義」）の浸透に、注意を払っていた。一八五一年の秋には、少なくとも二回にわたり、各県知事に命じ、「政治的に疑わしい鉄道職員」（「民主主義者」や「アカ」）をリストアップさせた。

プロイセンの鉄道業の職階グループごとに、リストアップされた「民主主義者」たちの比率をはかると、高いレベルの教育を必要とする上級の職員（官吏層）で「民主主義者」発生の割合が、他のグループに比べて高いという結果が出ている。

比較的高位の管理職にある市民層こそ、そもそも内務省・警察が目をつけている存在だった。

すなわち総じて調査側当局が着目していたのは「民主主義者」またはその被疑者間の人的交流であり、しばしばそれ自体（それだけ？）が思想査定の根拠とされた。血縁関係とならび、鉄道業外部の地域的な諸政治団体であるフェライン（協会）やクラブへの加入は、当然、もっとも重視されていた。革命期の民主主義者の母胎は都市等の市民的サークルであったからであり、この点では鉄道業内の「民主主義者」はその一構成要素の側面をもっている。現に内務省－県知事－郡長が警戒を言明したのは、鉄道職員たちが自生的に蜂起することよりもむしろ、特定の「騒擾的な党派」と関係を結んで、それらに鉄道諸設備を利用させることであった。

たとえば三二人の「民主主義者」がリストアップされたミンデン県では、以下のような「所見」が確認できる。駅監督であるガブリエル某は「ビーレフェルトなどのカウフマンであるリムペルらとの交際により民主主義に接近した」。書記カルク某は「トゥルネン協会の一員であり、革命時にミンデン市の民主主義者の一党を指揮した」など。トゥルネン（トゥルン）協会とは、一九世紀初頭以来の愛国主義的運動であり、「体操協会」とも訳されることがある、体育を取り入れた民族主義的団体だが、この時期にはドイツ・ナショナリズムの立場から統一・体制変革を目指していた。また、ケルン－ミンデン鉄道の発送主任バアレ某とハノーファー鉄道の発送掛補ヴィルヘルムス某は、企業の違いをこえて「同志関係《ゲマインシャフト》」を結んだと指摘される。これらも市内の市民的サークルが媒介したものであろう。

こうしたサークルでは、職場やその土地の民衆が直面した生活上の問題が話し合われたわけではなかった。鉄道業内の「民主主義者」たちは、そうしたいわば「路上の政治」ではなく、ドイツ一国の体制や国際関係といった「大政治」により強く結びついていたらしい。

そのもっとも端的な例は、リストアップ数が最大の、マクデブルク県に関する報告に見ることができる。

マクデブルク゠ヴィッテンベルゲ鉄道の理事長として経営に従事していたのは、ヴィクトール・フォン・ウンルー。すでに本書にも名前が出た元鉄道建設官吏であり、革命期には、プロイセン憲法制定会議の最後の議長を務めた。このころ、四〇代なかば。報告書ではウンルーを「当地域の全民主主義者の首領。北ドイツの民主主義者を指揮し、ロンドン、パリ、チューリヒ、上部イタリアと直接連絡をとっている」「職員は現職にとどまるために少なくとも民主主義者と没交渉ではいられず、甚大な悪影響をおよぼす」と、その活動性と影響力を強調、企業内の「支持者たち」をリストアップした。またマクデブルク゠ライプツィヒ鉄道にはこのウンルーの影響がその同志の法律顧問を介して及んでいるとし、「本来保守的だが、上司の思想傾向に従う傾向のある」駅長の名を挙げている。

あきらかに、「民主主義者」が鉄道業内部で組織の上下関係を通じて拡大固定化されるというイメージが、当局によって描かれていた。もちろんこれには、「上からの」調査・把握にはありがちな、少数の恐るべき扇動者に責を負わせたいというバイアスや誇張がある。

しかし、たとえばライン鉄道では一出納係が部下を対象に民主主義文献の講読をおこない、多数の機械工がそれら講読会を通じて同僚に働きかけたとされる。職場組織単位での「民主主義」思想の伝達・強化がおこなわれたことは否定できない。四八・四九年革命を駆動した社会的構図は、そのまま鉄道業内に、縮小再現されていた。鉄道業は革命のミクロコスモスだったのである。

革命のなかのVDEV

ドイツ語圏の鉄道業のなかで、指導的な市民層が業界団体として結成していたのが、ドイツ鉄道管理体協会（VDEV）であった。このVDEVも当然、革命進行の影響を受ける。一八四八年三月、プロイセン大蔵省はベルリンにVDEV加盟諸路線を招集したが、二八の路線代表が現地集合後、革命の勃発で、鉄道法改正を話しあうはずの会議は中止となった。革命が成立させたフランクフルト国民議会内の国民経済委員会は、VDEVに新しい統一的な「ドイツ鉄道法」について諮問することになる。これに応じて八月にヴィーンで開かれるはずのVDEV第四回総会は、同地に労働者蜂起が起きたことから、治安状況を配慮してドレスデンに会場を変更し、九月に開会することになった。ここでVDEVはオーストリア国鉄、ザクセン国鉄などの加入によって地理的に拡大し、文字通り「ドイツ」全土の鉄道業を代表する存在になった。

一方で、ハプスブルク帝国（オーストリア）からの独立を一時果たしていたハンガリーの

「中央鉄道」の加入は、「本社がドイツにはない」という理由で却下する。VDEVの活動がこのころにはなお、革命期のドイツ・ナショナリズムに寄り添っていることがわかる。このドレスデン大会では、政治的な面での統一もまだ視野から落ちていなかった。

四九年秋の第五回総会では、革命の退潮がすでにあきらかだった。夏にはハンガリーで反革命が勝利し、独立が挫折する。ハンガリー中央鉄道のVDEV再加入の申請は、「ハンガリーはオーストリアの一部である」「本社はヴィーンに移転している」という理由から認められた。

統一された新しい「ドイツ鉄道法」の実現可能性は、一年間でまったくしぼんでいた。VDEV内の専門委員会は、現下の諸問題の除去は国法によらなくても、鉄道経営体の自発的な協定で可能であり、したがって総会での法的改革に関する一般的な議論は不要だと断言するにいたる。

革命の「挫折」によって「ドイツ統一」の理想が霧消すると、政治的保守化と現実回帰のムードが支配的になっていった。法制上の「ドイツ鉄道」としての統一や、政府との関係の見直しは、VDEVの関心事としては後ろに退かざるをえなかった。

しかし、このとき、鉄道業の統一をまず「路線と経営資材の構造統一」すなわちレールの軌間幅や橋梁・トンネルの大きさ、緩衝機の高さなどの基準作りや、諸運営規則の統一など、技術的な標準化をまずはじめようというのが、VDEVの共通認識となった。ドイツ語圏全土の鉄道技術者によって会合がもたれるべきだと決定され、翌五〇年二月一八日から二七日のベルリンでの第一回ドイツ鉄道技術者会合にいたる。

まず、規格の統一から――『一般規定』『基礎』の作成

ベルリンで開かれた第一回技術者会議には、当時まだVDEVに加入していなかったバーデン国鉄、バイエルン国鉄、プロイセン国鉄など六鉄道の代表を含む三九鉄道から派遣された技術者五五人と、特に許されて機械製造業者ボルジッヒが参加した。

討議のうえで、二月中に二つの提言をまとめ、VDEVの要求に応えた。『現存の協会所属路線における直通運行のための一般規程』と『ドイツ鉄道形成の基礎』である。二つの文書は、前年九月にVDEV内部で作成されていた『ドイツ鉄道業の統一規定の提案、なかんずく路線建設の一様の構成と営業設備について』と題された詳細な原案（以下『提案』）から、最優先で決定されるべき路線運行の一体化（相互乗り入れ・連絡）に直接的に関係する事項を絞りこんだものとなった。

『一般規定』『基礎』にまとめられた内容は、「アメリカ・モデル」をドイツ語圏鉄道から追放するための最終的裏書となっている。すなわち、英国式標準軌の採用、カーブ半径の基準を山間部では六〇〇フィートとしたこと、耐久性と重量負荷性でまさる錬鉄製レールの使用（木製レールの否定）などである。この「アメリカ・モデル」離脱はドイツ語圏全体では一八

五〇年代中に達成された。

これらの審議と同時に会合中の二月二六日付けで「ドイツ鉄道技術者協会（VDET）」の設立を宣言した。

会合は一〇日間に及んだが、もっとも重大な決定が下されたのは、初日と第二日目である。『覚書』の検討と案の提出という目的を果たし、ドイツ鉄道技術者協会（VDET）設立にこぎつけたこの会合の議事運営に、基本的な方向付けが与えられた。

二月一八日朝九時開会。議長は前年『提案』を作成したハノーファー鉄道管理局代表・建設顧問官モーン。書記以下は、プロイセンの技官が多数を占める。

原案である『提案』の逐条検討に入るところで、長い議論の末、審議条項の区分をおこなうことが決定された。『提案』「I　路線建設」第一条（標準軌の採用）から審議開始。第一条について反論は出されなかったが、ルッパート（バーデン国鉄）が口を開くことから議論がはじまった。

「現在、わがバーデン国鉄路線で採用されている軌道間隔は、第一条で示される幅とは異なるのが遺憾である」

バーデン国鉄は、独自の考えから広軌を採用していたのである。この選択は、技術的経済的観点からはより合理的だったと今日では評価される。

つづいて第一〇条（複線間の距離）については、ザクセンのライプツィヒ‐ドレスデン鉄道代表からも発言があった。

「当地ではこの基準が充たされていないのが遺憾である」

この日は第一八条まで審議が進んだ。閉会にあたって、以後の議長代理としてプロイセンの技官ノイハウスが議長指名により選出される。議案の進め方そのものになかなか合意が取れないうえに、規格のばらつきが地域ごとに大きいことがあらためて意識された初日だったといえる。

この調子では……と、夜にかけ、モーン議長とその周辺のプロイセンの鉄道技術者たちが、会合を進めるためになんらかの打開をともにはかったことが想像される。

というのは翌一九日、開会劈頭《へきとう》、プロイセン国鉄・東部鉄道を代表して参加したF・E・S・ヴィーベより、議事進行に関する提案があったからである。このプロイセン官吏が提案したのは、1最優先審議事項「カテゴリーⅠ」以外の「カテゴリーⅡ」にあたる条項は別途、専門委員会によりこれを審議すること、2専門委員は七名とすること、3専門委員はこの場で投票により選出、4「カテゴリーⅠ」条項を第二読会にかけること、であり、これらは賛成多数で議決された。

つづいて『提案』の検討・審議に入り、「A　路線建設（全二二条）」の会合での検討を終え、ただちに「B　営業設備（全二〇条）」の検討に入った。

その第六条「鉄道の走行装置（車輪など）の大きさについて」では、またも長時間にわたる議論となった。車輪幅についてはドイツ語圏の鉄道でばらつきが大きく、安全上の観点から北ドイツの各鉄道が五インチ以上を最低基準とする原案を支持したのに対し、四ヶ二分の一インチまたは四ヶ四分の三インチで妥当とする意見が対立する。投票にはかっても、いずれも大勢を得なかった。

ここではじめて、記名投票で、投票結果のカウントの対象となるのは何かが問題とされる。すなわち、技術者たちがそれぞれ代表する鉄道なのか、それとも技術者個人なのか、である。これをとらえて、議長以下執行部の見解が出された。

議長代理「執行部の考えでは、本会合には鉄道企業が、ではなく、個々の技術者が個人を代表して参加しているものである」

というものであり、これは大方の支持を得た。

これによって、会合の潮目が変わったようである。審議・議決にあたっては各鉄道の代表としての判断ではなく、参加者個人の技術者としての意見交換が優先されるのが原則だとわざわざ表明した。これは、ドイツ語圏各鉄道の採用していた技術規格の多様性と、そこからくる利害不一致による意見のばらつきを、乗り越えるための方策であったに違いない。

ドイツ語圏各地からやってきた代表的な鉄道技術者たちは、教育的背景や職業的経験こそそれぞれに多様であったにせよ、同業者間に優秀であると認められている点で、鉄道関連技術に関しては一定の認識を必ず共有しているはずだったからである。少なくとも特定の鉄道から派遣された代表が、いちいち「遺憾に思う（bedauern）」と表明する必要はなくなった。同時に、各鉄道会社や路線の利害をダイレクトに主張する根拠も失われたのである。

かくして、執行部見解が出たのち、車輪幅問題について技術者個人の意見を採ったところ、再投票では二五対二三の僅差《きんさ》で「四ヶ八分の七インチを最低基準とする」という妥協案が可決された。先の専門委員選出の投票の結果がここで発表される。委員会メンバー九名中、官界、私鉄あわせてプロイセン鉄道関係者が過半数を占めた。

もっとも「プロイセン鉄道関係者」は、常に一致して党派的に行動したのではない。個々の案件（たとえば「一車輪のみに作用するブレーキを認めるか否か」）に関する議論では、しばしば意見対立が記録されている。技術者個人の意見を――という建前はこの点に生きていた。とはいえ、そもそも参加者中の割合が大きい（旧プロイセン鉄道同盟のメンバー二〇鉄道からの派遣者は総勢三一名）ことに加え、プロイセン関係者は委員会をおさえた。会合での主導性はあきらかであった。総会終了後も、本日選出の委員による委員会が開かれた。

革命の余熱のなかで

一〇日間にわたる審議のすえ制定された『基礎』『一般規程』は、たしかにドイツ語圏鉄道統一の技術的指針になるにふさわしい、包括的な規模と内容をもっていた。また規格への収束に一定の期限を明示したことは、少なくともある目安を（それをただちには受け入れない鉄道路線に対しても）与え、あきらかに統一の進行を早めるのに貢献した。

ところが、その後のVDETは、もっぱら『基礎』『一般規程』の改訂に終始した。一九世紀中、こうした全「ドイツ」規模での諸規格や運営ノウハウの統一について、これ以上の進展は、ほとんどなかったといってよい。

プロイセン鉄道業を中心とする「ドイツ」鉄道の規格統一といったことは——一八七〇年代に入ると、ドイツ帝国すらも成立していたというのに——はかばかしくは進まないのである。一八九〇年代にはなお、「かつてVDEV・VDETが定めた以上の統一的な規定ができていない」ことがドイツ帝国を構成する各邦有鉄道の統合を目指す人びとの、嘆きの種であった。

そんなことになった理由を探るのが、次章の課題である。だが、ここではまず反対に、では四〇年代末・五〇年代初頭にはそれが可能だったのはなぜか——を考えてみるべきだろう。一八五〇年——四八・四九年革命直後、という年の意味が浮かび上がりはしないだろうか。

一〇日間に及ぶ会合を締めくくったのは、『基礎』の叩き台となる素案を作成したモーン議長と並んでの、専門委員ウンルーの挨拶《あいさつ》だった。次回のVDEVの会合ではより多くの技術者の参加を望む、というものであったが、ウンルーは単に、専門委員会に選出された一人ではなく、会合全体で存在感をもっていたようである。二月二六日会合を締めくくるにあたっても、自社マクデブルク-ヴィッテンベルゲ鉄道で使用されている自動転轍機《てんてつき》について説明書を配布し、席上、全員の感謝表明をうけた。

ヴィクトール・フォン・ウンルー。すでに私たちが何度も目にした名前である。会合の翌五一年には、彼は鉄道業関係の職から追放されることになった。この後も、三等級制選挙制度導入に反対するなどして国王の報復的な懲罰をこうむったが、不遇の数年ののち、進歩党を率いて当時のプロイセン首相オットー・フォン・ビスマルクの政治を自由主義の立場から支援する政治家として、ドイツ憲政史上の存在となった。

ウンルーの自由主義思想が、かつての同僚であるプロイセン鉄道技術官吏や、他領邦の鉄道関係者にどの程度共有されていたのかは、わからない。だが、一八五〇年というこの時期、各邦や各鉄道会社ではなく「個々の鉄道技師の見解」の共通を軸に、普遍的な技術的意義を認められる統一的な「ドイツ鉄道技術」を求めようとする動きが起こり、多くの困難を乗り越えて一定の成果を得た。このことと、革命の成果になるはずだった「ドイツ統一」の挫折とは、彼ら鉄道技師のなかで何らかのつながりをもったはずである。

革命という激しい劇の幕が下りてしまってからも、統一された「ドイツ」を求めようという動きは、形を変えて続けられたといえるのではないだろうか。それは、政治権力による懲罰や監視や検閲といったものの及ばない場所でおこなわれた。

私たちが、ドイツ市民革命の「挫折」や「失敗」を軽々に議論の前提とすることも、もはや難しそうである。

第8章　ドイツ・ライヒの鉄道

一九世紀後半のドイツ経済

一八五〇年代、ドイツ語圏の工業化は、誰の目にも疑いがなく高いレベルで進行中の事態となった。後世の歴史家の目にも、ということでもある。ドイツ工業化論は、たいてい一八五〇年にはじまるのがふつうであった。

戦後の西ドイツで活躍した経済史家W・G・ホフマンは、一八五〇年から一九一三年にかけて年平均二・六%の国民純生産の成長が「ドイツ」にあったと推計した。しかも一八六〇年代、七〇年代にかけ、成長は加速したと想定した。「一八五〇年代にスタートする急速な経済成長」像を数字で裏づけるものだった。

このホフマン推計は、「経済の奇跡」と呼ばれる戦後西独の高度成長の時代に作成されたものである。経済成長が減速した一九七〇年代以降になると、低成長期を生きる史家によって修正が加えられるのも自然なことであった。一九一三年の達成から逆算すれば成長のテンポは（成長の起点をより前に想定した分だけ）落ち、推計される成長率は下がることになる。

すでに「急激なドイツ産業革命」のイメージは古いものになっていることはたしかである。とはいえ、どんなペースで進んだにせよ、一九世紀なかばに巨大な変化が生じたのはあきらかだった。もしも「工業化」などではなく「産業革命」の名にこだわるべきだとすれば、理由はこの点にある。

この時期の経済成長が何をもたらしたのかについては、議論は単純ではない。工業化——ある経済の価値生産額や、経済部門別就業人口比率の「工業」への決定的シフト——が、かつての素朴な発展段階論のように、これすなわち経済の発展的向上・進化なり、と考えていいものかどうかはわからない。

ドイツ語圏の総生産の伸びは人口の伸びを上回ったので、平均的に人びとの生活は向上したといえるはずだ。しかし、当時の社会的再分配の仕組みや工場労働の普及やそれにともなう急速な（たしかに一九世紀後半、欧州のどこよりも急激だったといっていい）都市化が、住民の大多数の生活水準にどのような影響を与えたのかも、定かではないのである。

飛躍した工業国ドイツで、たとえば一人当たりGDPは、一九世紀中にはついに英国の八割を上回ることはなかった。欧州大陸で唯一人口増を続けた新しい大国は、所得構造をとっても、アメリカ合衆国に大衆消費社会をもたらしたような分厚い中間層を、最後までもてなかった。これも植民地帝国をもたないから悪いのだ、ドイツも「陽のあたる場所」へ、という強迫観念がドイツ帝国にいつしか芽生えた一背景である。

また、そもそも生活の向上や豊かさとは何だろうか、という問いも、大衆貧困や差し迫った飢餓、それから逃れるための強制的な海外移民からひとまず免れるようになったドイツ人の社会では、尽きせぬ議論となっていく。急速な都市化や近代化がもたらす弊害が意識されるようになり、一九世紀末以来、「青年運動」が自然回帰や人間性回復を熱っぽく訴えた。その具体的なあらわれが「ワ（／ヴァ）ンダーフォーゲル（渡り鳥運動）」であり、現在にも連綿とした流れがある。

ただし、たしかなのは、グローバル経済のなかでの「ドイツ」ないし「ドイツ語圏」の位置づけが変わっていくことだった。五〇年代から六〇年代にかけて鉄道建設は規模的なピークに達するが、これへの対応を最大の契機とした重工業の「近代化」は、大陸ヨーロッパの工業生産の一大拠点を出現させた。鉄道資材の輸入代替は、英国のライバルである「工業国」ドイツの基盤を築いた。

かつて一八五一年のロンドン万国博覧会では、「産業革命の母国」英国の「世界の工場」としてのピークとともに、ドイツやアメリカ合衆国の台頭が強く印象づけられた。もっとも、新技術を評価する「評議会メダル」はなお英国が独占し、ドイツ諸邦からの出品者は、主に職人的技量を評価される「賞メダル」を大量に獲得している。

ドイツ関税同盟圏からの輸出の五〇％はすでに工業製品が占めていたが、その輸出先は中東欧や南欧であり、英国から工業部品や半製品を輸入して加工する加工貿易が主流だった。

この交易のパターンは、七〇年代まで続くが、やがて八〇年代に輸出と輸入の内訳は大きく変わることになる。

世界的な工業化は一九世紀第4四半期に、「第二次産業革命」と呼ばれる新しい段階に入った。科学と生産技術の明示的に密接な関係が、工業化の進展に不可欠のものとなる。つまり、企業は研究室や研究所をもち、そこで新しく学理的に見出された技術によって、従来にない商品を送りだすことになった。R&D（研究開発）が市場競争の要となり、新しい製造部門、すなわち「新産業」が確立した。電気機械、化学・薬品、非鉄金属、精密機械、内燃機関、自動車……が研究の成果として開発される。

まずアメリカ合衆国とドイツが、この「第二次産業革命」の先頭に立った。新産業をはじめとする製造業全般で、「長い一九世紀」終盤のドイツは規模と生産性で英国に追いつき、追い越すことになる。

これにやや先立つ時期、文字通り「国家」としてのドイツが建設されていった。一八六〇年代、ドイツ連邦内ではドナウ君主国オーストリアとプロイセン王国との対立が深まり、ドイツ統一戦争と呼ばれる一連の軍事衝突に転化した。ドイツ統一の主導権を握った形となったプロイセン王国は、フランスとの対決によって自国の国王を「ドイツ皇帝」にする形で、統一ドイツ国家、すなわちライヒを建設する。

そのなかで鉄道人たちはどのように振る舞っただろうか。いいかえれば、鉄道業の変化は、この工業化された「国民国家」の統一過程とどのように関係しただろうか。

VDEVと国家——一八七〇年代まで

VDEV（ドイツ鉄道管理体協会）は、一八五〇年代以降、加盟地域をドイツ連邦外の諸国に拡大させ、七〇年代初頭にはドイツ外からの代表理事局（路線・社）選出が取り沙汰《ざた》されるなど、「国際的な団体」として自他ともに任じた。一九世紀後半以来、鉄道業の技術的普遍性にも裏打ちされた「国際性」あるいはドイツ語圏を超えた「中欧」志向を帯びた団体であったといえる。

こうしたVDEVに対して、革命後、プロイセン王国で最初に強い鉄道官有化路線を打ち出したアウグスト・フォン・デア・ハイト商務大臣は、距離をおいた態度をとっている。一八五三年七月末、VDEVはベルリンで第五回の総会を開いた。このベルリン総会に対して、ハイトは金も口も出さない方針を貫いた。来るベルリン大会に先立つ大会（四九年ヴィーン、五〇年アーヘン、五一年ニュルンベルク、五二年シュトゥットガルト）の開会地では邦政府によって歓待行事が支援されてきたことを意識しつつも、今回は当局による特別の行事設定の必要はないし、総会の議事進行に関しても特に国王内局の認可を得る必要はないと、あまり具体的・積極的関心を示さなかった。

プロイセンの商務大臣は一八六二年にハインリヒ・イツェンプリッツ（一七九九〜一八八

— 499 —

No. 43. 1886.

Zeitung des Vereins

Deutscher Eisenbahn-Verwaltungen.

Organ des Vereins.

Sechsundzwanzigster Jahrgang.

VDEVの機関紙（「羽車」はドイツなどの鉄道の伝統的なシンボルマーク）

三）に交代するが、六七年にはマインツでVDEV総会が実施された。これに対してイッェンプリッツ商務大臣はプロイセン国鉄ザールブリュッケン鉄道も開会地に義務をもつという認識から、総会参加者に公費での饗応《きょうおう》をおこなうとしている。

国有化志向のハイトから比較的自由主義的ないし私企業放任的なイッェンプリッツへと、プロイセン王国の鉄道政策は、大臣の交代にともなって基本的な性格を変化させたとされてきた。だが、一九九〇年代の研究では定説への見直しがはじまっている。ふたりの国王官房への上奏文を比較すると、VDEV総会への態度という点では、「外国」の態度を念頭に置いたうえで、行事内容そのものにはほぼ無関心という点で一致がある。五〇～六〇年代、プロイセン王国の鉄道政策には、この点でも断絶はなかった。

一八七一年、ドイツ帝国の帝都になったベルリンで総会が開かれることになった。その準備をめぐって、プロイセン王国のイッェンプリッツ商務大臣とカンプハウゼン大蔵大臣は、前ヴィーン総会でのオーストリア皇帝による協会幹部の宮殿招待を意識し、ベルリン総会でも祝賀・歓待行事に相当額の公費による援助を求めるとともに、ドイツ皇帝（プロイセン国王）の特別の関与（引見・ポッダム宮招待）を国王官房に要請している。

加えてイッェンプリッツは八月に再度、単独で同趣旨を上奏し、ドイツ皇帝＝プロイセン国王ないし皇太子が前ヴィーン大会のオーストリア皇帝と同様にVDEV首脳を宮殿に招待するか、少なくとも大会に親書を出すよう重ねて要請した。

外国（この場合はオーストリア）の対応を強く意識する点には、特に「現下の諸状況を考慮し」と、ドイツ統一直後の政治情勢を根拠として明示したものの、先立つ時期のイッェンプリッツ当人のVDEV総会に対する態度と変化がないといえる。

むしろ注目すべき発言がこのとき、あるベテランの指導的な鉄道技師から出されていた。プロイセン王国の上級建設内閣ディレクトア・商務省第Ⅱ局（鉄道関連）ディレクトアであったテオドール・ヴァイスハウプト（一八一七〜九九）は、八月、皇帝親書草案を送付するとともに、内局顧問官に意見上申をおこなった。VDEVにはオーストリア、オランダ、ポーランドなど外国の鉄道が多数加入しているので、その国民感情を傷つけてはならない、というのである。

したがって、「鉄道がドイツ・ナショナルな民族厚生の発展に与える恵み深い影響を、ことさらに強調するのは控えられるべきです」というヴァイスハウプトの意見は、彼が起草したVDEV宛ての皇帝親書文案に反映されている。「協会の尊敬すべき努力が、諸国と諸民族の嘉《よみ》するところとして成功を収めんことを」。

創設直後のドイツ帝国（ライヒ）を基盤にするドイツ・ナショナリズムは、鉄道業の周辺にあきらかに出現していた。しかし、七〇年代初頭には、ドイツ・ナショナリズムの表れ方は、旧ドイツ連邦内での領邦国家意識にもとづく、ドイツ邦国間の競合意識をまだ引きずっていた。一方、ライヒ建設期、ドイツ・ナショナリズムの勃興に対して、VDEVのおかれた位置はなお、なんらかの距離のあるものだったといえる。国民国家への無関心や違和感、ネーション意識のふしぎな欠如（歴史研究で「ナショナル・インディファレンス」と呼ばれるのに似たもの）が、中欧の鉄道業のなかにはみられた。

ビスマルクによる国有化の失敗

一八七一年、ドイツ帝国を建設したオットー・フォン・ビスマルク（一八一五〜九八）は、ただちに、といっていい勢いで鉄道の「国有化」に乗りだした。「ライヒ化」といいかえてもよい。

もとのプロイセン国王ヴィルヘルム一世をドイツ皇帝にあおぐドイツ・ライヒは、制度的にも実態上も、あくまで連邦制的な帝国である。ドイツ連邦を解体した北ドイツ連邦に、独仏戦争（普仏戦争）をともに戦った南ドイツ諸国が加盟してできた経緯から、主だった中小の邦国は残り、一定の自治独立を維持していた。

鉄道は、その最たるものだ。ドイツ連邦内で完全な主権国家だった邦には、それぞれの域内に鉄道をもってこそ一人前の国家であり続けられるという意識があった。税収源としても、経済政策のツールとしても、自前の鉄道は簡単には手離せないのである。一八七一年の時点で、大はプロイセン王国国鉄から小はオルデンブルク大公国国鉄にいたるまで、ドイツ帝国には七つの邦有鉄道が並存していた。

しかしビスマルクも、新設のライヒに独自財源を求めていた。ビスマルクの打つ政策にはしばしば便宜主義的なところがあり、鉄道についても一貫した国有化主義者というわけでもなかった。そうは振る舞っていたが、つい数年前には普墺戦争の戦費を捻出《ねんしゅつ》するために、プロイセン王国がいずれ国有化するという意図から保有していたケルン‐ミンデン鉄道の株式を喜んで民間に売却しているほどである。

だが、ドイツ帝国憲法には鉄道の帝国政府所有を示唆する文言が織り込まれていた。一八七三年、これにもとづき制定されるべき鉄道国有化を定めた「帝国鉄道法」の執行機関として、ビスマルクは帝国鉄道庁《ライヒスアイゼンバーンアムト》（REA）を設立した。

第二代長官には、練達の交通行政家であったアルベルト・フォン・マイバッハ（一八二二〜一九〇四）が就任する。マイバッハはREAを通じてライヒによる官営・官有鉄道一元化という形で「国有化」を達成し、革命期自由主義の出自をもつ国際主義的なVDEVを、ド

アルベルト・フォン・マイバッハ

イツ鉄道の代表格から蹴落《けお》とすつもりであった。

しかし、肝心の「帝国鉄道法」案は、七〇年代なかばに帝国参議院で、マイバッハ就任後も二回目の否決をうけた。帝国参議院は、男子普通選挙で選ばれる帝国議会に並び立ち、各邦国の代表が集まる連邦制の最たる立法府であった。要は、中小邦は邦有鉄道を手放すのを拒絶したのである。またVDEVも私鉄企業の立場から反対勢力となった。

一八七七年、マイバッハはREA長官を辞した。このとき同時に、REAそのものを見限ることにした。改組されたプロイセン公共事業省大臣におさまり、王国内の有力私鉄を買収し、邦有鉄道として官営化を推し進める。その一方で、REAの官庁としての非力と無能への侮蔑《ぶべつ》を隠さず、ビスマルクとマイバッハの交通行政ではREAは冷や飯を食わされる役所となった。長い間REAの「長官」ポストは空席とされ、人員増の要求は常にライヒ政府により却下された。

REAはたしかに、ライヒによる鉄道国有化という難事業に取り組むにはそもそも小規模にすぎ、個々の鉄道をモニタリングするだけにしても必要な、情報を集める有機的な組織構成を欠いていた。首都ベルリンの一隅にポツンとアタマだけがある役所であった。元のトップであったマイバッハからあからさまに意地悪をされたとはいえ、ドイツ全国鉄道統計のデータ収集を各鉄道に諮ることにすら難渋し、鉄道統計作成の主管業務を他の官庁になかば奪われたようでは、その力は推して知るべしといわねばならなかった。

ビスマルクも、鉄道国有化法案が最終的に流れた一八七七年にはREAの失敗を後悔し、プロイセン国鉄当局ともっと協働させるべきだったと嘆じている。

一方、マイバッハらが進めたプロイセン王国内の鉄道官営化は、順調だった。独仏戦争後、多額の賠償金が流れ込んだ結果もあってか、好景気が生じた。いわゆる「創立時代」のこのバブル的好況がはじけた後は、反動的な不況が起きたといわれる。

このあたりの景気変動の有無やその時期については近年、分析にもとづく異論もあるのだが、それはともかく、一八七〇年代なかばには景気の落ち込みが意識されたのはたしかだ。だから、私鉄経営者はプロイセン国家による買収を受けいれるに吝《やぶさ》かではなかった。VDEVの議長を務めてきたベルリン-シュテティン鉄道のような有力路線も、完全に国有化されることになる。他の邦国でも同じことが起きた。

ビスマルクの鉄道国有化については、同時代の一人の日本人がひどく正確に知っていたようである。ドイツ留学経験をもつ政治家後藤新平《ごとうしんぺい》（一八五七～一九二九）である。一九〇九（明治四二）年、鉄道院総裁であり同時に南満州鉄道（満鉄）にも強い影響力をもった後藤は、鉄道国有化は「『ビスマルク』公モ尚《なお》難渋ヲ感セル所」であるが、「我ガ帝国」は「偉大ニシテ多幸ナル『ビ』公」のみならず「世界ノ各時代各邦国ニ於テ其決行ニ躊躇《ちゅうちょ》逡巡セル問題」をこのたびの鉄道国有化達成で解決したのであり。これは日清日露の戦勝に匹敵する快挙だ、と自画自賛の言葉を続けた。

あるいは後藤自身が実は、この後も中央集権と分権を行ったり来たりした、日本の鉄道国有化の諸問題を意識していたがゆえの揚言かもしれない。

それにしても、そう威張っていいものか。彼我の鉄道の条件の大きな差異は、連邦制がもたらした各地域の鉄道の自律性と、その背後にある、それぞれに分厚い歴史であった。

邦国の鉄道小史（1）バイエルン

南ドイツ・バイエルンは、カトリック信仰を背景にもち、気候風土や生活習慣も北ドイツとはかなり異なる。ナポレオンによるドイツ支配のおかげで王国に昇格できたという経緯もある。ミュンヘンに王都をかまえたヴィッテルスバッハ朝は、その後の連邦制的なドイツの枠組みのなかでも、反ベルリン的な姿勢でほぼ一貫した。

普墺《ふおう》戦争でもオーストリア側についたが、その後の独仏戦争の勝利のなかでは、ドイツ諸邦を代表してプロイセン王ヴィルヘルム一世を「ドイツ皇帝」に推挙する役回りを演じさせられた。音楽家R・ヴァーグナー庇護とノイシュヴァンシュタイン城で有名なバイエルン王ルートヴィヒ二世は、このときビスマルクから多額の謝礼を受け取ったらしいが、政治的にも妥当な行動だったといえる。しかしドイツ帝国が成立してしまえば、プロテスタントが支配的なプロイセンをはげしく意識する、本来の反中央的姿勢に戻った。

ライヒの一王国として、バイエルンは軍隊も維持したし、自邦内の鉄道にはもちろん主権を確保した。もともとバイエルン王国など南ドイツ諸国の場合、私鉄経営者を輩出したライン地方を自国領土とするプロイセンなどよりも、政府が鉄道業の発展に関与した度合いは高い。

一八三五年のドイツ最初の鉄道は地元の経済力だけでつくったものだったし、そこで一気にバイエルンがドイツの鉄道建設のイニシアティブをとろうという民間の機運にも、むしろ政府が水をかけた。当初、国王ルートヴィヒ一世と内閣の関心はマイン‐ドナウ連絡運河整備に傾いていたからである。だが、バイエルン王国政府は鉄道の将来性と、鉄道建設を行政が管理する必要にすぐ気づいた。一八三六年晩秋には、「全バイエルンの鉄道定款のための基本規定」を出している。

注目すべきはこの早い時期に、「共同利用される施設として国家の保護を受ける」と鉄道の公益事業としての性格を明確に打ち出した点だろう。鉄道会社の融資や、技術的規格についてもいちはやく詳細が規定された。英国に倣った四フィート八ヶ二分の一ツォル、すなわち一四三五ミリの標準軌採用などである。

中規模の近代国家として成長していたバイエルンは、政府による統合を進める邦有鉄道主義という点で、ドイツ語圏では先行していたといえる。

一八四〇年にはじめて公費でのニュルンベルク-ホーフ間路線建設が決定され、四一年、ニュルンベルクに王立鉄道委員会を設置、これがバイエルン国鉄のはじまりとなる。プロイセン王国では一九世紀も後半以降、帝国建設以降にようやく進展した私鉄買収が、バイエルンでは一八四〇年代なかばに開始された。

幹線国有化に弾みがついたのはミュンヘン-アウクスブルク鉄道の官有化（一八四四年）で、このとき王都ミュンヘンに王立鉄道管理局を置いた。一八四七年には郵便制度と鉄道を組み合わせた交通・通信行政が制度化され、革命期の一八四八年に「商業および公共事業省」がつくられた。

五〇年代なかばに邦有鉄道の路線長は一〇〇〇キロを超え、ライプツィヒ、フランクフルト（アム・マイン）などとミュンヘンの連絡が成立した。このころ、一七〇輌の機関車と二七〇〇輌の貨車、四〇〇輌の客車を動かしていた。

王国の南北、ついで東西を縦貫する幹線は一八五〇年代に整備された。六〇年代なかばにかけては、東西連絡の幹線「マクシミリアン鉄道」がウルムでヴュルテンベルク国鉄と接続し、さらにミュンヘンを経てザルツブルク、クーフシュタインでオーストリア南部鉄道とつながった。ミュンヘンは、欧州交通の要衝の一つという地位を手に入れる。

王国東部・北東部の鉄道建設は、財政問題もあって公費ではなく、利子保証こそ政府が与えるものの、私鉄として進められた。それらの国有化も一八七〇年代なかばには完了し、邦有鉄道の規模はさらに拡大した。このころ、バイエルンの鉄道建設はピークに達し、一八七六年の時点で六二の建設区間に八〇〇人の官吏・職員と二万五〇〇〇人の労働者がいた。

ファルツ地方では一〇〇〇キロメートルにおよぶ私鉄路線が建造されていたが、ドイツ語圏最大級の私鉄企業ファルツ鉄道も、一九〇九年には官有化された。

邦有鉄道は八〇年代には全長四三〇〇キロメートルに達し、主要幹線の隙間《すきま》をうめる「二級路線」といわれる設備を簡便化した支線を充実させて、地域の要請に応えていった。一九一五年には路線長はピークの七四〇〇キロメートルに達した。二〇〇〇輛を超える機関車と五万輛の貨車、六〇〇〇輛の客車をもつにいたる。

こうした地方の小路線の建設・維持の主権を失うことに、ライヒ主体の「国有化」の議論では、バイエルンは危惧を隠さないのである。

バイエルンの鉄道業は山間部の地形に対応した難度の高い路線建設工事をおこなえたし、自邦の鉄道に優秀な機関車を供給するに足る機械製造業もマッフェイ、クラウス（一八六六年にミュンヘンに移転）などの企業があり、のちに電化をリードする技術力もたくわえていた。しかし一方では農業国・林業国でもあって、それらの産業に特化した地域の需要にも応える必要を意識していた。鉄道はあくまで公共事業として維持されねばならないのである。

帝国時代以来、「ライヒ＝中央」主体の「国有化」の議論がもちあがると、バイエルン鉄道業が必ず徹底的に反発した背景には、その「分邦主義」があるといわれる。それは間違いではないが、その一見地域エゴばかりの「分邦主義」の構成要素には、いちはやく育てていた独自の鉄道公益主義があった。

邦国の鉄道小史（2）ザクセン

中部ドイツ・ザクセンは、中世以来の商業と山間部を中心とする手工業的生産の伝統をもつ、経済的先進地帯の一つを自認していた。初期近代では、繊維製品、陶磁器、木工品、あるいは機械式時計などが有名である。

ザクセンという地名・国名はリストの鉄道計画とも結びついているが、それ以前から、前工業化期にも英国産業革命の成果の摂取に熱心であったため、ドイツ語圏で最初の蒸気機関車「サクソニア号」もつくっている。ドイツでは鉄道先進地域といってよい。

大市の伝統を誇る商業都市ライプツィヒは、鉄道時代がはじまると商業ルート変更の脅威を感じ、敏感に反応した。おかげで、鉄道交通でもドイツ語圏の一中心となる。

一八三三年、ザクセン王国政府はこのライプツィヒと王都ドレスデンとを結ぶ本格的な鉄道路線建設を認可した。ＬＤＥことライプツィヒ－ドレスデン鉄道は一八三五年に会社設立、三九年に全通した。ドイツ最初の鉄道トンネルをもつ一二〇キロメートルという路線距離は、当時のドイツ語圏ではオーストリアのリンツ－ブドヴァイス鉄道につぐ最大級の規模だった。ライプツィヒとドレスデンという二つの都市をそれぞれの中核に、ザクセン王国の鉄道建設は二地域に分かれる形で進められていく。

ザクセン政府は鉄道建設に熱心だったが、プロイセンのような鉄道法をつくらず、会社・路線建設ごとに議会の許認可をとる仕組みであった。政府の支援を受けた株式会社形態をとる私鉄が中心となる。四〇～五〇年代には鉄道企業の経営難から徐々に官営化が進んだ。

中部ドイツという地理的位置は、ザクセンの鉄道業の発展に強い影響をおよぼさざるをえなかった。容易に想像できることだが、長距離路線では、四囲を取り囲む他国・地域との連絡に気を配ることになる。形成されていくドイツ鉄道網のなかで、ブランデンブルク、ボヘミア、シュレージェン、南ドイツといった地域と必ずつながるであろう。つまりプロイセン、バイエルン、ドナウ君主国（ハプスブルク帝国）の会社ないし政府監督官庁とのあいだに、なんらかの協議をおこなわなければならない。

ドイツの鉄道には、中欧という地理上の位置づけのなかで、自然にもたざるをえない国際性のメリットとデメリットがあった。邦国ザクセンの鉄道は、その点でドイツの鉄道の縮図だったかもしれない。

邦をまたいで走る長距離路線の邦政府による買収が進めば、他国の邦有鉄道が自国領域を走ることもありえた。現に帝国時代に入ってからの一八七〇年代にはじまっていた「ザクセン・プロイセン鉄道戦争」と呼ばれた、両国の路線が延伸と運賃政策、それに貨物の迂回や連絡無視の嫌がらせを競い合う事態では、そうなった。

高収益をあげていたマクデブルク＝ライプツィヒ鉄道は、M&A（買収・合併）に熱心なマクデブルク＝ハルバーシュタット鉄道に一八七六年に買収されたが、この当時ドイツ最大の私鉄企業は七九年にプロイセン政府によって買収・官有化され、プロイセン邦有鉄道の一部になってしまった。拡張されたプロイセン国鉄の路線が、王国の代表的な商業都市ライプツィヒに乗り入れる形になった。

ザクセン邦有鉄道は、ライプツィヒのプラークヴィッツ地区で貨物を積み下ろすプロイセン邦有鉄道所有の駅の目の前に、大掛かりな貨物専用駅を建てて対抗したりもした。因縁深い隣邦プロイセンとの鉄道戦争は、ザクセン邦有鉄道の経営を圧迫する形ともなった。

帝国の鉄道国有化交渉

帝国鉄道庁（REA）は、独仏戦争で獲得した旧仏領アルザス・ロレーヌすなわちエルザス・ロートリンゲンの鉄道路線を接収したきわめて小規模な「ライヒ鉄道（ライヒスバーン）」をもつくらいの小組織におさまってしまった。

かわって帝国には、ライヒ政府と邦政府の交渉によって鉄道のライヒ一元化、すなわち「国有化」を進める動きが起こる。

ドイツ皇帝ヴィルヘルム二世と同名のヴュルテンベルク王ヴィルヘルム二世は書簡を交換し、鉄道国有化で意気投合した。親戚《しんせき》の君主たちによるドイツ愛国主義の発露であったが、南西ドイツ・ヴュルテンベルク王国はかつてビスマルクの国有化計画に懸命の抵抗を試み、これを押し返したこともある。二〇年で、ずいぶん態度が変わったともいえる。中小邦の邦有鉄道の経営に陰りが差してきたこともあった。

一八九七年にプロイセン国鉄はヘッセン大公国の諸鉄道を併合し、経営共同体の形をとった。地理的な近さもあったが、ヘッセンに残った私鉄企業ヘッセン・ルートヴィヒ鉄道を入手、官営化するのが主眼であった。この邦間の鉄道統合の達成は、ライヒ一元化の機運を、ライヒ政府にも各邦国にも意識させた。

当時のプロイセン王国公共事業省は、ライヒ一元化の当事者であり、他邦国の動向に気を配っていた。「プロイセン国鉄のドイツ・ライヒならびに邦有鉄道共同管理への移管について」と題された書類綴りをつくり、自他邦のさまざまな意図の交錯を観察している。鉄道主権や個々の財政問題のほかに、特定の業種による優遇運賃の存廃、邦有鉄道と地元工業界とのつながり、といった地域経済の面からの懸念も尽きないようであった。

結局のところ第一次大戦前、ドイツ帝国では、鉄道のライヒによる一元化・統合交渉はほぼ進まなかった。何度もライヒ・邦間会議がもたれたが、必ずバイエルン王国代表がプロイセン主体の「鉄道国有化」にはげしく反対し、進展がないままに終わることになる。バイエルンばかりではなく、他の中小邦国も、結局は及び腰であった。前述のように、バイエルンの態度は典型的な「分邦主義」であり、鉄道統合を阻害したといわれてきた。

ここで注目すべきは、鉄道に関する「分邦主義」はプロイセン国鉄内部にすら厳然として存在したことであろう。ライヒ一元化をとにかく進めようとする自国の国鉄OBの会議での言動を「彼に会議での代表資格があるのか」と憤り、こきおろす文書がつくられている。

一つには、ヘッセンとの統合が、プロイセン国鉄にとって経営負担を増す結果になったことがある。経営の効率はおそらく落ちていた。

自分たちには自分たちのやりかたが昔からあるのは本当のことであり、鉄道業組織のさまざまなレベルで組織構成がそもそも違う。現業でも役職は同じ名前でも、職階や仕事内容が違う場合も往々にしてあった。

しかし一方で、鉄道の「分邦主義」はイデオロギーとして固着的なものではなく、状況判断に応じてその主唱者・批判者も変動していた。各邦国の内部にも意見のばらつきがあり、邦間の交渉ではさまざまな思惑が入りくんでいた。ザクセンは、プロイセンと「鉄道戦争」を戦ったにもかかわらず（それゆえに当然というべきか）、鉄道業内部にも統合積極論があった。バイエルンにすら、経済界には「第二の関税同盟ではないか」と鉄道国有化に賛成する声も根強かった。

「鉄道国有化」論が再燃するのは、第一次世界大戦勃発後である。

第9章　国際化と戦争と

ドイツ鉄道の海外進出

近現代ドイツの代表的な人名録に出てくる「鉄道技師」を抜き書きする作業をしていて、気づいたことがある。ある時期から、「鉄道技師」が取りあげられるのは、海外で業績をあげたケースが多くなっていた。一九世紀第4四半期ごろ、鉄道技師がドイツ国内ではサボっていたはずはないから、これは同時代ないしそれ以降の世で「目立つ」かどうかということであろう。

この時期の鉄道技師の顕著な業績なるものは、通常運行業務や複線化の進行、なおつづいている技術開発——たとえば蒸気機関車に替わるべき気動車の試作——、あるいは地方鉄道路線の充実とそれによる鉄道網の完成、などには、あまり求められなかったらしい。

この時期、というのは一九世紀末から二〇世紀の初頭、ドイツ風にいうと「世紀転換期」である。ドイツ皇帝の崩御があいつぎ、新皇帝ヴィルヘルム二世が即位（一八八八年）した。社会主義者鎮圧法の延長をはかる宰相ビスマルクを解任し、憲法上の強力な地位を活用して親政をもくろむ。一八九〇年代以降は「ヴィルヘルム時代」となった。皇帝の気まぐれや不定見に左右される内政と、「陽のあたる場所へ」をモットーとする自重を欠いたあからさまな植民地獲得路線、「世界政策」の時代であった。一方で「第二次産業革命」の先頭に立ったドイツ経済は、英国を中心に成立した自由貿易の国際経済体制のなかで交易高を急増させ、大国の地位を確立していた。

ドイツの鉄道業も、この「世界政策」で大きな役割を担った。アフリカやアジアの各地でドイツの鉄道人が路線建設をおこない、介入ないし植民地的統治の道具とする。ドイツの海外領土経営は、近年のドイツ史研究でもっとも注目を集めている対象である。日本語文献でも、栗原久定、磯部裕幸などの目覚ましい業績が引きも切らない。植民地や鉄道建設についても、それらの研究が触れている箇所に譲りたいが、いくらか関連することを、ここでいいそえておきたい。

まずは中国でのドイツ人技師の活躍であり、その残した台詞である。

「この路線建設は、たとえ中国企業の名でおこなわれようと、ドイツの力とドイツの技術を体現するものなのである」

中国国営鉄道津浦《しんぽ》鉄道の建設は、利権争いのすえ、南北に分かれて英独で競いながら工事を進めることになった。工事開始にあたって、技師長ユリウス・ハインリヒ・ドルプミュラー（一八六八～一九四五）はこう書いた。プロイセン国鉄内の技官軽視に業を煮やして二〇世紀初頭に中国にわたり、一〇年をすごしたこの鉄道技師については、また触れなければならない。

もう一つは、現地の建設工事についてである。現在のナミビアには、かつて「ドイツ領南西アフリカ」時代にドイツ人のつくった線路が朽ち果てた骸《むくろ》を荒地にさらしているが、こうした路線建設には現地人の安い労働力が惜しみなく使われた。本国では難しいきわめて労働集約的な工事のやり方を、ドイツ人を含むヨーロッパ人の鉄道技師たちは迷いなく選んだ。前記ドルプミュラーの称賛を浴びた路線建設も、黄河架橋工事で杭打機《くいうちき》などドイツ最新鋭の技術を導入したとはいえ、工程の大部分はその例にたがわず、苦力《クーリー》を大量に使用したのである。

バグダード鉄道の線路巡回員ゲオルク・ジーメンス（ジーメンスはドイツ銀行首脳．帝国主義的なトルコ進出のカリカチュア）

さらにもう一つ。ドイツの鉄道技師の努力が集中したのは、純然たる植民地や半植民地たる中国以上に、まずはヨーロッパの外縁部であるトルコであった。対欧州諸国の外交で動揺を続けるオスマン帝国にはドイツ人の技師が乗り込み、ヴィルヘルム時代の積極路線に乗って、戦略的な鉄道路線建設にドイツの資本と技術が投じられた。

一八九八年にはヴィルヘルム二世みずからがオスマン・トルコに乗り込み、皇帝アブデュルハミト二世からコンスタンチノープル（イスタンブール）新路線建設許可の約束をとりつけた。ドイツ資本により「アナトリア鉄道会社」が設立され、ベルリンとバグダードの直通を目指す「バグダード鉄道」の建設がはじめられる。

中近東の鉄道路線と結びつく欧州の鉄道システムをどのように設計するべきかが、「列強」の関心事となっていた。欧州規模の国際的な鉄道網はすでに成立していた。植民地とつながる形でそれをいかに編成するかが、まさに「帝国主義」的な覇権争いの一焦点となった。主役は第三共和政フランスとドイツ帝国である。

VDEVと国家、ふたたび――「鉄路のヨーロッパ」をめぐって

独仏戦争後の世紀末（フランス風の言い方）、ドイツ帝国がフランスの不倶戴天《ふぐたいてん》の仇敵《きゅうてき》のようになるのはやむをえない。第三共和政期フランス史の目立った政治的事件のほとんどに、このドイツへの国民的敵意の影が差している。

とりわけ、ドイツの経済成長と順調な人口増がフランスの一部人士と大衆の心胆を寒からしめた。そのうえドイツは、遅れてきた帝国主義国として、植民地獲得に血道をあげはじめ

た。

急速に一体化していくヨーロッパの鉄道網のなかでのフランスとドイツの覇権争いも、この文脈で起きた。

たとえば、有名なオリエント急行のような国際列車のルートや経営をめぐっても、仏独のさや当ては起きた。フランス鉄道業の優位の象徴である国際豪華列車であったが、イスタンブール（さらにその向こう）への列車は、ドイツ語圏であるヴィーンや東欧を必ず通る。フランスはなんとかして自国中心に、すなわちドイツの鉄道を回避する路線を設計しようとした。

仏伊協力の働きかけは、やがて世界最長のシンプロン・トンネル（一九〇六年開通）を利用する、新しい「オリエント急行」構想にいたる。だが、その実現はかなり後の話。第一次大戦後の一九一九年であり、独仏の鉄道の力関係もかなり変わってからであった。

第一次大戦勃発前、ドイツの鉄道がフランスとの競り合いで攻勢を意識していたのは、たしかである。ハプスブルク君主国（オーストリア＝ハンガリー帝国）、ベルギー、オランダ、ルーマニア、ロシア領ポーランドなども含め、「中欧」の七万九〇〇〇キロメートルをカバーする鉄道のまとまりは強固であった。

その中軸はVDEVであった。ドイツを超えた国際性を帯び、しばしばドイツ外の鉄道企業が代表に選出されるという噂がたって、マイバッハのような鉄道官僚を苛立《いらだ》たせもしたが、そのVDEVも、ヴィルヘルム時代の外交関係にまきこまれた。

国際鉄道会議第四回ロンドン大会（一八九五年）のボイコットは、第一次世界大戦に向かって知らず滑り落ちていく、当時の欧州列強による外交関係の縮図のようであった。

国際鉄道会議は、ドイツも参加した一八八五年のベルギー国鉄五〇周年記念式典で定期的・永続的な国際会議として提唱された。しかし正式発足後、八七年のミラノでの第一回大会以来、ドイツの鉄道業は代表を送っていなかった。

そもそもはロシアとフランスの接近が気に入らない。第二回パリ大会ののち第三回サンクトペデルブルク大会でホストにまわったロシア帝国の鉄道人たちは、セレモニーでわざわざ「ラ・マルセイエーズ」を演奏するなど、仏露協調を熱心にアピールした。これは当時の英『タイムズ』紙も、やりすぎだと批判的に報じたほどであった。

ヴィルヘルム体制では、フランスを孤立させる「ビスマルク外交」が破綻した。そこでもたらされた事態であったが、これにへそを曲げたドイツ帝国――実質はプロイセン王国の交通官僚たちは、次回ロンドン大会もボイコットしてしまう。仏露の息のかかった世界鉄道会議の大会に参加する義理はないというのである。

これには開催国の英国が粘り強く説得にあたったが、とりあわなかった。四七ヵ国、二五〇路線が参加した大会に、ドイツからの代表たるべきVDEVの出席は見送られた。

鉄道技師たちは実は不参加にがっかりしたようだ。「鉄道技術の揺籃《ようらん》の地」の大会での技術的情報の交換に期待していたのである。「実際に報告を聞かなくても、論文を読めばよい」などと、国際学会で自分の報告を済ませるとさっさと市内観光に出てしまう大学教授の言い訳みたいな一文を編集部の一人は機関紙に残したが、やや未練がましい虚勢を張っている印象がぬぐいがたい。

しかしVDEVも、かつての王国政府に対抗する組織や、国際主義的な組織ではない。鉄道会議不参加を埋め合わせるように、プロイセン王国政府は、今度はVDEV五〇周年を大々的に祝うことにした。VDEV幹部クラスに、気前よく叙勲の勅許がくだった。鉄道業では邦国内で官有化が進んでいる。叙勲の主要な対象となった各地鉄道のトップたちは、のきなみベテランの上級行政・法律官吏であった。

戦争と鉄道・ドイツの場合（1）モルトケの企て

いよいよ戦争のくだりに入る。が、遅すぎたかもしれない。戦争・軍事と鉄道の密接な結びつきは、特にドイツ史では、ごく初期から自明のこととされてきた観がある。

しかし、鉄道が国防上大きな意義をもつものだというのは、最初期の一八三〇年代には、鉄道建設推進論者の宣伝にすぎないところがあった。鉄道開通以前の一八三二年に、ハルコルトはケルン＝ミンデン間路線建設計画に際して、フランスによるラインラント侵略に対抗するという国防的な意義を強調している。しかしこれはあきらかに、ベルリンのプロイセン王国政府による資金支援を期待してのことであった。リストもまた、侵略に対してただちに軍隊を派遣するのに必要だと主張したが、あくまで推進論補強の一環であった。

もちろん軍事関係者が鉄道にまったく無関心だったわけではない。一八三六年にはバイエルン王が軍事大臣に鉄道の国防的意義の調査を命じている。プロイセン政府は一八四二年には鉄道会社の資金条件を緩め、王国全土を結ぶ鉄道路線網の建設に積極的になったが、そこではすでに軍事上の要衝の防御も意識されていた。

もっとも、一八三九年にはじめてプロイセン軍で試みられた鉄道による部隊輸送は成功したとはいえなかった。ベルリン－ポツダム間を一〇輛編成の列車が近衛歩兵隊八〇〇〇を運んだものの、徒歩行軍六時間で済むところをまる一日かかったうえに、私鉄の運賃がおそろしく高価についた。実際の出動では、四六年に騒擾鎮圧のために兵士一万二〇〇〇を鉄道輸送し、こちらは効果をあげたものの、費用がかさむのは変わらなかった。

鉄道の軍事利用の最大の節目になったのは、一八四八・四九年革命であった。数週間で万単位の兵士が鎮圧に動けたことで、短期間のうちに大規模な軍事的展開が可能になることの意義が、軍人たちの目にようやくあきらかになった。

一八五〇年、プロイセンとオーストリアの緊張が高まった際に、プロイセン軍の鉄道利用の効率性は劣ると意識された。オーストリアは、二六日間で七万五〇〇〇の兵士と八〇〇〇の馬匹を上部イタリアからボヘミアまで鉄道で移動できた。オーストリアの掣肘《せいちゅう》に軍事的に対抗する必要が、この「オルミュッツ危機（オルミュッツの屈辱）」でプロイセン王国にとっては明白になった。

一八五九年には、そのオーストリア軍が、イタリア統一戦争の「マジェンタの戦い」で大々的な鉄道輸送に成功したフランスとサルディニアの連合軍に敗れた。六〇年代前半には、アメリカ南北戦争が鉄道の軍事利用の実験場になった。

ドイツ語圏諸国で鉄道の軍事技術的研究にもっとも熱心に取り組んだのはプロイセン王国であり、その陸軍参謀本部であり、さらに突き詰めていえば、そのリーダーであるヘルムート・カール・ベルンハルト・フォン・モルトケ（一八〇〇〜九一）であった。モルトケ（「大モルトケ」）は、一八四〇年代前半から鉄道の軍事利用に関心を払う数少ないプロイセン軍人の一人だったが、一八五七年から参謀本部総長の任に就き、ドイツ統一戦争を指導した。

普墺戦争（一八六六年）に先だつデンマーク戦（一八六四年）では、プロイセン軍としては一四年ぶりに六万人という大軍を国境まで移送、鉄道を利用した作戦の基盤を固めていた。鉄道は、侵略に対する防衛的対応のためにではなく、積極的な攻撃に利用されてこそ真価を発揮するのが確信された。

鉄道による進軍速度は年々上昇し、プロイセンは普墺戦争では五本の路線を活用し、二五日間で全軍を前線に送ることができた。対するオーストリア軍はヴィーンから一本の路線で、モルトケの計算によれば、二〇日余計にかけてボヘミアの戦場に到達する。この差で勝負が決まるはずであった。

プロイセンはたしかに大勝したが、モルトケの鉄道利用の企図が大成功をおさめたとはいえないようである。最初の兵力展開についてはたしかに思い通りにいったが、兵站《へいたん》輸送まで含めれば鉄道はほとんど役に立たなかった。補給はただ一本の路線に依存していたため、糧食は十分に行きわたらず、プロイセン軍は半世紀前と変わらぬやり方——現地調達でやりくりした。ケーニヒグレーツの戦いで勝利したのち、オーストリア・ヴィーンへの侵攻に鉄道を使おうとしてもうまくいかなかったし、反対に、なかなか通じない鉄道とは無関係に進軍することもできた。

大事なのは、こうした失敗の経験から学んだことである。たとえば、各軍に付設する鉄道部隊の数を最終的には倍の六部隊（一つはバイエルン国軍の鉄道部隊）まで増やし、緊急路線建設や路線管理・修繕の体制を強化した。

しかし、もっとも意味が大きかったのは、モルトケが、鉄道利用の圧倒的効果とそこでのプロイセン軍の卓越性を、熱心に喧伝《けんでん》したことであった。彼は来るべき対仏戦を詳細にわたり計画準備したが、鉄道はその機軸の一つにされた。参謀本部の意見で鉄道路線を敷設ないし整備し、あわせて電信網を強化した。

一八七〇年七月、独仏（普仏）戦争が勃発した。プロイセン軍を中心とするドイツ軍は九

独仏（普仏）戦争，鉄路上の戦い（アルフォンス・ド・ヌヴィル画）

〇〇本の列車を用い、一八日以内に四六万の兵力を展開した。北ドイツ連邦の軍隊が六路線を用い、バイエルンなど南ドイツ諸邦の軍隊が三路線で進軍した。このドイツ連合軍から、パリ攻略中の半年後にドイツ帝国がうまれる。

このときも兵力展開はまったく遅滞なかった。フランスの鉄道も同等、もしくは本来はドイツ以上に高い軍事輸送能力をもっていたが、計画性で差がついた。フランス軍の精強と高装備は知れ渡っていたが、ドイツ軍はフランスが六〇〇本弱の列車で前線に送りこんだ一八万の軍隊を、きわめて広く展開された戦線の各地で破った。九月初頭にフランス皇帝ナポレオン三世はスダンで捕虜となり、パリへの進軍がはじまった。

しかし、ここでも兵站・補給という点では鉄道が計画通り活用されたとはいえない。進軍の速さに、後方に鉄道が取り残された形になった。しかも鉄道輸送はひどく混乱した。後方からの補給過多に荷下ろし設備の弱い前線近くの兵站駅が対応しきれず、また積み下ろしの労働力も不足していた。フランクフルトやケルンなどの西部ドイツの都市から前線までの路線では、立ち往生した貨車による渋滞が起こった。

また、パリ攻防戦の開始とともに、フランス人パルチザンが鉄道路線に攻撃を仕掛け、鉄道部隊は路線復旧に追われることになった。後方の鉄道輸送の混乱は一二月まで続いた。フランスに侵攻したドイツ軍は、またしても糧食の現地調達に追われた。弾薬等の武器ですら、この時代、まださほど多くもない消費量にもかかわらず、不足が生じていた。

こうした失敗にもかかわらず、鉄道の軍事利用で当代一だったフランスの打倒で、モルトケと新ドイツ帝国参謀本部は軍用鉄道についても、あらためて強い自負を抱くようになった。迅速な兵力の展開と並んで、大量補給の確保こそは鉄道の重要な任務である。ところが、それには認識をどこか欠いたまま、参謀本部は前者に偏った壮大で空想的な戦争計画――「シュリーフェン・プラン」を立てるにいたる。もし軍事にも一国家の癖があるとすれば、これはドイツ国家が建国時の輝かしい成功で抱えこみ育てた悪癖であったのかもしれない。そして、どうやら二〇世紀なかばにまで持ち越されてしまったといえる。

戦争と鉄道・ドイツの場合（2）第一次世界大戦の破局

世紀転換期を越え、暦のうえで二〇世紀の数年がすぎても、「長い一九世紀」の歴史的時間はまだ続いていた。しかし、ドイツ帝国が介在する国際関係の緊張は、しばしば欧州各国、とりわけ独仏が開戦する寸前ではないかという危機をもたらした。第二次モロッコ事件（一九一一年）の、仏のモロッコ出兵に対する独の艦隊派遣がその端的な例だろう。一九一四年夏になぜ第一次世界大戦が起きたのかではなく、それより前になぜ戦争が起きずにすんだのかこそが、歴史研究の課題だとされるほどである。

一九〇五年、ドイツ陸軍参謀本部総長アルフレート・フォン・シュリーフェン（一八三三～一九一三）は、ドイツ帝国の戦略的グランドデザインとなる計画を完成させた。一八八七年、作成に着手したこの計画は、ビスマルク外交の破綻を前提に、東西を敵国にはさまれた中欧のドイツ帝国が二正面作戦を実施する必要からスタートした。非常に短期間でフランスとロシアを打倒するために、迅速な兵力の展開と移動が成否を決めるものであった。

一八七〇年代以降、経済発展のなかで鉄道の輸送力はあがっていた。より短時間に、かつての二～三倍以上の兵力を運ぶことが可能になっていった。これは軍隊の規模の増大にきちんと歩調が合っているようにみえた。

そこでシュリーフェンは、まず西部右翼に膨大な兵力を集中、大旋回して南下することで一気にフランスを打倒し、返す刀で、手薄な部隊で我慢していた東部戦線にその兵力を移動、今度はロシアを撃つ――という青写真を描いてみせた。計画が想定する所要日数は四二日であった。

ベルギーの中立侵犯も前提とする、壮大きわまる戦略については、後世の評価は毀誉褒貶相半ばした。議論の一方には、シュリーフェンの無能な後継者である「小モルトケ」ことヘルムート・モルトケ（一八四八～一九一六）が兵力の極端な集中を手直しして作戦を「希薄化」しなければ、所期の短期決戦は可能だったという主張がある。もう一方は、補給についての配慮を欠いた非現実性への批判であった。

たとえば、シュリーフェンはベルギーが手つかずの鉄道路線を自由に使わせてくれると考えていた節があるが、決してそうはならなかった。ベルギーの鉄道路線はひどく破壊されて復旧に難渋し、ベルギー人鉄道員は連合国やパルチザンと通じて抵抗を続けたため、鉄道輸送の大混乱が起きた。オランダがどう出るかについても無頓着《むとんちゃく》だった。

平時の軍事官僚であったシュリーフェンは、国軍への予算獲得を最優先していたので、空虚な机上の大計画を作成してみせたにすぎないという見方すらある。歴史学的な「シュリーフェン・プラン」評価は、この批判的な方向に落ち着きつつあるようだ。

しかし「平時」は一九一四年七月二八日、第一次世界大戦の勃発で終わった。ドイツは予定通り、英仏とロシアを相手にする二正面の戦いに入る。

開戦のごく初期、一九一四年晩夏のマルヌ川戦闘の敗北によって迅速な勝利の機会は失わ

西部戦線に向かうドイツ軍の兵士

れ、シュリーフェンの戦争計画は早々に瓦解《がかい》した。小モルトケと参謀本部鉄道局長ヴィルヘルム・グレーナー（一八六七〜一九三九）は、原計画の兵站の不備を懸命に補ったが、西部戦線でのドイツの進撃力は早々に限界に突き当たった。荒野に長大に伸びた塹壕《ざんごう》で睨み合い、一進一退の攻防でとめどなく双方が消耗していく長期戦に入った。鉄道の役割も、総力戦の時代の莫大《ばくだい》な規模に膨れ上がった補給の維持にしぼられた。

東部戦線でこそ、初期の「タンネンベルクの戦い」が、鉄道による大兵力の迅速な移動と包囲殲滅《せんめつ》という戦術の成功例を戦史に刻んだといえるが、それまでであった。東部戦線でも決定的な展開はなく、不活発なロシア軍を相手に膠着《こうちゃく》に近い状態におちいる。パウル・フォン・ヒンデンブルク（一八四七〜一九三四）元帥という国民的英雄を生んだが、それはむしろのちのドイツ史に、マイナスの要素を付け加えただけだったかもしれない。

ヒンデンブルクの名声を背景に、銃後の国内では国防軍とりわけ参謀本部の独裁体制が固まり、戦時統制経済の締め付けが強まった。戦時国債が大量発行され、国家財政は破滅に向かって歩みだした。愛国心と有利な（はずの）利回りに動かされて戦時国債を買った市民層も、やがて大変な目に遭う。戦争のとめどない長期化のなかで、市民・労働者の生活水準は極端におちこんだ。海外貿易の途絶によって食糧不足が深刻化し、戦時輸送に圧迫されて国内輸送は混乱を続け、冬の都市部に大量の餓死者を出す事態となった。

西部戦線では「大砲大通り」と呼ばれる補給のための幹線が、塹壕戦の前線に懸命の輸送を続けた。長期の持久戦でこそ、鉄道輸送による補給の必要性は増大した。現代戦が必要とするけた外れに膨大な武器弾薬をはじめとする、きわめて大量の物資が前線に届けられる必要があった。

しかし、一九一六年秋以降には「鉄道の氷結状態」がいわれるようになった。塹壕戦の前線と兵站駅との距離は遠く、輸送の第二段は絶えず攻撃にさらされた。鉄道に配備される労働力と物資の不足が深刻化するなかで、補給は滞った。

ドイツの鉄道は、絶望的な献身にもかかわらず、もはや軍事的な役割を果たすことができなくなりつつあった。

敗戦と革命

一九一七年三月（ロシア暦二月）、ロシアで革命が起こり、ロマノフ朝が倒れた。

ドイツ参謀本部はここで奇策を打つ気になる。スイスに亡命中のロシア人革命家ウラジミール・レーニン（一八七〇～一九二四）らを帰国させるのである。

革命勃発のニュースに亡命地で足摺《あしず》りする思いのレーニンだったが、ロシア帰還は不可能であった。しかし敵国ドイツがこの共産主義者の通過を許してやればいい。ドイツにとっては、敵である連合国陣営ロシアに、ソビエト（労農委員会）主体の革命を激化させる存在を送りこめるわけである。第一次大戦を帝国主義国間の相克と断じ、万国のプロレタリアートのための「即時停戦」をかかげる革命家が力をもてば、有利な形でロシアとの休戦を実現できる。すなわち東部戦線を引き払って、全兵力を西部での決戦に振り向けられるのである。

一九一七年に入り、すでにドイツの戦争継続能力は限界に近い。近い将来のアメリカ遠征軍と対決する前に、ここで戦況の打開をはからねばならないのであった。

復活祭の四月九日、レーニンとその夫人、ロシア人革命家たちを乗せた、ドイツの手配したいわゆる「封印列車」がジュネーヴを出発した。革命家たちとその監視役のドイツ人以外に、一般の乗客も別の車輛に乗り込んでいたから、物理的に封印されていたわけではない。レーニンたちのグループは特定の複数の車室に固まり、車輛の床に白いチョークで線を引いてみせた。ドイツ人と亡命革命家たちには、淡い人間的交流も生じたらしい。一週間におよぶ鉄道の長旅の効用である。

ドイツを無事通過、スウェーデン、フィンランドを経て、レーニン一行はペトログラードに到着した。ロシア暦ではまた復活祭の月曜日であった。レーニンは「一〇月革命」のクーデタで戦争を継続する臨時政府を打倒し、一二月、ドイツとの間に休戦条約を結んだ。参謀本部の思惑は当たったともいえる。だが、まずはすべてが遅かった。

一九一七年四月六日、アメリカ合衆国が参戦している。遠征軍上陸の前にとドイツ軍は大勝負をかけるが、決定的な勝利などは得られなかった。一九一八年夏、連合軍の反攻がはじまる。西部戦線のドイツの鉄道路線にも危険が迫った。

鉄道員たちは、すでに当局が暴発を恐れ、懐柔をはからねばならない存在になっていた。禁止されていた社会民主党の印刷物の職場への持ち込みが許可されるようになり、危険地帯ではストライキや怠業を避けるために、特別賃金増が実施された。しかし、戦時インフレと物不足の深刻化の前には焼け石に水で、鉄道員をなだめるのに、あまり効果はなかったようである。

一九一八年一一月三日、敗戦の気配が色濃くたちこめるなか、北ドイツ・キール軍港の水兵反乱をきっかけに「ドイツ革命」が勃発する。労兵評議会すなわちレーテ（委員会〔Rat〕の複数形。ソビエトと同義）がミュンヘンはじめ各都市に起こり、九日、首都ベルリンでの大ゼネストにいたった。

かつて開戦に反対して社会民主党（SPD）から分離した独立社会民主党（USPD）のなかでも、さらに過激な左派によって、社会主義共和国が宣言される予定が立った。それを聞きつけた穏健派の多数派社会民主党首脳陣は、事態の収拾を最優先した。左派の機先を制して、SPDのフィリップ・シャイデマン（一八六五～一九三九）は王宮のバルコニーから、独断で共和国宣言をおこなう。帝政はここに崩壊した。
翌一〇日、すでに退位にいやいや同意していたヴィルヘルム二世は、なおベルギーのスパにおかれた大本営にいたが、二色に塗り分けられたお召列車に積めるだけの財産を乗せてオランダに亡命した。
SPDとUSPDが協定した人民代表委員会は、翌一一日、連合国と休戦協定を結んだ。

ヴァイマル共和国の成立

一枚の紙片を見たことがある。パス、もしくは乗車券というべきか。

「乗車券　憲法制定ドイツ国民議会出席者　用
何某　氏／夫人
ドイツの鉄道での移動に有効
裏面印刷の規定処置による
ベルリン、（年月日）
内務大臣　プロイス　の委託により」

一九一九年二月六日、テューリンゲン州ヴァイマル市で、国会（国民議会）が開かれた。

一月一九日の国会選挙の結果選出された議員が、首都ベルリンの帝国議事堂ではなく、ヴァイマル国民劇場に招集された。ゲーテとシラーの銅像が立つ劇場広場に向かい、初の女性議員を含む国会議員たちは、雪を踏んで登会した。

二月一一日に大統領に選出されたフリードリヒ・エーベルト（一八七一～一九二五）率いる「ヴァイマル連合」と呼ばれるSPDを中心とする中道左派連立内閣も、もちろんこの街に来ている。立法府と行政府が移動する以上、関連省庁の役人たちもごっそりと移動し、政府は国民劇場から歩いて一五分とかからぬ旧宮殿に陣取った。

兵士と労働者の革命によって成立した共和制ライヒは、レーテ革命の貫徹を望まない穏健派のSPDを選挙で選んだ。民意は議会制民主主義を選択したわけだが、この新議会が早急に新憲法を制定しなければならない。しかし、議会政治を認めない急進派による混乱の続く首都では議会は開けなかった。

急進派のドイツ共産党（スパルタクス団）による「一月蜂起」の鎮圧から間がない。エーベルトの新政府は、「フライコール（義勇軍）」を名乗る退役兵中心の右派民兵組織を利用した。市街戦の衝突の結果、一月一五日には逮捕された蜂起側の指導者カール・リープクネヒト（一八七一～一九一九）とローザ・ルクセンブルク（一八七〇～一九一九）が惨殺されていた。

過激な政治勢力が乏しい、比較的静穏な街であったヴァイマルが選ばれた。工業都市ではないので、組織化された労働者や失業者も少ない。地理的に全国から議員が集まりやすく、鉄道や水運の他、ドイツ初の定期航空運輸便まであるほど交通が便利である。後年「世界遺産」に指定される、古い街並みをもつ観光地でもあり、一度に大量の人員（二〇〇〇人以上）を受けいれても宿泊施設にさほど不自由しない。官庁や政党の臨時事務所になる建物もある。なによりも、旧ヴァイマル公国の都はゲーテとシラーゆかりの街であり、ドイツ国民文化を象徴する場所である。

国会参加者用の乗車証には、「ドイツの諸鉄道（Deutsche Eisenbahnen）」と複数形が用いられていた。多数路線を意味するだけかもしれないが、決して単数形ではない。このころ、鉄道の統合は第一次大戦末期に頓挫《とんざ》したままであった。

邦有鉄道のライヒへの移管は、内相フーゴー・プロイス（一八六〇～一九二五）を事実上の作成者に、このヴァイマルでの国民議会で七月三一日に可決され、八月一四日公布された新「ドイツ・ライヒ憲法」の第八九条に明記された。戦時下の鉄道国有化模索の経験をふまえてだが、それだけではない。

もっとも先進的といわれ、その後の世界の民主主義的な憲法の模範ともなった「ワイマール（ヴァイマル）憲法」は、統一国民国家の一つの柱に、ライヒ中央に一元化されるべき国営鉄道を置いた。新生ヴァイマル共和国は、議論の末に国旗を「黒・赤・金」の三色旗としている。一八四八・四九年革命の革命旗である。革命時フランクフルト国民議会は、統一ドイツの鉄道の中央による一元化・国有化を謳《うた》った。ドイツの民主主義の伝統がここにも息づいていたといえる。

ライヒスバーン成立とバイエルンの戦い

憲法に明記された鉄道国有化（ライヒ一元化）の実行期限は、遅くとも一九二一年四月一日までと決められていた。

一九一九年以来、ヨハネス・ベル（一八六八〜一九四九）からヴィルヘルム・グレーナーまでのライヒ交通相がこの問題に取り組むことになる。国有化とは各邦有鉄道の統合に他ならないから、ライヒ交通相の交渉相手は各邦国が転じた各州である。

ここでも、バイエルンがもっとも強硬に鉄道ライヒ化に反対した。

バイエルンでも王政が倒れたのち、独立社会民主党（USPD）系のクルト・アイスナー（一八六七〜一九一九）政権、SPD政権、第一次・第二次レーテ共和国期を経て、その崩壊（一九一九年五月）後は保守的な州政権が成立していた。こうした政権の目まぐるしい変転にあっても、反ベルリン・反プロイセン・反中央（ライヒ）志向は引きつがれた。

バイエルン政府は鉄道についても、その独立性をできうる限り希求した。共和国期、かつての連邦制的な枠組みが徐々に切り崩されるなかで、「国」として自立した地位を守り、ベルリンの風下に立ちたくない、というだけではなかった。独立したバイエルン鉄道の組織と人員は、バイエルン経済の利益を保証するものと思われた。

鉄道と蒸気機関車のマッフェイなど地元の有力なメーカーとは濃密な関係があるが、プロイセン国鉄が主流を占めるだろうライヒ統一鉄道は、ベルリンや西部ドイツのメーカーに肩入れするかもしれない。少なくとも、機種の選択権が奪われるおそれがある。また、運賃政策を中央に一元化されれば、優遇運賃によって農林業など地域産業の保護ができなくなる。さらに、「二等路線」と呼ばれる地方に密着した小規模路線の充実も滞りかねない。

一面では統合を不可避と見て、買収額を少しでも上げるために資産価値の有利な計算を準備してもいたが、バイエルン政府は邦有鉄道組織のできる限りの温存にこだわり続けた。そして、たしかにライヒから譲歩を引き出してもいる。

一九一九年一〇月、ライヒ交通相ベルがミュンヘンを訪問し、鉄道のライヒ移管に関する具体的な話し合いがはじまった。ベルは戦後、REA長官も務めたことがあり、鉄道ライヒ化に専念していた。

バイエルン政府はまず現行の邦有鉄道組織の温存、クラウス、マッフェイといった地元メーカーとの関係維持やバイエルン州民の州内鉄道就職保証などの約束をとりつけた。統合を予定より急ぎ、「一九二〇年四月一日成立」を目指すベルに対しては、要求をさらにエスカレートさせた。翌二〇年二月まで続けられた交渉の結果、ライヒ交通省直属の独立的な支局（ツヴァイクシュテレ）の設置に成功する。ライヒに統一された鉄道内にあって、バイエルン州内の鉄道を直接に管轄するものであった。

これをふまえ、ライヒと全州間の鉄道移管に関する条約（「邦有鉄道のライヒ所有移行に関するライヒ政府とプロイセン、バイエルン、ザクセン、ヴュルテンベルク、バーデン、ヘッセン、メクレンブルクならびにオルデンブルク政府間の国家条約」）が結ばれる。州議会ならびに連邦参議院での批准をへて、四月末、法的に成立。五月五日、ライヒ交通省が、四月一日に遡《そ》及《きゅう》して全邦有鉄道のライヒ一元化の達成を宣言した。

一九二〇年六月、中央党首班内閣で交通大臣はグレーナーに交代した。かつて「シュリーフェン・プラン」を輸送面で修正した、元・国防軍鉄道局長である。ドイツ革命勃発の初期、SPDエーベルトとの密約で共和制容認という国防軍としての態度を決定して評価され、政界に転じていた。

二〇年代初頭の政治経済の混乱や、それにともなう鉄道業の困難に悩むグレーナーのライヒ交通省に対して、バイエルン支局は独立性をさらに要求していく。ライヒ交通省の業務を州内ですべて執行する権限を得たのち、さらに資材の開発・デザインと購入決定をおこなう技術局的機能もベルリンと並んで確保したのが大きかった。

グレーナーは、「ライヒ鉄道」をドイツ国民の一体性をより強く訴えるニュアンスを帯びた「ドイツ・ライヒスバーン」に改称するなど、新ドイツ国鉄の統一を維持強化しようと努めた。彼に対抗するのは、自立志向の強い西部ドイツ・ルール地方の工業家か、保守的な旧プロイセン国鉄官僚か、さもなければバイエルン州であった。

こうしたバイエルンの執拗《しつよう》な独立志向は、一九二三年八月にグレーナーの後を継いだルードルフ・エーザー交通大臣を辟易《へきえき》させることになる。

すでに死病をかかえていたエーザーは文字通り最後の心血を、鉄道統一の最終局面となった「ドイツ・ライヒスバーン」の特殊会社改組に注いだ。

一九一九年六月に調印されたヴェルサイユ条約によって一方的に課せられた莫大な額の賠償金は、敗戦国ドイツがとうてい支払えるものではなかった。これに対して、一九二三年一月にはフランス・ベルギー連合軍はルール地方を占領した。これを契機にハイパー・インフレーションが進行し、ドイツ社会は崩壊の寸前におちいる。

こうした行き詰まりを打開するため、ライヒスバーンが必要とされた。アメリカ合衆国を仲介に、賠償金支払計画の練り直しがおこなわれたが、この「ドーズ案」でドイツ国鉄は賠償金支払いの柱に擬される。

しかし、バイエルンはこの事態を、鉄道独立の好機としかとらえていなかった。一九二三年末からライヒとの交渉に入るが、エーザーの準備する「緊急令」による国営会社への改組に際しては、その条件として、大幅な権限の増大を訴えている。

交通省直属の支局は改組されたが、「バイエルン・グループ管理局」がライヒスバーン社内組織として、本社とは別に直接バイエルン州内の鉄道管理局を統治する仕組みがつくられた。バイエルン政府の指名するグループ管理局の代表が将来の特殊会社ライヒスバーンの経営陣に理事として入ることなどは、このとき認められた。

こうして「緊急令」を飲んだのちも、連合国代表とライヒとの間での話し合いにバイエルンが独自の代表を出すことも要求し、ロンドン会議に出席している。ここではバイエルン鉄道の分社化と賠償支払い終了後には邦有鉄道回復などといった手前味噌《てまえみそ》をなりふり構わず訴えたが、英国はじめ連合国代表にはさすがに笑殺《しょうさつ》された。バイエルンの態度は、鉄道の分邦主義の典型と研究史でも評価され、「経済利益団体と分邦主義者のほぼヒステリックな怖れ」などと書かれる始末である。

だが、バイエルン内部の意見公聴会では、単なる分邦主義にとどまらない認識も共有されていた。戦時期の経験である。「鉄道の氷結状態」を招いた、ベルリン中央による統制的な輸送管理の失敗は、バイエルンの経済人や鉄道関係者の記憶に鮮やかだったのである。

一九二四年八月に新生の「ドイツ・ライヒスバーン会社」は、戦時中にはじまり戦後も続く鉄道交通の破綻的状況を何とか解決しなければならない。

第10章　共和国からナチス・ドイツへ
――一九二〇年代後半～一九四五年

ホムベルガーという男

本章は、一人の主人公を置くことで進めよう。

ルートヴィヒ・ホムベルガー（一八八二～一九五四）。ドイツ・ライヒスバーンの有能な財務担当重役であったが、そのキャリアは、一九四五年までのドイツ鉄道史の相当の部分を体現する。その一生を追うことで、一九二〇年代・三〇年代と世界大戦の時代のライヒスバーンの運命もみることができそうである。

ホムベルガーは南西ドイツ・ダルムシュタットに生まれた。ユダヤ系であり、ユダヤ教信仰からも離れていなかった。ミュンヘン大学を皮切りに、ベルリン、ライプツィヒ、ヴュルツブルクと複数の大学で学ぶ。ヴュルツブルク大学で法学の学位を得、一九〇八年にバイエルン王国邦有鉄道の官職に入った。

一九一三年、ルター派牧師の娘と結婚。このときプロテスタントに改宗している。ホムベルガー本人には――資産や教育があり、社会的に一定の地歩を築いたユダヤ系ドイツ市民の大半がそうであったように——「ドイツ人」という自己認識が強かった。結婚・改宗によって、ドイツ社会への一体感には障壁がなくなったという思いであっただろう。

第一次世界大戦では従軍していないが、これはバイエルン国鉄官吏として若きホムベルガーがすでにかけがえのない存在だったため、召集されないよう当局が手を回していたからだと想像される。

敗戦後は、バイエルン州交通省に転じた。鉄道国有化をめぐるライヒ政府との交渉に揺れていたころである。一九二〇年、国有化達成にともない、ベルリンのライヒ交通省本省に移った。改宗に続く、ホムベルガーのキャリアの転換点である。

なお前述のように、バイエルンはライヒによる鉄道統合・一元化にはげしく反対したが、その根拠の一つはベルリン中央への転勤で旧バイエルン職員が冷遇されることへの憂慮であった。そのためライヒとの交渉では、旧邦有鉄道職員は、望めば地元バイエルンを離れなくてもいい「地元民原則」を雇用ルールとして、ライヒに交渉で認めさせている。だがホムベルガーの場合、バイエルン当局の配慮は不要だったことになる。

ベルリンに着任したホムベルガーは、まだトップクラスの幹部ではなかったが、新生ドイツ国鉄がかかえていた大きな問題を的確に見抜き、その処理に尽力した。

戦中から戦後にかけて、鉄道施設の損耗ははげしい。すでに現物賠償の形での車輛引き渡しははじめられており、一方で正常な運行に必要な施設の整備は進んでいなかった。財務の専門家ホムベルガーは、まずは費用を度外視して設備の回復を最優先することで、上層部の了解をとりつけた。

モラルの低下も問題であった。大量の復員兵や、旧帝国から切り離された諸地域からの帰還者を受け入れたドイツの鉄道業は、余剰人員をかかえ、労働効率性を極端に落とした。インフレ亢進《こうしん》による生活難もあり、復員してきた鉄道員たちは、通常業務以上に革命運動や労働組合活動に熱心であった。ホムベルガーはインフレ下での賃金増は認めたが、賃金平準化の要求は労働のインセンティブを阻害するものとして、八時間労働の硬直的適用は余剰雇用の元だとして、断固として退けている。

一方で、採算のとれない支線建設工事をとめて支出削減をはかった。ライヒスバーンの財務改革が、彼のテーマとなる。

「天文学的インフレ」から「相対的安定期」へ

ホムベルガーを迎えた共和国首都ベルリンでは、混乱がつづいていた。

鉄道国有化交渉がようやく決着し、州間条約が議会で審議されていた一九二〇年三月、右派による「カップ一揆《いっき》」（政治家ヴォルフガング・カップや一部の民兵によるクーデタ）で五日間にわたって反革命軍が首都を占拠した。六月には「国民議会」が旧名「ライヒ議会（ライヒスターク）」に戻された国会の選挙がおこなわれ、ＳＰＤが敗北して革命期の連立政権（「ヴァイマル連合」）が崩壊した。

すでにインフレは進行し、マルク紙幣の価値は晩秋には兌換《だかん》可能の金マルクの一三分の一まで下がった。だが、これはまだハイパー・インフレへの序章でしかない。

戦後インフレは戦時インフレの継続であったが、共和国政府はこれを抑えこむのではなく、むしろ助長する政策をとった。産業復興と雇用確保を最優先せざるをえなかった。もしも引き締めをはかって通貨発行を抑制すれば、隣国オーストリアのように復興景気に水をかけることになる。現に賠償金問題で苦しみながらも、ドイツの製造業の立ち直りは英仏をしのぐ速さで進んだ。市民生活の崩壊をよそに、不換紙幣の大量発行にブレーキはかけられなかった。

一九二三年一月一一日、賠償金問題の行き詰まりは、フランスとベルギーがかねての警告通りルール地方を軍事的に占領する事態をもたらした。

新生ドイツ国鉄も、このルール占領とは無縁ではない。主要駅では占領軍が設備と車輌を鹵獲《ろかく》した。ライヒスバーンのエッセン鉄道管理局も退避する。

グレーナー交通相は、共和国政府による「消極的抵抗」命令の一環として、ルール地方各地の鉄道管区に石炭発送ならびに占領軍軍事輸送のサボタージュを命じた。多くの鉄道員が、制圧下の職場を自発的に離れた。

占領軍は独自に鉄道運行をはじめたが、すぐに停頓した。同時に、ドイツ国内への石炭発送も激減する。これがもたらした生産活動の停滞により、すでに深刻だったインフレはとめどなく悪化しはじめた。星を数えるときくらいにしか使わないはずの「兆」といった数字が紙幣に印刷される、「天文学的インフレ」である。荷車に積んだ札束の山が、パン一個の交換価値しかもたない。こんな紙くずに等しい銀行券に見切りをつけ、個々の企業や団体が自前の臨時通貨を濫発《らんぱつ》した。貨幣経済そのものの完全な破綻が迫った。

破滅的なインフレからの脱出には、グスタフ・シュトレーゼマン（一八七八〜一九二九）内閣下で中央銀行・ライヒスバンク総裁ヤルマール（ヒャルマール）・シャハト（一八七七〜一九七〇）が、「レンテンマルクの奇跡」によって何とか糸口をつけた。国有地を担保とする臨時通貨一レンテンマルクを、一兆（紙）マルクと交換するという荒業である。インフレに疲弊しきった社会がこれを受け入れたにすぎない。

根本的な解決は、賠償問題にかたをつけ、ルール占領を終了させるしかない。そのためにアメリカの仲介による賠償支払い計画案である「ドーズ案」が出される。

アメリカは英仏に対して戦費の貸し出しをおこなった債権国であった。その英仏はドイツからの賠償金でこれを払うしかない。ドイツが連合国に賠償金を支払える道筋をつけてやらなければ、自分たちアメリカが困るわけである。

一九二四年四月、ドーズ案受諾の結果、ドイツ・ライヒスバーンは政府から独立した特殊会社となることが決まった。ドイツの戦時賠償金支払いの一翼を担う存在になるためである。

ライヒスバーンの経営規模の比較．（　）内は資本規模．左下から時計回りにライヒ・ポスト（30億4000万マルク），ドイツ・ライヒスバーン社（272億マルク），I・G・ファルベン（12億6000万マルク），ベルリン交通同盟（5億マルク），Dedi銀行（5億マルク），ジーメンス（6億マルク），合同製鋼（13億8000万マルク）

一九六四年までの四〇年間、ドイツ・ライヒスバーン会社（DRG）は、パリの賠償委員会に寄託された債券に対して年間六億金マルクの支払いをおこなうことになった。

このとき、ドイツ・ライヒスバーンの営業キロ数は五万四〇〇〇キロメートル弱で、英国のそれをおよそ二万キロメートル、フランスの七大主要路線を一万キロメートル上回る規模であった。企業としてのDRGは雇用者六〇万を超え、資本規模（株式および借入資本）は一九三〇年代初頭には二七〇億ライヒスマルクに達した。資本額で見ると、ドイツの他業種の巨大企業、たとえば合同製鋼やクルップ、あるいは強弱電の企業コンツェルン・ジーメンス、六大化学メーカーの集合体IGファルベンなどよりも、文字通りけた違いに大きく、欧州最大級の経営体であった。

ホムベルガーはドーズ案によるライヒスバーン改組の話し合いではドイツ代表団にアドバイザーとして参加した。特殊会社化を、むしろ国鉄財務改革の好機ととらえた節がある。伝統的な官庁式会計に加えて複式記入簿記を導入しライヒスバーンの会計の近代化をはかることが、彼の宿願であった。賠償金支払い義務を果たせないと会社組織そのものが接収されることになっていたから、ホムベルガーの目標である財務健全化は、監理会・理事会などの上層部や共和国政府ひいては債権者である連合国の意図に、合致していた。

「相対的安定期」がやってくる。シュトレーゼマンらの政府による賠償履行を軸とする国際協調路線によって、共和制ドイツが国際社会に復帰を果たし、社会と経済の安定を数年間回復した時期であった。ドイツ・ライヒスバーンこそが、ヴァイマル共和国の相対的安定を支えていた。

公益主義か営利主義か――国鉄総裁ドルプミュラーとホムベルガー

ドイツ・ライヒスバーンの直接の生みの親であった前交通相エーザーが、DRGの初代総裁をひきうけた。しかしすでに死病を自覚している。

後継者として副総裁に抜擢したのは、技官出身のエッセン鉄道管理局長ユリウス・ハインリヒ・ドルプミュラーであった。

一九二二年から国境地帯の新設オペルン鉄道管理局長だったドルプミュラーは二四年五月、ロンドンに派遣され、ドーズ案関連委員会で「DRG」の形をまとめるのに功があった。エーザーはそれを高く評価し、技官出身でありながら、主要工業地帯の鉄道管理局長という要職にあげたばかりだったのである。

副総裁人事は、法律・行政官吏優先のプロイセン鉄道官吏の伝統的人事慣行から逸脱し、政党勢力の意向も無視したため、あらゆる方面からの反発をうけた。が、連合国の代理人も加わったライヒスバーン監理会（監査役会）長で、国際派の経済人カール・フリードリヒ・ジーメンス（一八七二〜一九四一）とエーザーがはかってのことであった。

一九二六年六月、エーザーの死後、ジーメンスはただちに監理会において副総裁の昇格を決定し、また官界・政界・労働界との悶着《もんちゃく》を起こす。大統領になっていたヒンデンブルク老元帥がドルプミュラーを正式に総裁に任命するまでにひと夏を越すことになった（一〇月正式任命）。

もっとも、副総裁時代から事実上、ドルプミュラーは特殊会社の経営をとりしきっていた。彼は終始、ドイツ・ライヒスバーンの「顔」であったといえる。闊達《かったつ》な人柄で同僚、部下に愛され、対外的行事にも積極的に顔を出すので、大衆的人気もあった。

エーザーやジーメンスが彼を買ったのは、技術的な知識と経験の豊富さだけではなく、英語をあやつる国際性をもち、新時代のドイツ国鉄DRGにふさわしい新しい識見を培っている（と思われていた）点であろう。

ドルプミュラーがその期待にふさわしかったかは議論しなければならないが、彼のライヒスバーンがドイツ鉄道の統一を実現させた功績は疑いがない。邦有鉄道を一体化する組織ができたとしても、まだそれらから引き継いだ機関車はじめ車輌や設備も統一されていなかった。

一九二三年の時点で、機関車だけで車種は二〇〇を超えていた。それらに番号をふり、規格を統一・整理する必要があった。一方ですでにライヒスバーンとして「統一機関車」計画を進めていた。一九二五年には「01」「02」型の最初の統一機関車が実現し、一九三〇年代初頭までにこの急行用機関車は五〇〇輛が配備された。

このときの統一規格車には実用上は性能に十分ではないところもあったが、大戦後の混乱から短期間でよくつくったとはいわねばならない。これは、ドイツの鉄道業全体についても当てはまる。厳密な定時運行の復活は、総裁みずから演説で誇った。

しかし、ホムベルガーたちが必要を確信し、連合国サイドも推奨していたライヒスバーンの財務改革について、ドルプミュラーの態度は両義的ではあった。

ホムベルガーの他にも、費用計算に適さない従来の官庁式会計法を補う会計システムを社内で考える者がいた。一九二五年には「営業費用計算（Betriebskostenrechnung）」略称Ｂｅｋ ｏという システムが考案され、翌年には全社的に導入、地域や部門ごとの事業の費用対効果をはかれる費用分配システムとして、効率的な経営の第一歩となった。ドルプミュラー総裁は、反対も多かったこの新しいＢｅｋｏの活用を社内で積極的に鼓吹した。

一方で彼は、伝統的な官庁式会計法にこだわる大多数の鉄道官吏の声にも耳を傾けていた。民間企業で用いられる複式簿記の導入には、消極的であった。

もちろんホムベルガーの力量はあきらかであり、ドルプミュラーも評価するところだった。複式簿記の併用は進められたし、そのアイディアにもとづいて費用計算と投資計画の機能を本社に集中する機構がつくられている。この結果、一九二七年にはライヒスバーンは、世界的にも最も洗練された会計システムをもつにいたった。また、整備された年次報告書の発行もはじめた。

ライヒスバーンの経営状況は、劇的に改善した。一九二九年度がその頂点である。一九二九年秋、世界大不況が発生した。金融恐慌と大量失業にドイツ社会が揺れる三一年五月には、ホムベルガーはついにライヒスバーンの財務担当のトップにのぼった。

一九三〇年代初頭、財務改革にはじまるホムベルガーの努力によって、ライヒスバーンは大不況下で業績を落としながらももちこたえていた。だが、ハインリヒ・ブリューニング（一八八五〜一九七〇）首相以来の共和国政府は、ライヒスバーンに雇用確保や地域経済へのテコ入れといった役割を要求した。ホムベルガーの苦労は増した。

また金庫番としては、同僚たちが熱心に進める鉄道高速化にも否定的な態度をとらなければならなかった。

ドルプミュラー総裁とは、ここで考えに距離が生じていた。技術者出身のドルプミュラーとしては、ドイツ鉄道業の世界的地位の回復をこの点でもアピールしたい。また鉄道人として、彼は自動車や飛行機が強力なライバルになりうることも予期していた。ライヒスバーンが賠償金の稼ぎ手である共和国では、行政が自動車交通の発展を抑えるきらいがあったが、いずれはモータリゼーションが決定的に到来するだろう。飛行機輸送の将来は、たとえば、すでにヴァイマル国民議会にその日の新聞を迅速に届けたという成功にもあきらかだ。鉄道高速化は、単なる道楽の金食い虫ではなかったのである。

たしかに一九三一年六月におこなわれた、後部にプロペラをもつ「レール・ツェッペリン」の実験走行は、最高時速二三〇キロメートルを出したものの、これ一回きりの実験に終わった。BMW社製航空エンジンを搭載した軌道上の飛行機ともいうべきこの破天荒な車輛には、実用性が欠けていた。

だが、同時に進んでいたディーゼル車の開発は、ドイツ鉄道業の売り物をつくることになる。ディーゼル気動車の試験走行開始は、一九三二年夏。翌三三年五月一五日、ベルリン－ハンブルク間で営業運転を開始した。この「飛ぶハンブルク人」は両都市を一三八分で結び、最高速度は時速一六〇キロメートルに達した。当時の高速列車の営業速度の倍以上である。

ドルプミュラーとホムベルガーとでは、「ドイツ国鉄」ないし鉄道業に対する考えにそもそも違いがあった。新ドイツ国鉄は政府の影響をできるだけ排し、企業としての収益性を確保すべきだというホムベルガーの確信に比べ、ドルプミュラーは公益事業としての鉄道という伝統的な理念に縛られていた。ライヒスバーンの特殊な使命を理解し、経営の効率化にも基本的に反対はしてこなかったが、年六億金マルクの支払いは「ドーズ負担」だと明言していたし、設備充実や運賃低下などで国民経済に貢献したいと考えていた。複式簿記の導入や厳密な費用計算は、旧式の勘定法に比べて、こうした考えに適合するとはいえなかったのである。

旧プロイセン邦有鉄道組織にみられた技官軽視と昇進の「ガラスの天井」に嫌気がさして、一九世紀末に中国に飛び出すという逸脱したキャリアの持ち主であり、戦時中のロシア革命下の冒険的帰国にせよ、その後の耳目を引く急速な抜擢・昇進にせよ、型破りではあった。だがドルプミュラーにとっては、至高の「公」である国民国家と鉄道業とは、本質的に結びつくものでなければならなかった。やはり一九世紀ドイツの鉄道観の持ち主であったといえる。

ドルプミュラーを「古き良きドイツの象徴」として、ライヒスバーンのトップに残したアドルフ・ヒトラー（一八八九～一九四五）は、この点で間違ってはいなかった。

「強制的同質化」に呑みこまれて

そしてナチス・ドイツ期のライヒスバーンには、ホムベルガーの居場所はなくなっていった。

一九三三年一月末、「ナチ」と蔑称されていた国民社会主義ドイツ労働者党（NSDAP）党首ヒトラーは、ヒンデンブルク大統領によってライヒ首相に任命された。ヴァイマル憲法で強大な権限を与えられていた大統領が、議会勢力の裏づけと無関係に政府の首班を選べる「大統領内閣」が、大不況期には常態化していた。その四番目のものとして、ヒンデンブルク側近フランツ・フォン・パーペン（一八七九〜一九六九）元首相ら右派との連立内閣が組まれた。

このときパーペンは「内閣の真の主人は自分だ」と公言した。バイエルンの地方小政党から、党首ヒトラーの特異なタレントを武器に飛躍したとはいえ、反ユダヤを基調にするナチの矯激な主張と暴力的な行動は、大不況勃発までは政界や経済界であまりまともに扱われてはいなかった。大不況後、全国政党として急速に広範な支持を得、一九三二年には国政選挙に大勝、大統領選挙でも善戦して政権に近づいた。

しかし、結局は政権獲得に失敗したことで、「ナチ・ブーム」はあきらかに去りつつあった。『我が闘争』続編の出版すら、採算に不安があって見送られたほどである。そのなかで、パーペンたちが棚ボタ式の首相任命をお膳《ぜん》立《だ》てしてやったのである。与《くみ》しやすいとみるのは無理もなかった。

前内閣の閣僚をほとんど引き継がざるをえなかったヒトラー内閣には、短命が予想された。自由主義者で反ヒトラー陣営にあるハリー・ケスラー伯（一八六八〜一九三七）も、三三年中には『ワイマル日記』に、ヒトラー政権は「七月まで」あるいは「秋まで」だ、「二年もすれば破滅する」という周囲の人びとの予測を肯定的に書きとめた。甘い見通しではパーペンと変わりがなかった。

ヒトラーは国会をただちに解散し、大統領緊急令によって憲法を停止した。国会議事堂放火事件をきっかけにドイツ共産党を弾圧しつつ、選挙戦を展開、ナチは右派・国粋主義政党とあわせてようやく過半数を確保した。しかし、いわゆる「授権法」によってほぼ独裁的な権力を握るには十分であった。授権法に反対したSPDには仮借ない弾圧が加えられ、「飛ぶハンブルク人」営業運転の二週間前には全国労働組合がナチ労働組織、ドイツ労働戦線に吸収・改組される形で壊滅していた。

ユダヤ人ボイコット・差別は、すでに大々的にはじめられている。

ライヒスバーン社内でも、動きがあった。三三年三月、社内にナチ系職員組織「NSライヒスバーン専門家協会」がつくられ、まず「ドーズ・バーン」の惨状に胡坐《あぐら》をかく上層部の刷新を叫んだ。放逐されるべき幹部のリストが作成され、ドルプミュラーのような老人で「大工業の利益を代表する」首脳、さらにユダヤ系幹部職員を追放するよう要求した。

五月、「ライヒスバーン問題の解決のため」ナチ党内に連絡組織、「ライヒスバーン・総統スタッフ」がつくられ、古くからのナチ・シンパであり、現在はSA（突撃隊）隊員であるケルン鉄道管理局長官ヴィルヘルム・クラインマン（一八七六〜一九四五）がそのトップに立った。七月、ライヒスバーン副総裁に就任する。SPDとの関係も深いリベラルな前副総裁を辞任に追いこんだ末であった。

「強制的同質化」後のドイツ・ライヒスバーン理事会（中央がドルプミュラー，ナチ制服姿がクラインマン，その隣，右奥に立つのがホムベルガー）

ドルプミュラー総裁以下は、自分たちへの攻撃を避けるため、クラインマンをつうじてナチとの妥協の道を探りはじめていた。ライヒスバーンの「強制的同質化」すなわちナチ化に歯止めがきかなくなっていった。すでにライヒスバーン内の多種多様な労働組合は、一九世紀以来の伝統ある機関士組合や職員を中心とするフェライン（協会）組織を含め、ドイツ労働戦線に併呑《へいどん》されていた。

まずホムベルガーを直撃したのは、一九三三年四月に制定された「職業官吏再建法」である。「非アーリア人」、「危険思想の持ち主」を公務員の地位から追放しようとする法律であった。これにもとづいて半官半民のライヒスバーンでもただちに人事の新規定を設けていた。第三条第一項「アーリア的出自をもたざる者は退職すること」。改宗ユダヤ人であるホムベルガーはこれに当てはまる。

ライヒスバーンは、しかし、国法が定めた例外である「第一次大戦開戦の一四年八月一日以前の任官者」や「大戦時の前線勤務者」「戦没者の係累」のほかに「さらなる例外を総裁が認め得る」という文言を紛れ込ませた。「強制的同質化」に抗して、総裁による判断の余地を残したのである。

NSライヒスバーン専門家協会はすでにパンフレットを作成、名指しで「ユダヤ人」ホムベルガー解雇を主張した。「理事会による悲惨な財務政策のユダヤ的ビジネス精神」は「ドイツ国民の損失」になるというのである。しかしジーメンス監理会長とドルプミュラー総裁ら理事会は、ホムベルガー留任を強く望んでいる。

社内粛清をはかる人事委員会で、クラインマン副総裁ですらホムベルガーは解雇できないと述べた。彼の能力は、財務の危機的状況では欠かせないと認めざるをえなかった。副総統ルードルフ・ヘスや、中央銀行ライヒスバンク総裁シャハトのような政府有力者もホムベルガー残留に同意し、総裁以下理事会の考えは、三三年八月のこの時点では通った。

だが、理事会に残留したとはいえ、財務担当の名目上のトップにはクラインマンらの肝煎《きもい》りで「アーリア系」の人物があてられた。大不況からの回復期、実質的な業務をまかされながら、影に隠れる形が続く。

不遇による失意のなかでは、ひとり紙に向かって筆を進めることが救いとなる。二八〇ページにおよぶ『ドイツ・ライヒスバーンの経理と財務制度』を書きあげたが、一九三四年にライヒスバーン理事会の名義で発刊されたとき、この名著にホムベルガーの名はどこにもなかった。さすがのホムベルガーの仕事への情熱も薄れていった。

一九三五年九月、「ニュルンベルク法」と総称される一連の法律が制定され、ナチス・ドイツのユダヤ人迫害は新しい局面に入った。その一つ「帝国市民法」の補助規定「帝国市民法第一次施行令」では、それまで概念が広すぎた「非アーリア＝ユダヤ人」に、「祖父母世代以前にユダヤ信仰をもつ者がいたか」を基準とする疑似血統主義的な一応の法的定義が与えられる。「ユダヤ人」の法的規定の曖昧さを逆手にとることはもうできず、職業官吏再建法の例外規定も廃止されたため、ユダヤ系職員の留任は一層困難になった。

三五年大晦日《おおみそか》までに「ユダヤ人」官吏が退職すべきことが法律に明記される。クラインマンはホムベルガー免職に向けて迅速に動いた。九月二四日、人事委員会決定がくだる。その席上、ドルプミュラー総裁は有能な部下の悲運に同情する言葉を口にした。

亡命まで

ホムベルガーは、「完全ユダヤ人」とされた八〇万人を含む多くのユダヤ系市民と同様、すぐにはナチス・ドイツを離れなかった。ナチ政府はユダヤ人のドイツ・ライヒからの追放をなお目標としていたが、その意図にやすやすと従う気にならない。また、そういうわけにもいかないのであった。ユダヤ人の国外退去は、年間二万数千人～三万人程度にとどまっていた。

ドイツ人であるという意識は当然のことながら強く、改宗しながらも「ユダヤ人」であるといわれるのは納得がいかない。人種（というよりも父祖の信教）を理由に、生まれ育った国を追われる道理があろうか。日常の差別と迫害に耐えながら、多くのユダヤ人がドイツにとどまり続けたのは、移住を可能にする金銭や移住後の職業的見通しに悩みがあったことに加え、こうした自己認識の問題があった。ホムベルガー夫妻のように、失職してもなおそれなりに体面を保った生活ができる貯《たくわ》えでもあれば、それだけに、故国で築いた地位や資産のすべてを捨てる決意は難しくもあった。

三六年三月のヒトラーによる非武装地帯ラインラント進駐というロカルノ条約の破棄、すなわち国際安全保障体制からのドイツの決定的離脱も、ホムベルガーはドイツで経験した。この年、大不況による巨大な規模の失業がほぼ解消したことで、ナチス・ドイツの経済政策は戦争準備に強く傾斜する「第二次四ヵ年計画」期に入った。

このとき、一時は自分の留任を支持した財政家シャハトの失脚が迫ったことも耳に入ったはずである。シャハトは外国為替の枯渇とインフレを生む、無分別な軍備増大にともなう財政拡張に反対し、経済政策の中心から外されることになった。

第二次四ヵ年計画の責任者はナチの実質的なナンバー2、ヘルマン・ゲーリングとなり、その建設活動に関する権能の一部は、アウトバーン建設の立役者であるドイツ道路総監フリッツ・トット（トートとも。一八九一〜一九四二）に移った。戦時統制経済・計画経済の交通行政で、ライヒスバーンは、このトットに圧倒されたといえる。全国自動車専用道路網の建設をおこなう「ライヒスアウトバーン会社」はライヒスバーンの子会社として成立したが、莫大な出資と人材派遣にかかわらず、ライヒスバーンが得るものはほとんどなかった。

一方、トットは無名時代からの宿願の構想を実現させ、その勢いで戦時経済の司令塔の地位にのぼった。戦時統制下、重要物資の割り当て計画などで、鉄道が後回しにされがちになっていくのは、端的にはナチ政府内のトットとドルプミュラーの力関係によるものだった。

ラインラント進駐の半年後のベルリン・オリンピックにおいては、ホムベルガーはライヒスバーンが市内Sバーンに記念車輛「オリンピア」を走らせたのも見たであろう。また蒸気機関車（05型）で時速二〇〇キロメートルをたたき出す鉄道高速化実験走行のセレモニー（一九三六年五月）や、北ドイツ・バルト海地方のシュトラールズントとリューゲン島との海峡二・五キロメートルをむすぶリューゲンダム大工事の完成（同年一〇月）といった派手なニュースにも接した。元財務責任者として、その莫大な出費に舌打ちする思いであったかもしれない。

ライヒスバーンは、ナチ政府との結びつきを強め、その要求に応えるうちに財務状況を悪化させていった。すでに一九三五年夏には、一億八〇〇〇万ライヒスマルクの赤字が問題となっていた。ナチス・ドイツは賠償金支払いを拒否していたから、ライヒスバーンは賠償支払いの義務から解放されていた。にもかかわらずであった。

一九三七年二月、ドルプミュラーが総裁兼任のままライヒ交通大臣に就任した。カトリック保守派の前交通大臣が宗教教育への政権の介入に抗議し、解任されたためである。

これを機にライヒスバーン（DRG）は、ついに会社組織を廃した。ドイツ国鉄は完全に公官庁組織に戻った。ホムベルガーの二〇年代の労苦と成果は、ある意味ではここで完全に否定された。ホムベルガーはこの一九三七年夏から、アメリカへの亡命を考えはじめる。旅行先でアメリカ人のメソジスト派牧師と知り合い、連絡をとるようになった。

一九三八年三月、ヒトラーはオーストリアをライヒに併合した。ライヒスバーンもただちにオーストリア連邦鉄道を合併し、六〇〇〇キロメートルの路線と五万人の鉄道員を手に入れた。同時に、疲弊しきっていたオーストリア国鉄のかかえる年間二億ライヒスマルク相当の赤字も抱えこんだ。

一九世紀以来の「大ドイツ国《ライヒ》」の夢が思わぬ形で実現し、それによりドイツ語圏の鉄道のほぼ完全な統一もなったわけだが、鉄道行政には茨《いばら》の道のはじまりであった。ライヒスバーンが、オーストリア鉄道併合にともなう制度的整備と老朽化した設備の修繕に四苦八苦しているうちに、三九年の開戦をむかえることになる。

この三八年の夏、ホムベルガーは亡命を決意し、一〇月に六〇日間の滞在許可を得てアメリカに向かった。まずはニューヨークで知人の家に厄介になる。

ドイツ脱出直後、大規模・組織的な（ある意味で官製の）ユダヤ人襲撃である三八年一一月ポグロム（「水晶の夜」事件）が発生する。このニュースは、故国でのユダヤ人迫害が生命の危険をもたらすまでにいたっていることを、ホムベルガーにも痛感させた。

ユダヤ人脱出の最後の波が起こり、三九年には七万五〇〇〇人がドイツを離れた。一九四一年一〇月にユダヤ人出国禁止令が出るまでに、三三年当時ドイツに在住していた半数のユダヤ人が国外に脱出したとされる。

一九三九年二月、ようやくワシントンのアメリカン大学に教職を得た。夏に妻を呼び寄せた。交通学の招聘《しょうへい》講師として、ロックフェラー財団などの支援で給与を得られるようになったが、ドイツに残してきたすべての財産を失った。

戦時下のライヒスバーン（1）第二次世界大戦の勃発

ホムベルガーが亡命先で求職に苦労していた一九三八年には、ヒトラーはチェコの併合をめぐる「ミュンヘン会談」で英仏の宥和《ゆうわ》政策を引き出すのに成功する一方で、戦争の準備に怠りがなかった。領土問題をめぐる外交的冒険であいつぐ成果をおさめたことは、独裁者の万能感を高めていたらしい。

そのなかでライヒスバーンは、ズデーテン地方など、獲得（「復帰」「回復」）されたライヒ新領土で路線を（再）接収する面倒な作業に追われた。これに加え、「ジークフリート線」こと西部国境の防衛線（「西の壁」）建設工事にも駆りだされていた。

ライヒスバーンのキャパシティはそろそろ限界である。ドルプミュラー交通相は三九年度に予想される景気回復による輸送需要増に対応すべく、輸送力増強のための必要資源の割り当てをゲーリングの計画当局に上申したが、認められなかった。戦争準備のための統制経済で、ライヒスバーンの優先順位はあきらかに低かったのである。ナチ首脳部と国防軍の描いた戦争のイメージでは、鉄道輸送はそれほど重要な役割を果たしていなかった。

ヒトラー以下ナチ首脳は、自動車、航空機といった新しい交通機関の活用に目を奪われていたし、まずは短期戦による決着を考えていたから、鉄道輸送への配慮がおろそかになった。ライヒスバーン自体も、一九三九年四月にはひそかに発動されたポーランド攻撃作戦（「白計画」）の準備からは遠ざけられ、ヒトラーの開戦の決意をぎりぎりまで知ることができなかった。

一九三九年九月一日、夏時間の明け方、ドイツ軍はポーランドに侵攻した。

これが第二次世界大戦、すなわち英仏との戦争になる。ヒトラーは、ポーランドが攻撃されれば参戦するという英仏の警告を軽視していたため、時を置かなかったその対独宣戦布告を、心外に受けとったともいわれる。ただ一方では、英国の背後にいるアメリカのことを考えると、戦争に踏み切るなら早いほうがいいという考えもあったようである。無理を重ねてきた軍拡と統制経済によって、ようやく英仏にわずかな優位を得たのがこの時点であり、あとは経済の決定的な行き詰まりが待っているだけだという計算もあったとされる。

ポーランドは三週間で敗北、占領された。ドイツと不可侵条約を結んでいたソ連が九月一七日に東からポーランドに侵入し、独ソの分割協定によってポーランド国家は解体される。ライヒスバーンは当然、ポーランド国鉄（P・K・P）を併合した。旧ドイツ帝国領内の地域ではプロイセン国鉄の車輛や設備がそのまま使われていた場合も多いことが、ことさらに記録・喧伝された。

同時にドイツ国鉄は、組織的な問題をかかえこんだ。ナチス・ドイツの一特徴、宿痾《しゅくあ》ともいうべき多元的統治の弊害である。つまり、占領されたポーランドには行政単位として総督府がおかれ、「東部（東方）鉄道」と称されることになった新設の東部鉄道管理局（Gedob）管内の鉄道は、この総督府の権限の下におかれることになった。こうした事態が、やがてドイツの戦争遂行に致命的な事態をもたらす最初のきっかけとなる。だが、鉄道の役割を視野から外していたナチや国防軍の指導者層は、それをまだ予想すらしていなかった。

一九四〇年春、前年来の睨み合いばかりの「いかさまの戦争（フォニイ・ウォー）」の均衡を破り、ドイツ軍は西部戦線で英仏連合軍を撃破、フランスを屈服させた。鉄道に戦術的な貢献があったわけではないが、ドルプミュラー総裁も占領下パリに乗り込み、北駅構内で演説した。

ここまでに侵攻した北欧や低地地方の各国もあわせ、ドイツ・ライヒスバーンは欧州大陸の大半の鉄道運行を握る立場に立った。一九世紀末以来、欧州の鉄道国際化の主導権が再びドイツの手に大掛かりに落ちた形でもある。ライヒスバーンの拡大は、その後、一九四二年夏ごろまでつづいたナチス・ドイツの急速な侵略・拡張と軌を一にしていた。

戦時下のライヒスバーン（2）東部戦線の蹉跌《さてつ》

一九四〇年七月、英国上陸作戦の前哨《ぜんしょう》戦（「バトル・オブ・ブリテン」）で英国空軍に不覚をとったヒトラーは、その月の終わりには矛先を東に変える決意をしていた。ソ連攻撃である。

一〇月末にはライヒスバーン代表は国防軍と会見し、軍事輸送に関する国防軍主導の「オットー計画」を話しあった。東部鉄道を用いての一日四八〇本程度の列車運行を可能にするために、路線等設備の整備強化をおこなうのが、その内容。タイム・リミットは翌四一年三月いっぱい、というところであった。国防軍はスターリン体制下ソ連の打倒に要する時間を八週間と想定し、ロシアの気候の変化を考慮して、遅くとも四一年四月中旬までに攻撃が開始されねばならないと考えていた。

だが、ライヒスバーンには、ソ連攻撃の決定とその日時がはっきりと伝えられたわけではなかった。そのためではなかろうが、「オットー計画」のライヒスバーン分担部分は作業が停滞した。冬の寒さと労働力不足が原因だったが、国防軍のなかに、ライヒスバーン不信が芽をふいた。ここでも、国防軍直属の野戦鉄道管理局の新設などが断行され、鉄道運営をめぐるライヒスバーンとの権限争いが起きることになる。

およそ二ヵ月遅れ、奇襲開始の一週間前に「オットー計画」はようやく完了した。ユダヤ人を含めた強制的な労働力を、三万人投入した結果である。

一九四一年六月二二日、ソ連を奇襲する「バルバロッサ作戦」発動。このときまでに三万三八〇〇本の列車が、兵員三〇〇万と軍需物資を、幅が数千キロメートルにおよぶソ連との国境まで送りこんでいた。

独ソ戦の最初の転換点は、従来指摘されたよりもずっと早い時点で、想像以上に決定的な形であったとされるようになっている。すなわち、七～八月のスモレンスクの戦いである。独裁者ヨシフ・スターリン（一八七九～一九五三）のあきらかな油断をついた緒戦の進撃が、ここで押しとどめられた。ドイツ軍は勝利を得たものの、頼みの機甲師団がはじめて著しい損害を受けた。そして、その傷を癒すことは、約一ヵ月の作戦休止中にもできなかったのである。

続くモスクワ攻略をめざす「タイフーン作戦」で、「八週間」などという甘い見通しが崩れ、秋の長雨による道路の全面的損壊、それに続く厳寒のなかの越冬への突入を余儀なくされた。絶望的な長期戦の様相があきらかになっていった。だが、それ以前にドイツ軍では、機甲部隊というエースが深く傷ついていたのである。ドイツはここで、戦争全体の唯一の勝機をすでに失っていたともいえる。

秋に入る以前に、物資補給が不十分になる輸送危機が起きていた。ソ連・赤軍は撤退の際に鉄道路線や設備を迅速に破壊し、車輛も含め、敵による利用を許さなかった。開戦時の国防軍は、線路幅（ゲージ）の広いロシアの路線では標準軌用のドイツの列車は走れないが、敗走するソ連・赤軍が遺棄するだろう車輛を鹵獲して利用すればいいのだと考えていた。

この甘い目論見は外れた。大変な手間をかけて線路を付け替えねばならず、設備の修復も必須だが、とりわけ信号や電信・電話網、車庫の復旧が遅れたのであった。野戦鉄道管理局と現地ライヒスバーン鉄道総局という、競合的な二つの鉄道監督局には、ともに人員も装備も乏しい。

総督府治下の東部鉄道は早々に輸送麻痺におちいり、「ポーランド・ギャップ」と呼ばれるライヒ本国から前線への物資輸送の途中の停滞や混乱が深刻化した。糧食、石油・石炭、資材、あるいは武器弾薬にいたるまでが前線では滞った。前線兵士の着るべき冬服を満載した貨物列車が、はるか後方のワルシャワ中央駅で立ち往生するような状況が常態化した。

一九四一年から四二年の記録的な厳冬下で起きた補給停滞は、モスクワの手前で越冬する羽目になったドイツ軍を、戦線崩壊の一歩手前まで追いつめた。ドイツ製機関車は零下四〇度以下になると動けなくなる。さまざまなメンテナンス設備が機能していないなか、稼働率は下がり、そもそも戦時計画でライヒスバーンが冷遇されていたために数が足りなかった機関車をはじめ、車輛はいっそう不足するようになった。

一方のソ連・赤軍は、緒戦の大混乱を収拾すると、すみやかに本来の輸送能力を取り戻していた。四一年七月には、ロシア革命の内戦とスターリン粛清の嵐を生き抜いたA・V・クルレフ（一八九二～一九六二）中将を長とする軍需最高委員会（GUTAKA）に、軍事輸送の権限が集中された。ここに、赤軍軍事輸送中央局とその関連部局を統轄した、完全に一元化された鉄道運行体制が築かれた。クルレフは、ドイツ側ならばライヒスバーン、国防軍兵站部・輸送部さらに戦時計画経済当局のそれぞれのトップを一身に兼ねるともいえる強力な存在だった。

独ソ戦で厳冬に苦しむライヒスバーンの凍りつく車輪.「戦地で奮闘するドイツの鉄道人」の宣伝の意図も

途方もない地理的奥行きをもったソ連の鉄道は、一元的な指揮系統によって、その巨大な輸送力をきわめて効率的に運営したのである。東部戦線で複数の主体が管轄を争い、崩壊を招きかけたナチス・ドイツの軍事輸送とは対照的であった。

ドルプミュラー国鉄総裁はしばしば東部に赴き、総督府や国防軍と談判した。本来の鉄道業であるドイツ国鉄ライヒスバーンへの東部戦線での鉄道運行の権限回収と、同時に大規模投資による輸送能力そのものの底上げを試みた。

すでにライヒスバーンへの非難の声は高く、前線に近い現地の鉄道管理局長二人が責任をとらされ、強制収容所に一時送られているほどであった。ドルプミュラーにしてみれば、責任をとるべきは無能なGedobや野戦鉄道管理局だと思われただろう。ソ連攻撃に先立って、ロシアの鉄道設備について調査できたのはライヒスバーン以外ありえなかったのに、その仕事も任されていなかったのである。

それでも輸送回復にようやくある程度成功の兆しがみえた一九四二年春、ライヒスバーンに大掛かりな粛清人事の手がはいった。

シュペーアと新交通省次官

一九四二年二月、早期講和を総統大本営に訴えたトットが飛行機墜落で急死した。後任には、「ヒトラーお気に入りの建築家」アルベルト・シュペーア（一九〇五〜八一）が電撃的に就いた。

彼はヒトラーの個人的な信頼をたてに、軍需大臣として前任者以上に権勢をふるえた。トットのはじめた工業生産の効率化システムを導入し、企業間で利害を調整して部品等の規格化を実現する。その一方、個々の企業には利潤確保によって、増産と技術開発のインセンティブを与えた。「ナチス・ドイツ経済の奇跡」とも呼ばれる戦時増産と生産性上昇を実現したが、その内実は、巨大な規模の外国人労働力の強制的投入にもあったといわれる。

シュペーアは、政財官界の若手の友人たちとのサークルで物事を進めるのを好んだ。まだ三〇代で、高齢者が目立つドイツ各界のエスタブリッシュメントには、世代的反感を隠さない。その点でナチの党員らしかった。ナチは、主観的にはいつまでも若者の党であった。遠くは世紀転換期ドイツの「汚れた現代世界を変革する」青年運動の流れもくみ、また、第一次大戦で苦しんだ若い従軍経験者を代表する意識もあった。

東部戦線を破綻の危機にさらした輸送危機の責任は、シュペーアによれば、七三歳のドルプミュラーを筆頭とするライヒスバーンの老人たちにあった。三月から五月にかけてシュペーアは、ドルプミュラーを除くほとんどの幹部職員の更迭を断行する。かつて同僚ホムベルガーの解雇に賛成した平均年齢六〇代の理事会メンバーたちは、すべて若い世代と交代させられた。

退職者のなかには、六六歳になろうというクラインマン副総裁・交通省次官もいた。ライヒスバーン内ナチ党員の代表で、党員歴の定義上はあやしい「古参党員」然として振る舞っていたが、ヒトラーの同意をとりつけたシュペーアにかかっては、ひとたまりもなかった。後任は、三七歳のアルベルト・ガンツェンミュラー（一九〇五～九六）。ミュンヘン工科大学出身で、ライヒスバーン入社後はミュンヘンで鉄道電化を中心とする研究開発に従事していた。バイエルン鉄道が国有化時に必死に守った、ライヒスバーン社バイエルン・グループ管理局の技術開発部門（在バイエルン鉄道中央局など）の一員であるわけだ。学生時代にはヒトラーのビアホール一揆（一九二三年）にも参加した、掛け値なしの「古参闘士」党員だが、その後はべつに熱狂的なナチ活動家でもなかった。

第二次世界大戦勃発で、秘めていた野心に弾みがついたようである。西部戦線に志願し、ついで東部戦線に鉄道の専門家として転じる。そこで路線復旧に奮闘したことが、シュペーアの友人の目にとまった。ヴァルター・ブルクマンというその男は、トット機関の一員であったが、東部戦線では、「アインザッツグルッペ」の一指揮官でもあった。アインザッツグルッペとは、戦地・占領地でのユダヤ人虐殺を任務とした特殊部隊である。

ポーランド、ウクライナ、ベラルーシ、ロシアなどの東部地域では、ユダヤ人、パルチザンの掃討を名目に、事実上無差別的な大規模住民虐殺が、親衛隊と国防軍、さらに一部現地人協力者の手で展開された。「ホロコースト」の比重は、比較的近年になって詳細が解明されつつあるこの大量虐殺を考慮に入れると、地理的にはより東に、凶行の現場としては絶滅収容所から東部戦線に、手段としては工業的に整然たる印象のある毒ガスによる集団殺害から、阿鼻叫喚の組織的大量銃殺へ、……と印象としてもかなり移動するであろう。
虐殺される住民の移送には、現地の鉄道が好んで使用された。駅とその周辺の土地が、大量銃殺の現場となることが少なくなかったようである。東部に勤務する鉄道人ならば、占領地で何が起きているかに無知であるのは難しいはずであった。それどころか、報酬にひかれて駅員が人手不足をおぎない、穴の中に横たわって並んだ被害者を銃撃したケースもあったとの証言もある。

交通省次官に就任すると、ガンツェンミュラーはポーランド総督ハンス・フランク、ドイツ警察長官ハインリヒ・ヒムラーなどの要人と短期間に独自のコンタクトをもち、「ユダヤ人問題の最終的解決」に直結するユダヤ人移送（「デポルタツィオーン」）の遂行を要請されている。ドイツ・ライヒならびに欧州各地、とりわけゲットーからの東部に建設された絶滅収容所への移送を、親衛隊がライヒスバーンに注文・委託した特別列車によっておこなうのである。ガンツェンミュラーはこの仕事を、決して快くは思っていなかったという。要人との関係を築くことは、ナチ体制での今後を考えても必要であった。だが次は国鉄総裁へ、という出世欲が、大量殺戮《さつりく》への関与を心中で正当化させていたらしい。

ドルプミュラーは、ヒトラーの意向によって、ライヒスバーンの顔として職にとどまった。要交通大臣としては鉄道業以外の権能を奪われ、国鉄総裁として公的行事の表に出るのも次第にガンツェンミュラー次官に任せることが増えた。

一つには、このころから健康を損なっていた。一九四二年一〇月、ドルプミュラーはフランスなど西部占領地を視察する出張に出たが、そのころ、東部戦線のスターリングラードの戦いは、攻守逆転の兆しをみせていた。帰国後、大腸癌《がん》が発見され、年末には手術をうけた。同じ時期、都市攻防戦の戦況は決定的に悪化していた。

四三年二月、逆包囲されたスターリングラードのドイツ軍は降伏した。この大敗により、ドイツがソ連に対して軍事的勝利をおさめる可能性は、物理的にほぼ消滅した。ドイツ人を含め、ほぼ全世界の目にナチス・ドイツ敗戦の運命があきらかになった。

そんななかで、シュペーアは強制労働の大量導入を軸にドイツの工業生産力の維持に努め、ドイツの戦争遂行能力を保つ。

それを輸送面で支えるべく、ガンツェンミュラーは四二年初夏から「車輪は勝利のために回らねばならぬ!」をスローガンに掲げていた。旅行の制限など民生をある程度犠牲にしても戦時輸送を確保しようとした。

ドルプミュラーも手術の予後がよく、すぐに職務に復帰できた。夏には、ライヒスバーンは機関車の大増産計画をたてている。工程を徹底的に省力化した「戦争機関車」が設計され、輸送増強のための配備が進められた。

スターリングラード戦の敗北以降、ライヒスバーンからは四〇代以下の働き盛りの鉄道員がさらに容赦なく軍務に召集されていった。四四年五月までにその数は五万人弱にもなった。

すさまじい労働力不足となる。ひきつづき、大量の外国人や戦時捕虜が使役された。

強制労働に従事する外国人のなかには多数の女性がすでに含まれ、清掃などに従事していた。運行業務には強制的労働力は通常使えない。そこで、ドイツ人のなかから、女性労働力の投入が進められた。大々的なキャンペーンがおこなわれ、「来たれ、ライヒスバーンに！戦争に役立つ、いきいきした出動」といった字句が踊る募集広告が何種類もつくられた。女性の職場として、デスクワークの事務労働のほかは、車掌、運行主任、切符窓口係、改札、電信電話、車輛清掃といった比較的低賃金の現業が考えられた。もちろんこればかりではなく、車輛修理などの工場労働にも女性が利用された。一九四三年末には、総計一六〇万人のライヒスバーン雇用者中、女性が一九万人を占めるにいたった。

女性鉄道員を募集するライヒスバーンのポスター

なお戦争は続く。

しかし、ドルプミュラーの西部占領地出張の目的からして、ホテル・リッツでのワイン付きの豪華な晩餐《ばんさん》ではなく、すでに、敵の大規模空爆に対するライヒ本土の鉄道施設の防御を実地検分することだった。四二年中にはドイツは制空権を失いつつあった。

かつての部下ホムベルガーがアメリカで、やがて本格的にはじまるドイツ国鉄への空爆計画にひと役買っているとは、老大臣は想像しなかったであろう。

戦争経済の崩壊

一九三九年夏以来、ホムベルガーはワシントンの大学で教師として精力的に働いていた。研究者としては英語で論文を執筆し、鉄道以外にも視野を広げて交通行政全般を論じている。一九四一年末、日米開戦にともない、枢軸の同盟国としてドイツがアメリカに宣戦布告する。ホムベルガーも、第二の故国となるべき合衆国の戦勝に貢献するため、仕事の種類を変えることになった。一九四二年、よい教師として評判だったという大学を離れ、OSSこと戦略諜報《ちょうほう》局の研究調査部門ヨーロッパ・アフリカ交通班の班長として勤務をはじめた。

ホムベルガーの任務は、ドイツの鉄道による軍事輸送の実態をあきらかにすることであった。一九四三年にあいついで書かれたレポートは、ドイツ・ライヒスバーンの組織と運営を丸裸にし、とりわけ操車場の重要性を指摘した。すでに四二年には本格化しているドイツへの空爆が、その重点をどこに置くべきかを明確に示したといえる。

ライヒスバーンに関する彼の最初のレポートが出たこの四三年はじめ、英国空軍とアメリカ空軍の合同爆撃作戦がはじめられた。昼間の精密爆撃と夜間の都市に対する広範囲無差別攻撃を交互に繰り返す「ラウンド・ザ・クロック戦略」は、ドイツにとっては憎むべき「空のテロル」であった。ここで少なくとも三〇万人以上の住民が死んだ。空爆はドイツ市民にとって最大の恐怖となり、他国からの収奪でなんとか維持されていた銃後の生活を根底から破壊した。

空爆の主目標がはっきりと鉄道施設に向けられたのは、一九四四年暮れである。それまでに、最大の工業地帯ルール地方に対する大規模空爆（「ルールの戦い」）がおこなわれた末であった。つまりは、ホムベルガーのレポートがすぐに活用されたわけでもない。

しかし、すでにノルマンディー上陸が成功（一九四四年六月六日）し、それ以来、連合軍はドイツ軍の利用する鉄路の先端をライン川の向こう側に押しやるのを作戦の主眼に定めた。橋梁をあらかた破壊したのちの目標が、周辺の操車場である。

そして、この鉄道への攻撃こそが、ドイツの戦争継続能力を完全に喪失させる、もっとも有効な一手となった。

執拗な空爆によっても、ドイツの軍事生産プラントや鉱山は、かなり健在であった。地下工場への隠蔽《いんぺい》やさまざまなカモフラージュによって守られ、たとえ傷ついても可能な限りすみやかな修復をうけたためである。シュペーアの努力もそれに向けられていた。

だが、生き残った各地のプラントも、ルール地方を主とする石炭の供給が滞れば、停止せざるをえない。そしてその石炭輸送の担い手こそは、ルール地方を起点に東西方向に走るライヒスバーンの幹線であった。すでに四四年はじめには、空爆による路線と主要施設の破壊によって、ドイツ全土で鉄道交通の停滞が生じていた。四三年まで、ライヒスバーンは上空からの攻撃に対して、懸命の隠蔽策を講じて抵抗した。だが、列車に迷彩を施したり、破損した車輛を並べて「ここはもう破壊済」と偽装したりする程度の細工は、やがて無意味になった。

そのなかでも各鉄道管理局は、軍事輸送最優先のダイヤをまわそうとしたが、東西で鉄道路線が次々と消失するか敵の手に渡る現状では、それも無駄になっていた。そして、戦争の全期間をつうじてドイツに投下された爆弾重量の一三〜一四分の一にあたる一〇万トン以上の爆弾が、四四年末からの三ヵ月に集中して、鉄道路線と関連施設に降り注いだ。

普遍的な技術体系である鉄道業への知識は、ホムベルガーに限らず、敵味方の多くの専門家に共有されている。攻撃目標設定に間違いは少なかった。米軍は日本空襲でも、各地の操車場を的確に狙《ねら》っている。ライヒスバーンの線路と施設に対する攻撃は、個別の民間企業の工業施設に対するよりも、はるかに効果的なものになった。交通・通信網はまったく寸断され、ドイツ経済の心臓部ルール地方は四五年初頭には孤立、ドイツの戦争経済はここに事実上崩壊した。

ライヒスバーンの最期

「見たか」とでも、ホムベルガーは思っただろうか。そうでもないようではある。主要幹線を寸断され、東西で鉄道管区が次々と敵の手に落ちる、断末魔のライヒスバーンとかつての同僚たちに対して、決して過酷な言葉を浴びせてはいない。

彼は一九四五年はじめには軍関係の職務を離れて大学に戻っているが、前年三月には、間近に迫ったドイツ進攻にそなえた、ライヒスバーンとその指導部に関するレポートをまとめている。来るべき占領政策への意見具申であったが、自分を追放した同僚たちへの評価は、ひどく理解にあふれていた。

ホムベルガーによれば、ドルプミュラーはナチへの譲歩を最小限にとどめていた。かつての自分と同様、多くのライヒスバーン首脳は、ほかの官庁に比べればヒトラーの要求に毅然《きぜん》とした態度をとることが多かった。時勢が赴くところやむをえずそれらに応じたこともあったが、ドイツ国鉄は基本的にはナチ体制の前と変わらなかった――という。クラインマン前副総裁に対してすら、その能力には疑問符をつけながらも、ナチ党とドルプミュラーの緩衝材としてはよく働いたとするのである。

ドイツにいられた一九三八年夏までの知見による判断ではあった。鉄道利用制限などのユダヤ人迫害の施策実行に、なお法律上の契約の観点からライヒスバーンに躊躇があった時期しか、ホムベルガーは直接には知らない。カトリックの立場から反ナチ的だった前交通相と交代したドルプミュラー大臣の交通省が、反ユダヤ的施策を前進させたのも、彼にはまだ許容できたらしい。

しかし、なによりもホムベルガーはこのとき、ライヒスバーンによる「ホロコースト」への直接的加担、すなわちユダヤ人移送（デポルタツィオーン）の実行について、まだあまり意識していない。連合国の大半の人びとが、第二次世界大戦終了まで、ホロコーストの実態について、多くを知らないままであった。

ホロコーストを意識しない、という点では、ホムベルガーが弁護してやったライヒスバーンの旧同僚や、彼ら高齢者を押しのけてポストについた現首脳部も、そうであった。ガンツェンミュラー次官や専門スタッフともいうべき少数の本部職員以外には、デポルタツィオーンは、それぞれが掌握すべき業務部門をもつ理事会メンバーにとって、視野の外におかれていた。

ライヒからの「死への特別列車」の運行本数のピークは、「ユダヤ人問題の最終的解決」をはかる「ラインハルト作戦」発動の一九四二年であったが、その年ですら、特別列車発送はライヒスバーンの膨大な業務のほんの小さな部分でしかなかった。戦時輸送に多忙をきわめるライヒスバーン首脳には、無視できるものでしかなかったのである。おそらく、「無視したい」から無視したのであり、「意識したくない」から意識しなかったのであろう。

ドルプミュラー総裁ですらそうであった。終戦後、占領軍によってライヒスバーン関係者たちがパリ郊外で一時軟禁状態にあったとき、ナチ党員だった若い理事会メンバーに尋ねたという。「君は知っていたかね？　私は知らなかった」。

先をいそぎすぎた。ライヒスバーンの終わりを見ておこう。

一九四四年六月、赤軍の総反撃がはじまった。東部戦線の決壊により、ライヒスバーンは戦地に伸ばした線路を破壊しながら国防軍とともに撤退した。四四年七月、ソ連領からドイツ軍は駆逐される。八月、占領下ワルシャワで市民たちの武装蜂起が起こる。すでに戦後ポーランド経営をめぐるポーランド亡命政府とソ連の暗闘が背景にあり、眼前に迫っていた頼りの赤軍は動かなかった。「ワルシャワ蜂起」は、悲惨な結末をむかえた。

四四年九月には米軍が西部国境に到達した。一〇月、アーヘンが占領される。一二月、国防軍の最後の攻勢（アルデンヌの攻勢）が撃退され、西部戦線の帰趨《きすう》もはっきりした。

すでに空爆によりルール地方は切り離された。最後まで比較的高速・定時運行の維持に努力を払ったオーバーシュレージェン地方の鉄道路線も破壊され、工業地帯の機能は停止し、首都へのエネルギー供給も途絶える。

一九四四年末から翌年初頭にかけて、各地の鉄道管区では業務用の時刻表がまだ作成されていた。だが、それらに記載されている終点駅や路線は数週間のうちに次々と敵の手に渡り、改定が追いつかなくなった。

この一九四五年初頭、赤軍はワルシャワを含むポーランドの全土をおさえるべく、ヴィスワ＝オーダー攻勢に乗り出し、二月、首都ベルリンから七〇キロメートルしか離れていないオーダー河畔にいたった。ポーランド総督府とともに、東部鉄道も消滅した。これにつづき、赤軍は東プロイセン州、ダンツィヒ、ヴィーン、ハンガリーと立て続けに占領した。西部戦線では一九四五年三月七日、連合軍がライン川を渡った。

三月一九日、すでに総統防空壕にこもっていたヒトラーから、「軍用輸送機関、通信手段、施設、産業施設および補給所と、敵に即刻あるいは近い将来利用されるライヒ領内の資産は、すべて破壊すること」を第一項とする焦土化命令が出た。古代ローマをみずから焼いたという伝説のある皇帝にちなみ、「ネロ指令」と呼ばれるものである。鉄道も当然対象にされたが、ライヒスバーン首脳陣は命令をほぼ黙殺した。もしも本気で実行しようにも、もはやその余力は尽きていたともいえる。路線や操車場などの主要設備は現に破壊されていたし、電信・電話網も寸断されていた。

赤軍がオーダー川を渡り、ベルリン攻撃を開始したのが、四月なかばであった。

四月二〇日、損傷著しいベルリン市内中央部の交通省本庁で、ライヒスバーンは最後の理事会を開いた。すでに全国で二七の鉄道管区を喪失し、理事会が掌握しているといえるのはベルリン、ハンブルクなど四鉄道管区にすぎなかった。つまり、ライヒスバーンは分断され、ドイツの鉄道の統一は物理的に崩壊していた。

翌日、ドルプミュラーら一行は砲声の響くなかを、北部ホルスタイン州マレンテに向けて、自動車で首都を脱出した。三〇日、市街戦下のベルリンでは、総統防空壕でヒトラーが自殺した。ヴァーグナーの楽劇『ジークフリート』中の葬送行進曲とともにラジオで伝えられた「総統戦死」の報を、ドルプミュラーたちはマレンテのライヒスバーン保養施設で聴いたはずである。

五月七日、ドイツ降伏。ヒトラーに後継指名をうけたカール・デーニッツ海軍元帥が北ドイツのフレンスブルクにおいた内閣を連合国は認めず、閣僚の大半は五月二三日に逮捕された。「ドイツ政府」が消滅した。

ドルプミュラーは拘束を免れ、マレンテに戻った。ガンツェンミュラーはすでに逮捕されていたので、ホムベルガーや、あるいは同じく亡命していたブリューニング元首相らの擁護的な意見が反映されていたのかもしれない。

すぐにシュペーアら他の高官たちと同様、パリ郊外に召喚され、取り調べのため軟禁状態におかれた。敗戦直前の大腸癌再手術後だったため、看護婦付きであった。厳しい追及をうけたわけではない。米軍の軍事鉄道サーヴィス（M・R・S）のカール・グレイ・ジュニア（一八八九～一九五五）長官は、面会の結果、ドルプミュラーを米軍分割占領地区の鉄道再建にあたらせるべきだと考えている。

しかし、ドルプミュラー総裁には時間が残されていなかった。来るべき米占領区派遣に備えて三度目の手術後、マレンテで急死。一九二〇年代にようやく実現した、統一された「ドイツ国鉄」であるライヒスバーンの歴史も、その顔であった人物の死とともに終わった。

「死への列車」

第二次世界大戦のほぼ全期間にわたったライヒスバーンによるユダヤ人移送（デポルタツィオーン）は、ユダヤ人迫害とその虐殺に、不可欠であった。

ホロコーストによる死者の数は推定六〇〇万人におよぶ。その半数にあたる三〇〇万人が鉄道による輸送の対象となっていたといわれている。

鉄道について語ってきた本書は、本節できわめて短くデポルタツィオーンの概略のみ確認しておこう。

東部の絶滅収容所への鉄道による大量移送がなければ、「ユダヤ人問題の最終的解決」（一九四一年七月、ゲーリングによって保安警察ハイドリヒ中将に下命）をはかるジェノサイドは、ユダヤ人がまず集められていた居住区、ゲットーでか、さもなければライヒや欧州諸国の各地で個々に実行するしかなかったはずである。そうした加害も大規模となり、ガス室に劣らぬ残虐さをもっただろうが、数的な達成では現実をいくらか下回ったに違いない。

つまり鉄道は、ホロコーストの効率的な運営と達成に貢献した。また、デポルタツィオーン自体が、生活の場所からの強制的な突然の引き剝《は》がしと、「動く獄房」と呼ぶべき移送中のきわめて過酷な処遇をともない、被害者の苦しみを死の直前までいや増すものだった。

第二次世界大戦の緒戦の勝利によって、ナチス・ドイツは征服した東欧・西欧で、ライヒとその周辺から排除すべきユダヤ人をさらに大量に抱えこんだ。ウラル山脈を越えたはるか東方や、あるいはマダガスカル島への、将来の全滅の期待を織りこんだ空想的な追放計画が、しばらくはなお検討された。

戦況の深刻化でこうした企てに実現可能性が完全になくなると、たちまち組織的虐殺への転換が起きた。戦争遂行の途上で、食糧問題と労働力不足問題とのバランスによって、ユダヤ人の生死が左右されるという残忍なメカニズムができあがる。

「ヴァンゼー会議」（一九四二年一月二〇日）は、「ユダヤ人問題の最終的解決」として、この大虐殺にいたる構造が決定された明示的な記録が残っている点でも重要である。議事記録には「総統のそれに関する事前の許可」への言及があり、これ以前の独ソ戦の途中、おそらく戦況悪化の秋以降にヒトラー本人による殺害方針の決定があったと考えられている。対象となったのは、ヨーロッパで総勢一一〇〇万人とされた全ユダヤ人である。

これに先立ち、ライヒスバーンはすでに多数のユダヤ人を移送していた。戦前の一九三八年一〇月にはドイツから多数の「無国籍」ユダヤ人を移送し、ポーランド国境に置き去りにしている（この仕打ちが、「一一月ポグロム」の前哨となった）。

開戦後はライヒ各地からポーランドへの移送を繰り返し、一九四一年春にはワルシャワ・ゲットー（ユダヤ人居住区）に七万人以上を送りこんでいる。このときは迫害と食糧難にあ

ナチス・ドイツ期鉄道路線．「すべての道はアウシュヴィッツに通じる」

えぐゲットーで、隔離したユダヤ人を徐々に死滅に追い込もうとするものであった。

ドイツ（ライヒ本体）から東方へのユダヤ人移送は、記録にある限りでは一九四一年九月・一〇月により組織的に進められるようになった。各地大都市を起点に、ライヒに残存するユダヤ人を対象とする、リッツマンシュタット（ポーランド名ウッジ）などの中継収容所や、東部大都市のゲットーへの移送がなお主だった。

独ソ戦開始の四一年秋から、絶滅収容所の建設がはじめられていた。ヴァンゼー会議の決定は、四二年春にはじまった「ラインハルト作戦」で実行に移された形となる。ポーランド総督府内のゲットーが次々と撤去され、ベウジェッツ、ソビボル、トレブリンカといった新設の絶滅収容所への強制移送が開始された。記録が残されたライヒからの移送の件数・人数のピークも、この四二年である。二七〇本の特別列車が、約一四万人以上を移送したことがわかっている。同じ年、フランス、オランダ、ベルギーなど西欧の占領地からも同様の列車による移送が開始された。

デポルタツィオーンは、親衛隊ことSS（全国指導者ヒムラー）がライヒスバーンに委託し、三等車運賃を移送規模に応じて支払う契約を結ぶ形でおこなわれた。ライヒ、西欧、南欧からの絶滅収容所への死の移送は、東欧での虐殺と異なり、分業による行政的な手続きという外見を崩さなかったとされる。

SSの国家保安本部に七局ある国家保安本部各局（RSHA）中の第Ⅳ局が、国家秘密警察ことゲスターポ（ゲシュタポ）であった。そのB4課すなわち「ユダヤ人課」の課長がアドルフ・アイヒマン（一九〇六～六二）。戦後、イスラエルによって逮捕され、「アイヒマン裁判」で世界の注視を受けることになるSS中佐である。

その部下であるa係長ロルフ・ギュンター（一九一三～四五？）SS少佐が輸送問題の課

内の責任者であり、移送計画ごとにガイドラインを作成、各地保安警察とのやりとりをおこなった。各地からは移送人数とともに必要な列車本数、出発駅、期日が上がってくるので、ギュンターのa係がこれをまとめ、ライヒスバーンへの発注をおこなう。a係のフランツ・ノヴァクSS大尉はここからライヒスバーン担当者との詳細をつめる協議を定期的におこない、発着駅決定と業務時刻表を作成した。

この定期会合にライヒスバーンから出たのは、交通省鉄道部門ドイツ・ライヒスバーン本部第II局（EIIこと営業運行部）第二一課（大型輸送担当）第一係（旅行特別列車係）係長オットー・シュタンゲ（一八八二～一九五〇）であった。

高官というにはあたらない。もう二〇年も同じポストにいるベテランの鉄道事務官であった。よく自室で電話に向かって声を荒げている姿を、同僚に記憶されている。彼がユダヤ人課a係ノヴァクSS大尉との会合での受注をもとに多くの国境、占領区や鉄道管区をまたぐ長距離運行の調整をおこなった。

調整による策定結果は、まず第二一課長パウル・シュネル（一八八三～一九五八）に上げられ、ライヒ内の三管理総局に列車の割り当てと時刻表的な確定がここから命じられた。もっとも役割を果たしたのは、東部管理総局《ウムラウフプラーン》（Gbl Ost）である。

管理総局は特別列車の周行計画表を確定し、これを各鉄道管理局に伝え、最終的な時刻表（運行計画）をつくらせた。周行計画表では、ユダヤ人移送特別列車には、「Da」や「Pj」

ンの略号と番号が振られた。「Da」は「急行列車（D-Zug）」でもあり、「デポルタツィオーン（Deportation）」、あるいはユダヤ人を示す「ダビデ」でもあるといわれる。「Pj」は総督府すなわちポーランドのユダヤ人（Juden）である。

しかしシュタンゲの第一係が運行する「特別列車」は、この「Da」や「Pj」だけではなかった。平時の当たり前の団体旅行用列車は戦時にはほぼなくなっていたが、戦時ナチス・ドイツでは、児童などの疎開列車や、あるいは東部からの強制労働力を運ぶ列車も「特別列車」であった。シュタンゲはデポルタツィオーンの促進役であり監視役であったとされるが、のちにいう「死への特別列車」の計画は、一日中執務室にとじこもっていた第一係長にとっても、忙しい日々の業務の一部でしかなかった。

ライヒスバーンは一日に二万本の列車を運行していた。一日一〇本ほど走るくらいのデポルタツィオーン列車は、経営の観点からも幹部たちなどが眼中に入れなくてもよい存在であったといえる。デポルタツィオーンがユダヤ人にいかなる惨苦を与えているのかを考慮にのぼらせる人間は少なかった。大量の悲惨や死はすぐ身近にありすぎたので、他者の運命への同情や共感の能力は鈍麻せざるをえなかったのだろうか。

「死への特別列車」の編成も一回に運んだ人数もかなりばらつきがあるが、一列車で一〇輛程度の貨車におよそ一〇〇〇人を詰めこんだ場合が多く、これをモデル・ケースとできる。明り取りの窓には鉄条網がまかれ、出入り口には外から鍵がかけられた。車内で一人が占有できる面積を単純計算すると、信じがたい数字が出る。長時間すし詰めの貨車内には、排便用のバケツが置かれているだけで、それ以外の設備は、暖房はおろか座席すらない。

東部の交通事情は早くから混乱渋滞し、そのなかで軍事輸送が優先されたから、デポルタツィオーンの列車は走行を停止し、しばしば長い待機をおこなった。その時間だけ、「乗客」（とライヒスバーンはなお呼称した）の苦しみは増した。ライヒ内の駅で停車時にはドイツ赤十字の人びとが、護送監視役のSSにコーヒーやスープを振る舞ったが、渇きの救いを求めて明り取りから手を突き出す人びとに、与えられる水はなかった。

SSによる監視は手薄気味だったので、闇夜にまぎれた「飛び降り（ジャンパー）」と呼ばれる決死の脱出者はたしかにいた。少なからぬジャンパーが「常習犯」すなわち複数回の脱出経験者であった、というのはその不屈の意志に驚くべきだが、「飛び降り」が当時のナチス・ドイツでは完全な逃亡成功にはならなかったという意味でもあろう。

移送中に赤ん坊をはじめ弱い者から死んでいったが、ときに三昼夜におよぶ移送の責め苦に耐えて生き残ったとしても、収容所での労働不可能と思われた老人、子ども、多くの女性には、運ばれた先に、選別とすみやかな虐殺が待っていた。

列車の車掌や機関士はライヒスバーンの鉄道員だった。彼らは業務に専念し、「乗客」たるユダヤ人の味わっている悲惨とその果ての運命に対しては傍観をつらぬいた。

もしも東部鉄道の従業員であれば、総督府内の駅員や駅労働者の多数はポーランド人である。彼らはもちろん、ドイツ人のライヒスバーン鉄道員も、デポルタツィオーンの任務中は自分たちもSSの監視対象であることを意識していた。へたに移送ユダヤ人に情をかけて水でもやろうとすれば途端にSSに銃を向けられたのだ、と戦後証言した者もいる。

東方での移送や虐殺に関与した経験を重い心の傷にしていた機関士に戦時中に会ったという、ユダヤ少年の素性を隠して潜伏していた演出家の、小説的な回想録の記述もある。また、ナチス・ドイツに公然非公然に抵抗した鉄道人たちもいたことは記録されている。

しかし、総じてライヒスバーンがユダヤ人になんら救済の手を差し伸べず、まずはその迫害と虐殺に必要不可欠の要素として機能したのは、やはり誰にも否定できないことであろう。戦争のなかでドイツ国鉄は、近隣諸国住民を攻撃する兵器となるとともに、多数の自国民を殺害する機構の一装置とも化したのであった。

第11章　「時流《モード》が厳しく分けたもの」——二〇世紀後半のドイツ国鉄

ゼロ・アワー

政府が消滅した以上、「ドイツ・ライヒ」はおろか、あらゆる種類の「ドイツ国家」は一九四五年六月をもって地上から消滅したといえる。四ヵ国の軍隊に占領された、ドイツ人が住むことを許された諸地域が残された。ドイツ・ナショナリズムの揺籃であったナポレオン占領時代に戻ったどころではなく、さらに徹底的に「ドイツ」は解体された。

連合国には戦時中からの首脳会談の結果として、戦後のドイツに対する処遇がある程度合意されていなければならぬはずだった。だが、戦後の冷戦へと向かう急速な展開のなかで、ドイツ人は明日をも知れぬ宙ぶらりんの状態にすぐに放りだされることになった。

瓦礫《がれき》の山の上に茫然《ぼうぜん》と座る帰還兵士の、投げ出された片足の一本がぶらぶらと揺れている様。あるいは爆撃のあと、廃墟《はいきょ》にあやうく宙づりになって落ちかけている壊れたピアノ。「ゼロ・アワー（零時、シュトゥンデ・ヌル）」という言葉は、こうしたイメージとともに語られる。

ゼロ・アワーとは、敗戦による破壊と国家の崩壊で、これまで築き上げた文明が「ゼロ」に戻ったかのようにみえた状態を指した。おびただしい数の人命が失われ、旧国土が寸断され、都市部と鉄道などのインフラを中心に甚だしい戦災を受けたが、実際にはすべてが「ゼロ」に帰したわけではない。ナチス・ドイツ期にあらゆる犠牲を払って築き上げた生産設備は戦災をくぐりぬけて水面下で生きていたし、目に見えない正負の「遺産」はもちろん他にもあった。

しかし、たしかにドイツには物質的な意味を超えた空白感が支配していた。白日のもとにさらされたナチス・ドイツ統治と戦争犯罪の実態は、ドイツ人の自負を吹きとばしていた。文化や倫理や道徳に関する個人の確信は剝落《はくらく》し、その穴は何によっても埋められなかった。この内面の空白こそが「ゼロ」であった。不在のものとなったドイツ国家の廃墟にさまよう人びとの戦後は、ナチ支配からの解放の喜びや再建への希望によってではほとんどなく、このおそろしい空白を抱えて、まずはじまった。

「ゼロ・アワー」もまた、鉄道に端的にあらわれたといえる。

鉄道施設の破壊は著しかった。米、英、仏がそれぞれ占領した西側占領地域では、ある推計によれば戦後しばらくたっても橋梁の三％、機関車の三五％、貨車の二五％、客車の六〇％が損壊していた。

一九四五年夏以来、米国占領区では上級営業管理局（ＯＢＬ）がフランクフルトに設置されていた。英国は「ライヒスバーン・中央理事会」をビーレフェルトに設置した。これらでは一応ドイツ人が実際運営にあたっていたが、フランスはフランス人職員を配置し、占領区の「南西ドイツ運営統合体」では直接統治をおこなった。

一方、ソ連が占領した地域の破壊は西側を上回る。橋梁の一五％、機関車の五六％、貨車の二〇％、客車の五九％が失われていた。戦闘による破壊が終わった四五年以降も、ソ連占領軍によるレールなど設備の強制移転・収奪は「現物賠償（デモンタージュ）」として長く続いた。

そして、ユダヤ人移送の経験と、それを当初、鉄道関係者の大多数が記憶の底にいったんは沈めたことは、「ドイツ国鉄」の倫理的欠損として長く尾を引くことになる。

DBとDR――分断された鉄路

一九四九年、占領下のドイツは東西に分かれて建国した。五月、西側占領区では臨時政府がドイツ連邦共和国（BRD）を名乗り、これに対して一〇月、東側ではドイツ民主共和国（DDR）が宣言された。

敗戦後、四占領区で個々に統治されていたライヒスバーンは、そのまま分断される不安を感じていた。不安はなかば的中し、東西分断でソ連占領区の鉄道とは組織上も切り離された。一方で、懸案だった西側占領区の共同運行と一体化はこれで実現した。

二つのドイツ国鉄が成立した。西ドイツでは四九年九月、米英共同経済区にあった鉄道が合同して「ドイツ・ブンデスバーン（DB）」を名乗り、一ヵ月後にフランス占領区の鉄道もDBに合流した。同じ一〇月、かつてのソ連占領区・東ドイツでは「ドイツ・ライヒスバーン（DR）」が交通省の監督下におかれた。

西ドイツ国鉄にはボンの連邦議会委員会により「連邦の（ブンデス）鉄道（バーン）」の新しい名前が与えられた。もはや「ライヒ」ではないし、建国はしたものの、西側との交渉でこれから主権回復をはかっていかねばならない西ドイツが、ナチ時代を思い起こさせるライヒの名を使うわけにはいかない。

東ドイツの国鉄は「ライヒスバーン」を名乗り続けた。ソ連の強い影響と制約の下にある社会主義国家であり、マルクス主義的史観ではナチス・ドイツの被害者である労働者と小農民が「解放」されて建国したという建前をもつ国が、「帝国鉄道《ライヒスバーン》」をもつのはチグハグであった。だが、台帳上に残存する「ライヒスバーン」の名に結びついた、特にベルリンの旧ライヒ資産の継承権を主張するためには、このほうが都合よかった。

またソ連のスターリンは、ドイツ分断を決して望んでいなかった。「ライヒ」は「統一ドイツ国」である。共同統治を通じ、西欧と国境を接する西半分のドイツに影響力を及ぼし続けるには、東西が完全に分断されては困る。東欧の衛星国でよくみられた「人民共和国」ではなく「民主共和国」が国号に選ばれたのも、そのあたりの意図があろうともいわれた。

ブンデスバーン（DB）とライヒスバーン（DR）は、東西両陣営対決の最前線となるべきドイツの地で、その後も長く交錯を続けた。

ベルリンの市街電車Sバーンは、ライヒスバーンからDRが継承した資産として、戦後社会に残った。東のソ連占領区転じて「ドイツ民主共和国首都ベルリン」（正式名称）と西の三連合国共同統治区（西ドイツとは別分類）とに東西に分かれたベルリンをつなぐ鉄道路線として、Sバーンは運行が続けられた。

一九五三年、東ベルリンでノルマ増大に反対する労働者のデモが、東独当局によって武力弾圧された（六月一七日事件）。これに対し、共産主義国家を利するSバーンなどボイコットしようという運動が西ベルリンで高まったため、東独当局は西ベルリン市政府に対して猛烈に抗議している。その後も冷戦体制下で、東独所有のSバーンは西ベルリンでは鬼っ子的存在であったが、運行停止も路線廃止もなかった。

一九六一年八月に突如ベルリンの壁が建設され、東西の行き来がついに東独によって物理的に遮断されても、Sバーンは西ベルリン市郊外と「壁」を越えた東ベルリンとの間を往復し続けた。環状線こそ分断されたが、「壁」をくぐり、国境検問所の駅に泊まる路線は存続した。

西ベルリンにあるSバーンに働く鉄道員・職員たちは複雑な境遇におちいった。

彼らは西ベルリンに住みながら、東独から（安すぎる）給与をうけ、たとえば東独当局が指定した病院でしか診察を受けられないといった制限のなかで働くことになる。ようやく一九八三年に、西ベルリン部分のSバーンはベルリン市交通連合の経営下に落ち着いた。

黄色とオレンジに塗られた昔ながらの車輛のSバーンは、戦前の路線の相当部分の喪失、設備の甚だしい老朽化、慢性的な乗客不足をかかえながら、「東」と「西」とを行き来し続けた。もちろん自由な乗降が許されているわけでもないから、東西の行き来は無駄といえば無駄であった。東ベルリン中心部地下の「ウンター・デン・リンデン」駅などは、列車がただ通過するだけの、封鎖された「幽霊駅」と化した。

1961年，ベルリンの壁建設．写真は東ベルリンから西ベルリンへ逃げる人びと

このおそろしい非効率と消耗が、ベルリン・Sバーンを冷戦のある側面を浮き彫りにする乗り物にした。これに並ぶものは、東西国境通過時、乗客に対して物々しくも煩瑣《はんさ》な検査をおこなったことで知られる、東西間連絡の長距離列車「インターゾーン列車」だろう。

西独ブンデスバーン（DB）の問題

一九五〇年一月、あのルートヴィヒ・ホムベルガーが、新生西ドイツの交通大臣ハンス・クリストフ・ゼーボーム（一九〇三〜六七）の招待に応じて、一二年ぶりにドイツの土を踏んだ。設備の回復もあまり順調ではない国鉄再建への助言を求められてのことだった。これに応じ、ホムベルガーはレポートを作成し、ドイツ国鉄（DB）は政府の意図からもっと自由に、より自律的に経営されねばならないと指摘した。

DBは、たしかに政府にとって便利な存在にされていた。西ドイツ政府は道路や水路と違って、鉄道には戦災にあった設備の修繕回復を自力でおこなわせた。国土の喪失と大量の難民流入に対して、国鉄が就労先とされたため、DBは出発時点で大量の旧ライヒスバーンの人員を抱えこむことになった。交通行政も、もっともコントロールしやすい対象として鉄道を見ていたことも間違いない。運賃は企業収益を考えてではなく、公益に応じて、つまり政治的観点から決められた。ホムベルガーが苦言を呈したのは、この点であろう。出発点からDBの財務は思わしくはなかったのである。

一九五〇年代に入ると、のちに「経済の奇跡」と呼ばれる復興から経済発展へと連続する持続的な高成長がおとずれた。豊富な労働力と、東西冷戦の枠組みのなかで西ドイツが手に入れた復興支援を呼び水とする資本が、戦時期に築かれていたプラントと生産システムに惜しみなく注がれた。冷戦期西側社会で実現した自由貿易体制のなかで、輸出が力強く伸び続けた。

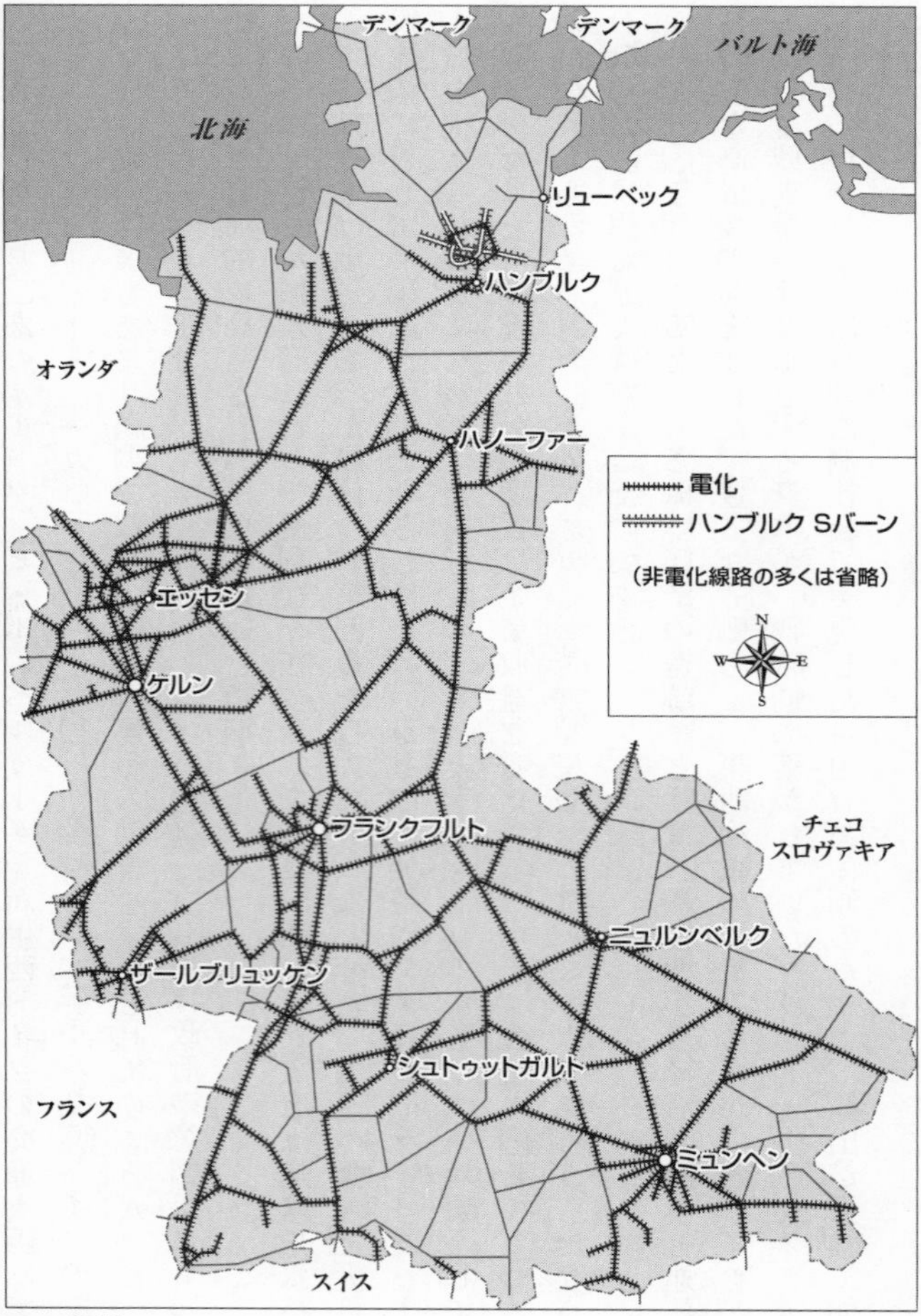
デンマーク
デンマーク
バルト海
北海
リューベック
ハンブルク
オランダ
ハノーファー
電化
ハンブルク Sバーン
（非電化線路の多くは省略）
N
W
E
S
エッセン
ケルン
チェコ
スロヴァキア
フランクフルト
ニュルンベルク
ザールブリュッケン
シュトゥットガルト
フランス
ミュンヘン
スイス
DBの領域

ＤＢも輸送面でこの「経済の奇跡」を支えたが、やがて本格的なモータリゼーションに対峙《たいじ》せざるをえない。アウトバーン建設、「国民車」構想といった、ナチ時代のモータリゼーションへの強引なてこ入れは、未完に終わったとはいえ、戦後西ドイツの自動車工業に飛躍の基盤を与えていた。復興が進むにつれ、西ドイツの「社会的市場経済」は、社会の中間層・新中間層をドイツ史上はじめて豊かに太らせた。

彼らは消費者として、生活のアメリカ化を志向した。これに応えて、自動車の大衆化が一気に進展する。また大衆消費社会化は、流通面での変化も必要とし、鉄道貨物輸送を補完するだけではなく、それにとって代わる存在としてのトラック輸送を拡大させた。

自動車以外にも鉄道の強力なライバルが戦後社会には出現した。ドイツの場合、敗戦直後の混乱のなかで、東西ドイツ分裂の端緒ともいえる事件が、長距離高速輸送での鉄道の宿敵である航空機を用いた輸送の可能性を、まざまざと見せつけたともいえる。

すなわち、一九四八年六月にはじまった「ベルリン封鎖」に対抗し、米軍が実施した物資の大空輸作戦「空の架け橋」である。ソ連が四囲をソ連占領区に固められた西ベルリンの市民をいわば人質に、外部への陸運・水運をすべて封鎖したとき、鉄道輸送も無力化された。その当時は危険で無茶なものに思われた飛行機による間断ない輸送が実現した意味は、運輸史上に大きい。

こうした新しい交通機関との競争に、ＤＢが有効な手を打ちえなかったことこそが問題であった。五〇年代のDBの幹部は、おしなべて戦前からの鉄道官吏であった。そうならざるをえないが、ヴァイマル共和国で総裁を国際派の技官から抜擢したような、人事上の飛躍は試みられなかった。

それ以降も、DBの鉄道人は長く豊かなドイツの鉄道業の伝統を引き継ぐ、公益に奉仕する鉄道官吏であり続けた。悪いとばかりはいえないだろうが、先人への敬慕もあきらかで、たとえば戦前のライヒスバーン総裁ドルプミュラーの墓はDBの費用で管理され、かの「偉大な鉄道人」を一九六九年当時のDB総裁が称揚した。政府との共依存ともいえる関係は、戦前生まれの筋金入りの鉄道人たちにとって実はそれほど不快なものではなかったのかもしれない。

六〇年代、やや減速したとはいえ経済の高成長が持続するなかで、DBの財政は好転しなかった。

七〇年代に入り、経済状況が急速に悪化し、連邦財政は従来の財政出動によるケインズ型景気安定政策と福祉政策の負担によって、急速に債務を増大させた。西ドイツは高福祉の「社会国家」を標榜《ひょうぼう》したが、「社会的市場経済」の「社会的」な部分が経済にダメージを与えているのではないか、という疑いがはじめて浮上した。連邦財政の悪化に対して、一九七五年には大蔵省の諮問委員会が、公共サービスの民営化を通じての債務軽減を提言した。ここにはじまる国鉄民営化の議論は、強力な労働組合をもつDBの業績悪化（この七五年に過去最悪の欠損を出した）とサービス低下とに直接結びつけて語られはじめた。

一九八二年に成立した中道右派のヘルムート・コール（一九三〇〜二〇一七）内閣では、「一九九〇年」の経営改善をめざす国鉄改革のプランがたてられた。しかし虎の子の貨物輸送部門で鉄道が新時代の宅配小口輸送に対応できなかったのは、致命的であった。

八〇年代なかばをすぎてプランの失敗があきらかになると、経営効率化と財政再建のため、国鉄民営化の必要が叫ばれた。同時代の新自由主義的改革路線であるサッチャリズムやレーガノミクスのニュースが、そこでこだました。

国鉄民営化の是非を問う局面から、それをどのようにおこなうのか、「上下分離」（路線等のインフラ所有者と運行主体の分離）でなければならない、あるいは「地域分割」でなければならないのでは……、といった議論に転じるまで、それほど時間はかからなかった。

東独ライヒスバーンの苦難

再びホムベルガーのことである。一九五四年、アメリカで病没している。

一九五〇年、彼を西独に招請したゼーボーム交通大臣には、ホムベルガーをドイツ国鉄であるブンデスバーンに復帰させたいという意図もあった。米国市民ホムベルガーはこれを謝絶している。西ドイツ政府は一九五三年、ホムベルガーにドイツ功労高十字章を授与した。西ドイツ大使館での授与式に出席したホムベルガーは、式典ののち語った。

「あそこの運輸業界の人びとは、過去の出来事に対して自分が遺憾に思っているのを示したいかのようだ」

一方、ソ連占領区だった東独は「過去の出来事」に一切責任を感じる立場にない。鉄道業でも、自信をもってそう断言できる人物を占領期以来のライヒスバーンのトップに据えた。

ソ連が「ライヒスバーン中央管理局」を置いたのはベルリンの旧ライヒスバーン本庁跡だったが、かつての住人たちである旧ライヒスバーン関係者に対する処遇は恣意《しい》的で、しばしば苛烈だった。クラインマンなどの純然たるナチのみならず、ベルリンにいた旧鉄道高官は次々と逮捕され、混乱のなかで消息を絶った。ナチ時代初期にパージされた元副総裁すらも、その中に含まれていた。

一九四九年初頭には、「ドイツ・ライヒスバーン」総裁には、鉄道業とほとんどかかわりがなかったヴィリー・クライケマイアー（一八九四～一九五〇?）を据えた。このスペイン戦争従軍経験もある忠実な党運動家は、しかし、のちの国家保安委員長エーリヒ・ミールケ（一九〇七～二〇〇〇）との因縁《いんねん》がたたって一九五〇年には逮捕され、そのまま消息を絶った。

後任のエルヴィン・クレーマー（一九〇二～七九）は、技官として訓練された経験をもつ鉄道人だったが、戦中はソ連に亡命したやはり筋金入りの党員であった。東独ライヒスバーン（DR）の再建は、一九七〇年まで総裁を務めたクレーマーの指揮下におこなわれることになった。

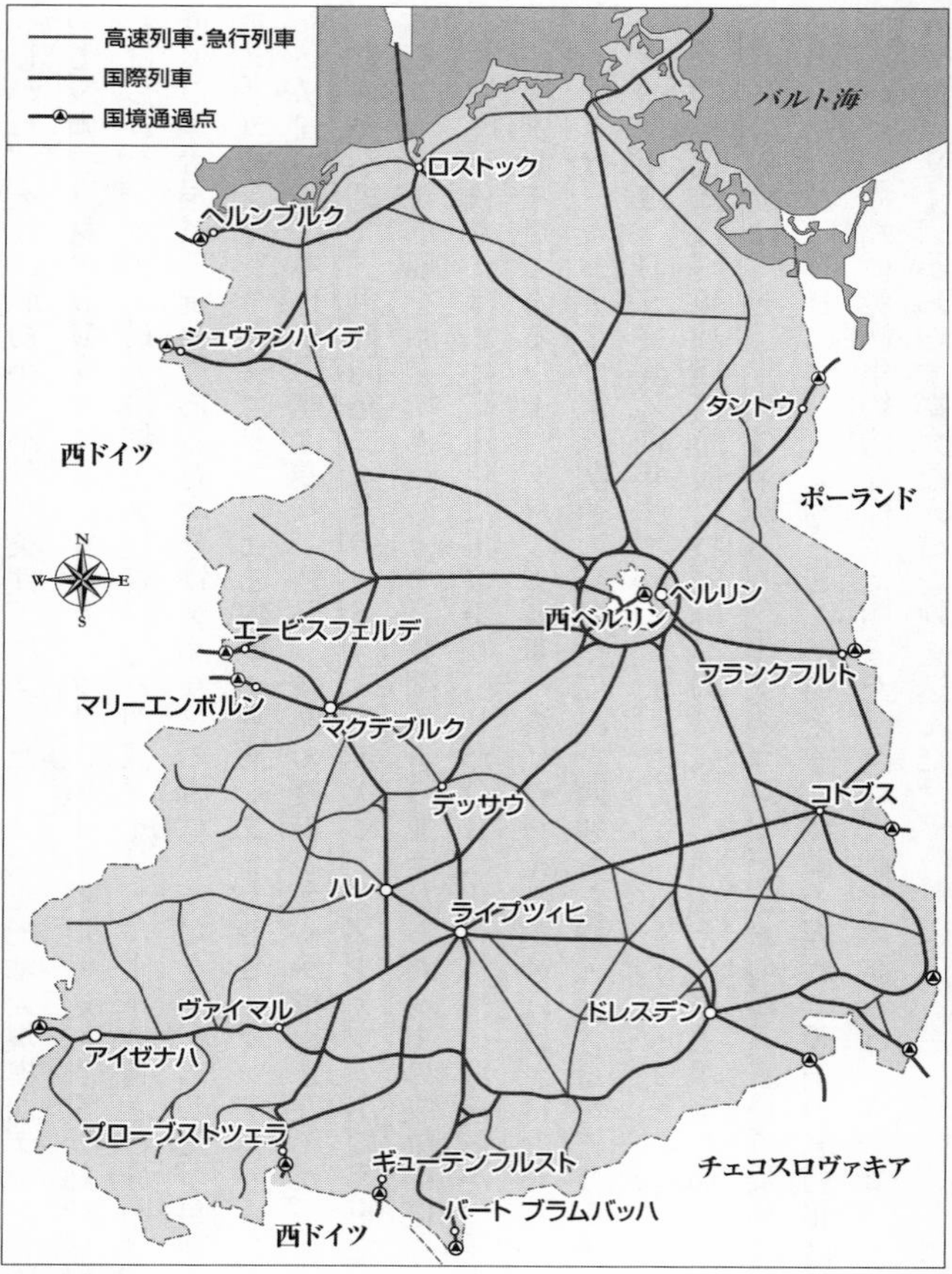
高速列車・急行列車
国際列車
国境通過点
バルト海
ロストック
ヘルンブルク
シュヴァンハイデ
西ドイツ
タントウ
ポーランド
N
W
E
S
ベルリン
西ベルリン
エービスフェルデ
フランクフルト
マリーエンボルン
マクデブルク
デッサウ
コトブス
ハレ
ライプツィヒ
ヴァイマル
ドレスデン
アイゼナハ
プローブストツェラ
ギューテンフルスト
チェコスロヴァキア
バート ブラムバッハ
西ドイツ

DRの領域

しかし、それは最初から不利な条件下にあった。ソ連支配は大規模なデモンタージュによって設備や資材の収奪をおこない続けた。ソ連占領軍の鉄道輸送に貴重な熟練労働力がふりむけられた。ドイツ最大の鉱工業地帯である西部ドイツ・ルール地方との分断は、再建に不可欠のエネルギー資源である石炭と鉄製品などの資材の不足をもたらした。再建の初期に、アメリカのマーシャル・プランによる援助の恩恵があった西独・ブンデスバーンとの差が大きい。五〇年代のDR再建は遅れ、結局、戦前の複線の多くが単線となった。

資材の不足で、車輛開発にも苦労した。六〇年代に、ダブルデッカーの客車など見るべきいくつかの新車輛を開発できたのは、DR関係者の並々ならぬ努力の成果に他ならない。しかし五〇年代なかばには高速化に再び乗り出したDBに比べれば、あきらかに見劣りした。

石炭資源不足である以上、ディーゼル車への切り替えを進めなければならなかったが、その六〇年代、なお大半の電気関連の装置や部品を西独から輸入せざるをえなかった。蒸気機関車の使用は、DR終焉の前年までつづいた。

六〇年代には、東独経済全般に技術開発力の衰えと西側との格差が隠し切れなくなっていく。この劣位は、七〇年代後半から八〇年代のコンピュータの導入という局面で、決定的なものとなった。DRについても同じことがいえる。技術の遅れと設備の老朽化はすでに目立っていた。極端に労働集約的な作業に頼った部門の自動化の試みは、コンピュータ技術の遅れで進展せず、かわらず膨大な人員を抱え込んだ。

他方、自動車との競争という問題をもたなかったDRは、東独の物流、人員輸送の主役であり続けた。社会主義計画経済の体制は、国策としての運賃低廉化を実現する一方、自動車生産・販売の非効率によってマイカー普及を停滞させた。休暇旅行で夏は黒海沿岸に、冬はさまざまな東欧友邦に出かける人びとは、大半が鉄道を利用した。そのための特別列車が編成され、「ツーリストエクスプレス」略して「ツーリクス」の愛称が公式に定着した。

ときに貧弱な設備で閉口させたとはいえ、東独の人びとの生活に、DRが不可欠の存在として溶けこんでいたのは間違いない。その意味で東独は、最後まで「鉄道国」であった。

しかし鉄道がDDR体制の影の部分を担ったことも忘れてはならない。路線再建の初期から一貫して、DRは政治犯を含む強制的な囚人労働を、路線修復工事の作業などで組織的に使用した。その規模の大きさと過酷な現場の実態は、体制崩壊後、近年ようやくあきらかにされつつある。

「二つの鉄路」へ

冷戦期の二つのドイツ国鉄は、形こそ違え、ともにそれぞれの分断国家の政府からの重圧をうけ続けた印象がある。

こうした二つの鉄道組織の線路が交わる日が、突然近づいた。いうまでもなく、一九八九年一一月九日のベルリンの壁崩壊である。それにつづいてDDRの一党独裁体制そのものが破綻し、一九九〇年三月東独自由選挙が実現した。その結果は、コール西独政権が主張した早期再統一を圧倒的に支持するものになった。

ベルリンの壁崩壊をもたらしたのは、ソ連のミハイル・ゴルバチョフ政権の打ちだす「ペレストロイカ（改革）」「グラスノスチ（情報公開）」路線が意図せず生んだ、東欧共産圏諸国の革命であった。一九八九年春には、以前から体制内改革を進めていたハンガリーの一党体制が転覆、五月に新ハンガリー政府がオーストリアとの国境を開くと、東独からの人びとの脱出の波がはじまった。一九六一年以来「壁」が物理的に抑えていた西側への脱出可能性が高まると、夏にはプラハ、ワルシャワといった都市の西独大使館に東独市民が殺到する。

東独政府は亡命を許可し、DRは西独行の特別列車を出した。一九八九年一月から一〇月までのあいだに、東独市民一七万人が脱出した。一方で「我われはここにいる」をスローガンの一つにした抗議デモは東独各地の都市で勢いを増し、首都ベルリンにおよび、ほぼアクシデント的な「壁」崩壊の夜にいたったのであった。

一九九〇年二月選挙で友党である東独CDU中心の保守連合を勝利させたコール西独首相は精力的に動き、ドイツ再統一に疑念と恐れを抱く英仏などとの外交交渉に成功した。「ドイツ問題」にこだわる旧連合国の掣肘を脱したコールは、「通貨・経済・社会同盟の創設に関する国家条約」を五月に両ドイツ間で締結した。八月末、再統一条約が結ばれる。

これにもとづき、両ドイツ国鉄の近い将来の統合が予定に上った。

とはいえ、DBとDRという二つの組織は、一九九〇年一〇月三日のドイツ再統一後も、ドイツ連邦共和国内に当分併存することになった。DRの設備の老朽化ははげしく、その改修には長い時間がかかった。また旧東独工業の急速な崩壊と東欧友邦との特別な関係の喪失で、DRの業績自体も落ちこんだ。大きな余剰人員が経営を圧迫していた。

DBの業績不振も深刻であり、債務は膨れあがっていた。改革が急がれたが、一九九一年に事業家のハインツ・デュルがDBの総裁とDRの総裁を兼任し、民営化をともなう統合に向けてようやく前進した。

この九〇年代前半の大きな動きは、高速化の進展であろう。時速二八〇キロメートルを出す超高速列車インター・シティ・エクスプレス（ICE）が一九九一年五月にミュンヘン、ボンなどを起点に定期運行を開始し、高速列車ネットワークを形成した。また、磁気浮上式列車すなわちリニアモーターカー「トランスラピッド」の開発が進められた。再統一直後の多幸症的な景気上昇がしぼむと、九〇年代のドイツ経済は長い停滞と失業の増大に悩むようになった。この先進的な鉄道技術には、輸出の有力な担い手としての期待がかけられた。

一九九四年一月、DBとDRは統合し、株式会社ドイツ鉄道すなわち「DB AG」が成立した。政府が一〇〇％株式を保有する。懸案の上下分離とオープンアクセスが導入され、自由競争による効率化をはかった。一九九九年にはコンツェルンとして改組され、株式未公開や、地域分社化のない業種の一社独占に議論がありながら、今日にいたっている。

民営化によって、ドイツ鉄道の業績が急速に回復することはなかった。企業としての収益性の改善は若干みられたが、株式公開による完全民営化に踏みきれるまでには遠いといえる。

株式会社DBの達成としては、各地都市の「中央駅」駅舎を修繕ないし増改築し、未来的な外観とショッピング・センターの機能をもつ複合型施設に大改造したことが挙げられる。老朽化が悲惨な印象を与えていた旧DRの駅は生まれ変わり、歴史上まともに存在したことがない首都ベルリンの中央駅が、首相官邸からもほど近い一等地に壮麗な姿で出現した。

伝統視されていたダイヤの（欧米基準での比較的な）正確さは、民営化後、むしろ低下した印象が強いようである。七割程度の列車は定時運行されているとの発表があったが、利用者の実感からは遠いともいわれる。路線工事の増加が要因に挙げられるが、リストラによる人員の不足や労働負担増による現場のモラル低下も確実に働いている。結果として、鉄道についてはドイツ社会でかなりオーバーに辛辣《しんらつ》な物言いをしても許される雰囲気が出てきたともいう。株式会社になった国鉄がドイツの人びとに変な風に受け入れられ、愛されているといえなくもないが……。

終章　過去と未来の鉄道

国や組織を生き物やひとにたとえるのはあまり社会科学的ではないが、ついそうしたくなるときがある。ドイツの鉄道も、その対象であろう。一八〇歳を超え、二〇〇歳に近づこうとしている人物である。当然、重厚で、陰影に富んだ歴史をもつ。

本書はその一端を見てきたが、株式会社DBが代表するドイツの鉄道に限らず、鉄道はどこの国や地域でもその社会の歴史的背景と不可分の関係にある。ただドイツの鉄道の場合、つい最近終わった二〇世紀という時期の自分を振り返る意義と必要が、とりわけ大きく、重い。そのことは、この二一世紀ドイツの最大級の企業にとっても自覚されているようである。

ここで振り返っておきたい。

一六世紀ごろから欧州経済がグローバルな規模をもつ「近代世界システム」の主軸となって以降、中近世商工業の拠点を複数もっていた中欧のドイツ語圏が、欧州経済ひいては世界経済のなかで重要な役割を果たす存在になることは、いずれ当然の帰結であった。それには、一八・一九世紀においては、工業化の形をとる必要があった。そのための契機としては、ドイツ語圏の場合、「国民国家」という理念に深く結びついた「国民経済」の形成という、一定の方向づけが与えられねばならなかった。邦レベルでの近代国家の形成とその競合も、大きくはその枠組みのなかにあったといえる。

鉄道は、その方向づけに大きく関与した。その実態がないうちから、外来技術の導入は「ドイツの鉄道」を、あくまで地域的だった個々の鉄道建設で意識させた。鉄道はドイツ各地域の鉱工業的成長を直截《ちょくせつ》的にリードする要素となることで、一八三〇年代以降、なお目に見えない「国民経済」に、関税同盟とともに輪郭を与えてきた。

兵器として鉄道を使った戦争は、統一された国家形態であるドイツを導いた。それは前時代の神聖ローマ帝国と同様、「ライヒ」と呼ばれた。

一八七〇年代以降、二度の体制転換をはさんで七〇年におよんだ「ドイツ・ライヒ」の時代、ドイツの鉄道は「国民経済」に寄り添う。

しかし、ライヒが連邦制的な帝国であった時代、地域のアイデンティティが依然として健在であった意味は大きい。鉄道自体の統合の最後の段階は求められながらまだ遠く、国民経済の成立自体が、このためにまだ未達成でさえあった。そして、中欧という地域が強くもつ国際性も、逆説的に「ドイツの鉄道」の一要素である。

その後、国家の地理的範囲の変動に応じて、「ドイツの鉄道」はその路線網を目まぐるしいといっていい勢いで伸縮させた。「長い一九世紀」が終わると、流血の跡が乾かぬ時期に、ほぼ完全な制度的統合を国営鉄道という形で手に入れ、新しいドイツ国家すなわち民主制のドイツ国（ライヒ）の存立を名実ともに支えた。

鉄道はナチス・ドイツという名のライヒの暴力的な膨張とともに急速に拡大し、その世界観の実現化に加担した。ナチはその嗜好《しこう》と増上慢《ぞうじょうまん》からドイツ国鉄をしばしば視野から外したが、これは迂闊《うかつ》であった。鉄道はドイツの望まない長期戦を支えるべき存在であり、それに気づいたときには、ナチス・ドイツの終わりが目の前にあった。

鉄道も、凶悪な迫害の装置の役割を担っていた。

鉄道輸送が支えていた国民経済的な連関の消滅は、ナチス・ドイツの最後の抵抗を封じ、決定的な破綻を不可避にした。鉄道は敗北と瓦解の運命を、ナチ国家と共有することになった。

こうして見ると、一九世紀の歴史は、二〇世紀の後景に退いているかにみえるが、鉄道にとってはやはりもっとも決定的な時期である。そしてこの一九世紀については、ドイツの鉄道はそれをいわば内在化できているようにも思われる。

というのは、たとえば連邦制的な要素である。「ブント（連邦）」の鉄道は名実ともにドイツ全土に路線をもつにいたったが、かつてのライヒスバーンがそれを目指したような、首都ベルリンを中心軸にする路線網が復活したのではなく、地域ごとに核をもつネットワークとして形成されている。地域経済というドイツの鉄道の出自が、現代国民国家のなかで再生されているともいえる。巨大すぎる独占企業DB AGに分社化の必要が繰り返し主張される背景として、たとえば日本のJRなどとは異なる前提を考量する必要があるかもしれない。

中欧という地理的位置が、ドイツの鉄道の全欧規模で見たときの必要性を支えているが、この構造も一九世紀につくられた。鉄路はヨーロッパ内部での連絡を実現するのみならず、グローバリゼーションに文字通り直結していることも、一九世紀後半以来、二〇世紀の断絶をはさんで再現されている。二一世紀に入り、中国との路線上の直通がなったことを、アンゲラ・メルケル首相自身が手放しで祝ってみせた。ドイツ経済にとっての見果てぬ夢だった中国市場と物理的に連結できたことは、象徴的な意味をもつからであろう。グローバリゼーションのなかで、それに共鳴して、国民経済や国民国家があたかも主体であるかのように立ちあがる。その場になお、鉄道は居あわせた。なお現代ドイツの鉄道技術の精華であったトランスラピッドの売り込みは、今のところ、中国に対してのみ成功をおさめている。

二一世紀のドイツの鉄道は、苛烈な二〇世紀の経験をこのように咀嚼《そしゃく》し、内在化できるだろうか。そうすべきなのか、という議論もありうるだろう。今後、その点も含めて注視したい。

そのために、まずはその「ドイツ鉄道の二〇世紀」の未解明の部分をあきらかにする知識のストックを、私たちもいっそう増やす必要がある。特に世紀の後半部分である。本書の第11章などは、そうした作業のための粗いエスキスにとどまらざるをえなかった。この点を読者は諒とされたい。

さて、いずれ二〇〇歳を超えるドイツの鉄道の将来を支える理念が新しく出てくるとしたら、それはなんだろうか。グローバリゼーションの進展のなかでの、いっそうの高速化と利便性の向上、一〇〇〇キロメートルを超える長距離物流での優位性といったものに、決して楽観は許されない。期待された市場原理の導入は、自動車、航空機といった他交通機関との競争で鉄道だけを利したわけではなさそうである。これらのライバルとその周辺に決定的な技術革新が起きれば、蒸気機関車つまりSLがそうであるように、鉄道自体が機械文明初期へのノスタルジーの対象としてのみ存続することになるかもしれない。突飛な空想だが、ありえないわけではない。すでにそれに近い事態は、むしろ鉄道ファン、好事家の心のなかには起きているのではないか。

株式会社DBが前面に打ち出しているのは、環境への親和性である。鉄道という大量移送の交通機関は、エネルギー資源の消費やCO2排出をはじめとする、地球環境への負荷がより小さい。最近筆者が購入したDBのチケットの紙ホルダーには、「グリーンです」というキャッチコピーが印刷されていた。「気候を守る／環境にやさしい／ドイツ鉄道」とある。

また、個人移動ではない鉄道という輸送機関のもつ公共性という古くからの理念にも、経済格差が問題となる社会では、新しい角度からの注視が加えられる。鉄道は階層間の垣根を払い、公共圏をつくる存在になるかもしれない。狭義の経済的効率性とは異なる意味での効率性や、より広い意味での（「公正」を織り込んだ）厚生を追求するとき、鉄道に新たな意味づけが与えられる、ということだろう。

鉄道は、その歴史の大半を経済成長と共有した。本質的に、経済的な意味での効率性と厚生の向上を担ってきた。ゲーテがいった「富と速度」を追求してきたのである。

その鉄道が、今度はまた新しい理念によって未来に導かれていくのかどうか。私たちはやがて、それを確認できるだろう。

あとがき

ドイツの鉄道について書かれたこの本は、あなたのためにある。

といっても、本書を読んでも、みるみるうちに体重が一〇キログラム落ちたり腹筋が六つに割れたりはしないし、なぜか銀行預金額が三倍になることもない。すぐに彼氏彼女ができたり、友だちが増えるわけでもない（と思う）。残念ながら、流行のブランドのおしゃれなバッグがついてくるわけでもないし、ランチが一〇〇〇円均一になるクーポンとセットでもない。

だが、本書の内容の何か、どこかにあなたが関心をもつことで、あなた自身の世界の見方は、ほんの少し変わるだろう。それは、あなたにとって必要ではありませんか？

なぜそんなことが起きるのかは、本書を読んでもらえばわかるはずだとしかいえないが、ここでただ一言付け加えておけば、世界を正確に把握する方法は三通りしかないのだそうだ。理論、数字、歴史、という人もいれば、哲学、比較、歴史、という人もいて、まあだいたい同じことをいっているのだろうが、いずれにせよ、この本は歴史の本だし、数字も理論も入っているし、日本語で書かれた外国の話である以上、比較でもある。あなたのお役に立たないわけがあろうか。嘘《うそ》だと思ったら読んでくだされば、と心から思う。

そうはいいながら、たいていの本はやはり筆者のためにも書かれていて、本書も例外ではない。

『鉄道のドイツ史』というタイトルの本を書いてみたいと、ずいぶん昔から、私は夢想していた。

ドイツ経済史研究者を名乗る私が普段やっているのは、たとえていえば、社会構造史、数量経済史、（アルフレッド・）チャンドラー史学……、といった巨大なブルドーザーが轟然《ごうぜん》と行き過ぎたあと、残った小さな穴を埋めていく作業だと思える。

このたとえは文学史に有名な元ネタがあり、実は（オリジナル同様）たいして謙遜《けんそん》もしていないうえに、個人的には最近はこの手の本来の仕事をずいぶんサボっているきらいもあるのだが、それにしても、こうしたうつむいてやる作業も少しは長くなった。

倦《う》んだわけではないが、ときに地面から顔をあげて、自分自身の今後の行き先を確かめるために、少し遠くをのぞんでみたい気分になるときもあった。

そんな気持ちをずっと抱えていたが、今回、その機会を幸運にも得られたことは、望外の喜びとしかいいようがない。

結果、ドイツのことも鉄道のこともたくさん書いたので、もういいやという気分には決してならなかったから、筆者個人としては（いい気なものであるが）この試みは成功だったとしかいいようがない。反対に、さらにできるだけ深く、くわしく、ドイツ語圏の鉄道の経験を調べなければならないと思うばかりだ。それはまた、うつむいて小さな穴を埋めていく作業にもならなければならないと感じている。

本書の内容については、参考文献に挙げられた以外の無数の研究成果にもよっている。また、こうして使っている言葉は、これまでに出会ったあらゆる種類の文章から教わったものだ。それらと同様に、指導や忠言、さまざまな助力をくださった多くの方々の名前をあげることも、残念ながら、その数が多すぎてとうていできない。失礼をお詫《わ》びし、また同時に、すべての方々にあらためて感謝申し上げたい。もちろん、本書を手にとってくださった方々にも。

本書を映画にたとえれば、スタッフとして私のやれたことは脚本執筆と現場の演出というところで、それで「これは俺のシャシンだ」といってもいいかもしれないが、実は映画というのはどうあっても、プロデューサーのものである。本書でそれにあたるのは、中公新書編集部の上林達也氏以外にはいない。このプロデューサーは、もちろん企画から、疎放なWORD原稿を最終的に本の形にするためのすべての作業を精力的におこなわれた。あらためてこの場を借りて氏に御礼申し上げる。作品がもしも成功すればそれは必ずプロデューサーの尽力のおかげであり、万が一失敗してしまえば、それは大体、拙《つたな》い脚本と演出のせいなのである。

二〇二〇（令和二）年一月

鴋澤　歩

zur Dauerausstellung im DB Museum Bd.1, p.10

第3章

〔ライプツィヒ－ドレスデン鉄道理事会〕Reichsverkehrsministerium, *Hundert Jahre Deutsche Eisenbahnen,* Leipzig, 1938〈2〉

第4章

〔主要機関車の生産台数〕Masserschmidt, Wolfgang, *Taschenbuch Deutsche Lokomotivfabriken: Ihre Geschichte, ihre Lokomotiven und Konstrukteure,* Stuttgart: Franck' sche Verlagshandlung,1977, p.237をもとに作成

第5章

〔ベルリン－ハンブルク鉄道の組織図〕鴋澤歩『ドイツ工業化における鉄道業』有斐閣, 2006, p.167をもとに作成

第6章

〔鉄道橋建設工事〕DB Museum, *Geschichte der Deutschen Eisenbahn (Katalog zur Dauerausstellung im DB Museum)* Bd.1, p.55

第7章

〔「民主派」のカリカチュア〕Gall, Lothar and Roth, Ralf, 1848/49. *Die Eisenbahn und die Revolution.* Berlin 1999.,p.24

第9章

〔独仏戦争〕GRANGER.COM/アフロ

第10章

〔ライヒスバーン〕Deutsche Reichsbahn-Gesellschaft, *Wirtschaftsführung und Finanzwesen der Deutschen Eisenbahn,* Berlin 1934, p.50

〔ライヒスバーン理事会〕DB Museum, *Geschichte der Deutschen Eisenbahn (Katalog zur Dauerausstellung im DB Museum)* Bd.2, p.70

〔ナチス・ドイツ期鉄道路線〕DB Museum, *Geschichte der Deutschen Eisenbahn (Katalog zur Dauerausstellung im DB Museum)* Bd.2, p.121をもとに作成

第11章

〔ベルリンの壁〕Ullstein Bild/アフロ

地図作成：地図屋もりそん

図表作成：スタジオ・ポット（山田信也）

ケスラー、ハリー（松本道介訳）『ワイマル日記（下）』冨山房、1994
ケルショー、イアン（柴田敬二訳）『ヒトラー神話——第三帝国の虚像と実像』刀水書房、1993
田野大輔『魅惑する帝国——政治の美学化とナチズム』名古屋大学出版会、2007
トゥーズ、アダム（山形浩生・森本正史訳）『ナチス 破壊の経済1923-1945（上）（下）』みすず書房、2019
ナゴルスキ、アンドリュー（津守滋監訳、津守京子訳）『モスクワ攻防戦——20世紀を決した史上最大の戦闘』作品社、2010
フリードリヒ、イェルク（香月恵里訳）『ドイツを焼いた戦略爆撃1940-1945』みすず書房、2011
ベッセル、リチャード（大山晶訳）『ナチスの戦争 1918-1945——民族と人種の戦い』中公新書、2015

第 11 章

Berliner S-Bahn-Museum, Strecke ohne Ende:Die Berliner Ringbahn, Berlin: Berliner S-Bahn-Museum, 2002.
Deutsche Bahn AG, “25 Jahre Deutsche Bahn AG”, https://25jahre.deutschebahn.com/（2019年12月22日閲覧）
Gottwaldt, Alfred B., *Das Berliner U- und Sbahnnetz: Eine Geschichte in Streckenplänen von 1888 bis heute*, Stuttgart: Transpress, 2013.
Kill, Susanne, Kopper, Christopher und Jan-Henrick Peters, *Die Reichsbahn und der Strafvollzug in der DDR: Häftlingszwangsarbeit und Gefangenentransport in der SED-Diktatur,* Essen:Klartext, 2016〈2〉.
Kirsche, Hans-Joachim und Müller, Hans, *Eisenbahnatlas DDR*, Berlin/Leipzig:VEB Tourist Verlag, 1988〈2〉.
Kopper, Christopher, *Die Bahn im Wirtschaftswunder: Deutsche Bundesbahn und Verkehrspolitik in der Nachkriegsgesellschaft*, F.a.M./NY:Campus Verlag, 2007.
Preß, Erich, *Reichsbahn Report: Zwischen Ideologie und Wirklichkeit,* Stuttgart:Transpress, 2015.
青木真美『ドイツにおける運輸連合制度の意義と成果』日本経済評論社、2019
桜井徹『ドイツ統一と公企業の民営化——国鉄改革の日独比較』同文館出版、1996
芝崎祐典『権力と音楽——アメリカ占領軍政府とドイツ音楽の「復興」』吉田書店、2019
清水聡『東ドイツと「冷戦の起源」 1949-1955年』法律文化社、2015
ジャット、トニー（森本醇訳）『ヨーロッパ戦後史（上）1945-1971』みすず書房、2008

主要図版出典
第 2 章

〔ルートヴィッヒ鉄道〕DB Museum, *Geschichte der Deutschen Eisenbahn (Katalog*

するのか』中公文庫、2006
ゲルヴァルト、ローベルト（小原淳訳）『敗北者たち——第一次世界大戦はなぜ終わり損ねたのか1917-1923』みすず書房、2019
藤原辰史『カブラの冬——第一次世界大戦期ドイツの飢饉と民衆』（レクチャー第一次世界大戦を考える）人文書院、2011
鳩澤歩「第一次大戦後ドイツ鉄道業におけるバイエルン・グループ管理局（Gruppenverwaltung Bayern）の成立（1919-1925）」『經濟学論究』第73巻第2号（2019）

第10章

Davie, H.G.W., "The Influence of Railways on Military Operations in the Russo-German War 1941–1945", in: *Journal of Slavic Military Studies,* 30-2（2017）.
Deutsche Reichsbahn-Gesellschaft, *Wirtschaftsführung und Finanzwesen der Deutschen Eisenbahn,* Berlin: Verkehrswissenschaftliche Lehrmittelgesellschaft m.b.H., 1934.
Glantz, David M., *Colossus Reborn: The Red Army At War, 1941–1943,* Lawrence（Kansas）: University Press of Kansas, 2005.
Gottwaldt, Alfred, *Deutsche Eisenbahnen im Zweiten Weltkrieg. Rüstung, Krieg und Eisenbahn (1939–1945)*, Stuttgart,: Franckh'sche Verlagshandlung, 1985 〈2〉.
Gottwaldt, Alfred, *Die Reichsbahn und die Juden 1933–1939: Antisemitismus bei der Eisenbahn in der Vorkriegszeit,* Wiesbaden:marixverlag, 2011.
Kandler, Udo, *Frauen bei der Reichsbahn*, Essen: Klartext Verlag, 2014.
Mierzejewski, Alfred C., *The Collapse of the German War Economy, 1944–1945: Allied Air Power and the German National Railway,* Chapel Hill: University of North Carolina Press. 1988.
Mierzejewski, Alfred C., "Ludwig Homberger: An Extraordinary Man.", in: *Railroad History Bulettin,* No.179（1998）.
Piekalkiewicz, Janusz, *Die Deutsche Reichsbahn im Zweiten Weltkrieg*, Stuttgart: transpress, 2018.
アーレント、ハンナ（大久保和郎訳）『エルサレムのアイヒマン——悪の陳腐さについての報告〔新版〕』みすず書房、2017
ヴァンゼー会議記念館編著（山根徹也・清水雅大訳）『資料を見て考えるホロコーストの歴史——ヴァンゼー会議とナチス・ドイツのユダヤ人絶滅政策』春風社、2015
ウォルマー、クリスティアン（平岡緑訳）『鉄道と戦争の世界史』中央公論新社、2013
大木毅『独ソ戦——絶滅戦争の惨禍』岩波新書、2019
カーショー、イアン（石田勇治監修、川喜田敦子・福永美和子訳）『ヒトラー（上）1889-1936傲慢、（下）1936-1945天罰』白水社、2015／2016
川瀬泰史『シャハト——ナチスドイツのテクノクラートの経済政策とその構想』三恵社、2017

Germany and Japan", in: Sawai, M.（ed.）, *The Development of Railway Technology in East Asia in Comparative Perspective*, Singapore: Springer Nature, 2017.
Hetzer, Gerhard und Tröger, Otto-Karl（eds.）, *Weichenstellungen. Eisenbahnen in Bayern 1835–1920 (Ausstellungskataloge der Staatlichen Archive Bayerns, Nr.43)*, München, 2001.
Hoffmann, W.G., Grumbach, F. und J.H. Müller, *Das Wachstum der deutschen Wirtschaft seit der Mitte des 19. Jahrhunderts*, Heidelberg, Berlin: Springer, 1965.
Klee, Wolfgang, *Kleine bayerische Eisenbahngeschichte*, Hövelhof:DGEG Medien, 2006.
Müller, Lothar und Zwang, Matthias（eds.）, *Zug um Zug: Sächsische Eisenbahngeschichten*, Chemnitz: Chemnitzer Verlag, 2008〈2〉.
Ücker, Bernhard, *Die bayerische Eisenbahn 1835–1920*, München:Süddeutsche Zeitung, 1988.
スタインバーグ、ジョナサン（小原淳訳）『ビスマルク（上）（下）』白水社、2013
中辻柚珠「《書評》Maarten Van Ginderachter and John Fox（eds.）National Indifference and the History of Nationalism in Modern Europe」『フェネストラ：京大西洋史学報』3（2019）
鳩澤歩「国際関係のなかの19世紀ドイツ鉄道企業団体―外交と産業の競争力について」『経済論叢』（京都大学）、第187巻第3号（2013）
鳩澤歩「19世紀ドイツ鉄道国有化と帝国鉄道庁」『大阪大学経済学（阿部武司博士還暦記念号）』第63巻1号（2013）

第9章

Anastasiadou, Irene, *Constructing Iron Europe: Transnationalism and Railways in the Interbellum*, Amsterdam: Aksant Academic Publishers, 2011.
Merridale, Catherine, *Lenin on the Train*, London: Allen Lane, 2016.
Unterseher, Lutz, *Eisenbahn und Krieg: Theorie und Praxis von Friedrich Engels, Helmuth von Moltke, William Sherman*, Berlin/Münster/ Wien/Zürich/London: Lit, 2017.
Vinzens, Klaus, *Einsatz der Eisenbahnen in den Kriegen 1854–1918, Einblicke in die steigende Nutzung der Eisenbahn für politisch-strategische und militärische Zwecke in Deutschland, Europa und Amerika*, Bad Langesalza/Thüringen: Verlag Rockstuhl, 2019.
浅田進史「開戦原因論と植民地獲得競争」小野塚知二編『第一次世界大戦開戦原因の再検討——国際分業と民衆心理』岩波書店、2014
磯部裕幸『アフリカ眠り病とドイツ植民地主義——熱帯医学による感染症制圧の夢と現実』みすず書房、2018
グズィ、Ch.（原田武夫訳）『ヴァイマール憲法——全体像と現実』風行社、2002
栗原久定『ドイツ植民地研究——西南アフリカ・トーゴ・カメルーン・東アフリカ・太平洋・膠州湾』パブリブ、2018
クレフェルト、マーチン・ファン（佐藤佐三郎訳）『補給戦——何が勝敗を決定

1948
プレーヴェ、ラルフ（阪口修平・丸畠宏太・鈴木直志訳）『19世紀ドイツの軍隊・国家・社会』創元社、2010
丸畠宏太「退役下士官の文官任用制度とその機能」望田幸男編『近代ドイツ＝資格社会の展開』名古屋大学出版会、2003

第6章

Brophy, James M., *Capitalism, Politics, and Railroads in Prussia, 1830–1870,* Columbus: Ohio State University Press, 1998.
Engel, Ernst, "Der Preis der Arbeit bei den deutschen Eisenbahn in den Jahren 1850, 1859 und 1869.", in: *Zeitschrift des Koniglich Preussischen Statistischen Bureaus*, 14-1（1874）.
Unruh, H.V.v., *Autorität oder Majorität (Vorkämpfer Deutscher Freiheit:Dokumente Liberaler Vergangenheit)*, München : Nationalverein, 1912.
高橋秀行「ドイツ技師協会とポリテクニクム改革問題——1864-1879年、グラスホーフ提言を中心に」『大阪大学経済学』42-3/4（1993）
田中洋子「ドイツの技術開発における現場と理論——クルップ社技師のキャリア分析を事例に」谷口明丈編著『現場主義の国際比較——英独米日におけるエンジニアの形成』ミネルヴァ書房、2015
鳩澤歩「1840年代ドイツ語圏諸国の鉄道建設における経営上の諸問題」『大阪大学経済学』第59巻第3号（2009）
鳩澤歩「19世紀ドイツ・プロイセンにおける鉄道技術者の挫折——ベルリン・フランクフルト鉄道建設におけるC. F. ツィムペル」『企業家研究』第8号（2011）

第7書

Gall, Lothar and Roth, Ralf, *1848/49. Die Eisenbahn und die Revolution*. Berlin: Deutsche Bahn AG, 1999.
Hewitson, Mark, *Nationalism in Germany, 1848-1866: Revolutionary Nation*, Hampshire: Palgrave Macmilan, 2010.
Sperber, Jonathan, "Eine alte Revolution in neuer Zeit: 1848/49 in europäischer Perspektive", in: Jansen, Ch. und Mergel Th.,（eds.）, *Die Revolution von 1848/49: Erfahrung-Verarbeitung-Deutung,* Göttingen: Vandenhoeck & Ruprecht, 1998.
シュタイナー、ヘルバート（増谷英樹訳）『1848年——ウィーンのマルクス』未来社、1998
竹林栄治「19世紀前半におけるバーデン大公国の鉄道建設——広軌採用の戦略性について」『広島経済大学経済研究論集』第33巻第4号（2011）
山根徹也『パンと民衆——19世紀プロイセンにおけるモラル・エコノミー』山川出版社、2003

第8章

Banzawa, A., "A Comparison of Railway Nationalization between Two Empires:

Fremdling, Rainer, *Technologischer Wandel und Internationaler Handel im 18. und 19. Janhrhundert: Die Eisenindustrie in Großbritanien, Belgien, Frankreich und Deutschland*, Berlin: Duncker & Humblot, 1986.
Gall, Lothar, *Krupp: Der Aufstieg eines Industrieimperiums,* Berlin:Siedler Verlag, 2000.
Masserschmidt, Wolfgang, *Taschenbuch Deutsche Lokomotivfabriken: Ihre Geschichte, ihre Lokomotiven und Konstrukteure*, Stuttgart: Franckh'sche Verlagshandlung, 1977.
O'Rourke, Kevin H. and Williamson, Jeffrey G., *Globalization and History: The Evolution of a Nineteenth-Century Atlantic Economy,* Cambridge: MIT Press, 2001.
Wolf, Nick, "Was Germany ever united? Evidence from intra-and international trade, 1885–1933", in: *Journal of Economic History,* 69-3（2009）.
フォーゲル、R. W.（田口芳弘・渋谷昭彦訳）『アメリカ経済発展の再考察——ニュー・エコノミック・ヒストリー十講（新アメリカ史叢書〈6〉）』南雲堂、1977
ド・フリース、J.／ファン・デァ・ワウデ、A.（大西吉之・杉浦未樹訳）『最初の近代経済——オランダ経済の成功・失敗と持続力1500-1815』名古屋大学出版会、2009
マディソン、アンガス（政治経済研究所監訳）『世界経済史概観——紀元1年-2030年』岩波書店、2015
鳩澤歩「ドイツ関税同盟に関する経済史的研究」『大阪大学経済学』第64巻第2号（2014）

第5章

Frank, J., *Der Praktische Eisenbahnbeamte: Ein Handbuch für Verwaltungsräthe, Direktoren und Eisenbahnbeamte, sowie für solche, die es werden wollen, oder sich mit den bewährten Einrichtungen der Eisenbahnen vertraut zu machen beabsichtigen*, Magdeburg: Baensch, 1851.
Haustein W., und B. Stumpf, *Hundert Jahre deutsche Eisenbahner, Die Geschichte eines Berufsstandes.*, Leipzig:Konkord-Verlag, 1935.
Then, Volker, *Eisenbahnen und Eisenbahnunternehmer in der Industriellen Revolution. Ein preußisch(deutsch) - englischer Vergleich 1830–1880 (Inaugural-Dissertation zur Erlangung des Doktorgrades der Philosophie am Fachbereich Geschichtswissenschaften der Freien Universität Berlin)*, Berlin, 1993.
Then, Volker, *Eisenbahnen und Eisenbahnunternehmer in der Industriellen Revolution. Ein preußisch/deutsch - englischer Vergleich,* Göttingen: Vandenhoeck & Ruprecht, 1997.
コッカ、ユルゲン（加来祥男訳）「産業革命期における鉄道業の管理——ドイツとアメリカの比較」『工業化・組織化・官僚制——近代ドイツの企業と社会』加来祥男編訳、名古屋大学出版会、1992
長濱政壽「ドイツの官吏制度」蠟山政道ほか『各國官吏制度の研究』プレブス社、

B.〔eds.〕), *Schriften/Reden/Briefe, Bd. III, Schriften zum Verkehrswesens, zweiter Teil*, Berlin: R.Hobbing, 1931.
Nipperdey, Thomas, *Deutsche Geschichte 1800–1866. Bürgerwelt und starker Staat*, München: C. H. Beck, 1983.
藏本忍「ドイツ最初の鉄道としてのルートウィヒ鉄道（1）（2）（3）」『政經論叢（明治大学）』第65巻 3-4（1997）、第66巻 1（1997）、2（1997）
藏本忍「フリードリヒ・リストにおける鉄道の政治的・社会的意義について」『明治大学社会科学研究所紀要』44巻 2（2001）
菅野瑞治也『ブルシェンシャフト成立史――ドイツ「学生結社」の歴史と意義』春風社、2012
チャン、ハジュン（横川信治・張馨元・横川太郎訳）『はしごを外せ――蹴落とされる発展途上国』日本評論社、2009
諸田實『フリードリッヒ・リストと彼の時代――国民経済学の成立』有斐閣、2003
諸田實『晩年のフリードリッヒ・リスト――ドイツ関税同盟の進路』有斐閣、2007
諸田實『リストの関税同盟新聞』有斐閣アカデミア、2012

第3章

Borchardt, Knut, "Zur Frage des Kapitalmangels in der ersten Hälfte des 19. Jahrhundert", in: *Jahrbücher für Nationalökonomie und Statistik* 173（1961）.
Kocka, Jürgen（ed.）, *Bürgertum im 19. Jahrhundert: Bd. 1 Einheit und Vielfalt Europas. Bd. 2 Wirtschaftsbürger und Bildungsbürger. Bd. 3 Verbürgerlichung, Recht und Politik*. Göttingen: Vandenhoeck & Ruprecht, 1995.
Tilly, Richard, 'Germany', in: Richard Sylla, Gianni Toniolo（eds.）, *Patterns of European Industrialisation: The Nineteenth Century*, London: Routledge, 1992.
上山安敏『ドイツ官僚制成立論――主としてプロイセン絶対制国家を中心として』有斐閣、1964
高橋秀行『近代ドイツ工業政策史――19世紀プロイセン工業育成振興政策とP. C. W. ボイト』有斐閣、1986
ハフナー、セバスチァン（魚住昌良・川口由紀子訳）『図説 プロイセンの歴史――伝説からの解放』東洋書林、2000
諸田實「プロイセンの関税同盟推進論――F・モッツ「覚え書（メモアール）」（1829年 6 月）の解説と試訳」『商経論叢』30-4（1995）
鳩澤歩「19世紀ドイツ市民層の成立を経済発展においていかに処遇するか――「ビーダーマイヤー時代 Biedermeierzeit」を視角として」『大阪大学経済学』46-1（1996）

第4章

Fischer, Wolfram（ed.）, *The Economic Development of Germany since 1870,* vol.1., Cheltenham/Lyme:Edward Elger, 1997.

小池滋、和久田康雄、青木栄一編『鉄道の世界史』悠書館、2010
今野元「国民国家史におけるドイツ帝国崩壊の意義」池田嘉郎編『第一次世界大戦と帝国の遺産』山川出版社、2014所収
斎藤晃『蒸気機関車の興亡』NTT出版、1996
坂井榮八郎『ドイツ史10講』岩波新書、2003
ザックス、エミール（財団法人運輸調査局訳）『鉄道論（調査資料第79号）』財団法人運輸調査局、1951
シベルブシュ、ヴォルフガング（加藤二郎訳）『鉄道旅行の歴史——十九世紀における空間と時間の工業化』法政大学出版局、1982
平井正『ドイツ鉄道事情——紀行と秘話の鉄道物語』光人社、2000
山田徹雄『ドイツ資本主義と鉄道』日本経済評論社、2001
湯沢威、小池滋、田中俊宏、松永和生、小野清之『鉄道——近代ヨーロッパの探究　14』ミネルヴァ書房、2012
鴋澤歩『ドイツ工業化における鉄道業』有斐閣、2006
鴋澤歩『鉄道人とナチス——ドイツ国鉄総裁ユリウス・ドルプミュラーの二十世紀』国書刊行会、2018

第１章

Goethe, J.W., Briefe. An Carl Friedrich Zelter, 6. Juni 1825, in: Richter, Karl（ed.）, *Johann Wolfgang Goethe, Samtliche Werke nach Epochen seines Schaffens. Münchener Ausgabe, Band 20.1 Text 1799–1827, Briefwechsel zwischen Goethe und Zeltner in den 1799 bis 1832*, München: Carl Hanser Verlag, 1991.
Schiller, Friedrich ‘Das Deutsche Reich’, Goethe, J.W. und Schiller, Friedrich, *Xenien*, Dinslaken:Athenemedia Verlag, 2014.
池谷文夫『神聖ローマ帝国——ドイツ王が支配した帝国』刀水書房、2019
エッカーマン、ヨハン・ペーター（山下肇訳）『ゲーテとの対話』（上）（下）岩波文庫、1968／1969
キーゼヴェター、フーベルト（高橋秀行・桜井健吾訳）『ドイツ産業革命——成長原動力としての地域』晃洋書房、2006
ボーラー、K. H.（高木葉子訳）『大都会のない国：戦後ドイツの観相学的パノラマ』法政大学出版局、2004
宮本直美『教養の歴史社会学——ドイツ市民社会と音楽』岩波書店、2006
渡辺尚『ラインの産業革命——原経済圏の形成過程』東洋経済新報社、1987

第２章

Haase, Ralf, *Friedrich List und Johann Andreas Schubert-- Pionere und Wegbereiter des deutschen Ferneisenbahnnetzes: Technikgeschichte im Zeitalter der industriellen Revolution*, Dresden: Sonnenblumen-Verlag, 2015.
List, Friedrich, “Das deutsche Eisenbahnsystem（III）:als Mittel zu vervollkommnung der deutschen Industrie, des deutschen Zollverein und des deutschen National Verbandes überhaupt”, 1841, in:（Genest, A. und Mayer,

主要参考文献

各章の参考文献については、文中で直接引用ないし利用した文献に限った。調査分析に使用した公文書等一次史料については、拙著・拙論文を参照されたい。

全般にわたる参考文献

DB Museum, *Geschichte der Deutschen Eisenbahn (Katalog zur Dauerausstellung im DB Museum)* Bd.1-4., Nürnberg: DB Museum, 2001-2014.

Deutsche Reichsbahn, *Die Deutschen Eisenbahnen in ihrer Entwicklung 1835–1935*, Berlin : E.S.Mittler und Sohn Verlagsbuchhandlung, 1935.

Eisenbahnjahr Ausstellungsgesellschaft m.b.H., *Zug der Zeit, Zeit der Zuge : deutsche Eisenbahn 1835–1985* Bd.1, 2., Berlin: Siedler, 1985.

Fremdling, Rainer, *Eisenbahnen und deutsches Wirtschaftswachstum 1840–79: Ein Beitrag zur Entwicklungstheorie und zur Theorie der Infrastruktur,* Dortmund: Ardey-Verlag, 1975. 1985 〈2〉.

Fremdling, R., Federspiel, R. und A. Kunz（eds.）, *Statistik der Eisenbahnen in Deutschland: 1835–1989 (Quellen und Forschungen zur Historischen Statistik von Deutschland, Band 17)*, St. Katharinen: Scripta Mercaturae Verlag, 1995.

Gall, Lothar und Pohl, Manfred, *Die Eisenbahn in Deutschland: Von den Anfängen bis zur Gegenwart*, München:C.H.Beck, 1999.

Klee, Wolfgang, *Preußisiche Eisenbahngeschichte*, Stuttgart/Köln/Berlin/Mainz: Kohlhammer, 1982.

Liebl, Toni, Stroffels, W., Krummheuer, E., et.al., *Offizieller Jubiläumsband der Deutschen Bundesbahn; 150 Jahre Deutsche Eisenbahn,* München: Eisenbahn-Lehrbuch Verlagsgesellschaft, 1985.

Mierzejewski, A.C., *The Most Valuable Asset of the Reich: A History of the German National Railway,* Chapel Hill and London: The University of North Carolina Press, 1999.

Mitchell, Allan, *The Great Train Race: Railways and the Franco-German Rivalry 1815–1914*, New York/Oxford: Berghahn, 2000.

Reichsverkehrsministerium, *Hundert Jahre deutsche Eisenbahnen: Jubiläumssschrift zum hundertjährigen Bestehen der deutsche Eisenbahnen,* Leipzig: Verkehrswissenschaftliche Lehrmittelgesellschaft m.b.H., 1938 〈2〉.

Rossberg, Ralf Roman（ed.）, *Deutsche Eisenbahnfahrzeugevon 1838 bis Heute,* Düsseldorf: Springer, 1988.

Ziegler, Dieter, *Eisenbahnen und Staat im Zeitalter der Industrialisierung. Die Eisenbahnpolitik der deutschen Staaten im Vergleich*, Stuttgart: Franz Steiner Verlag, 1995.

阿部謹也『物語　ドイツの歴史――ドイツ的とはなにか』中公新書、1998

池田博行『ドイツ鉄道小史』時潮社、1978

近現代ドイツ史　略年表

西暦	出来事
1648年	三十年戦争、終結。ドイツの領邦分裂、常態化
1740年	プロイセン王国、フリードリヒ二世即位。オーストリアのマリア・テレジアとオーストリア継承戦争、七年戦争で争う
1789年	フランス革命勃発
1806年	神聖ローマ帝国崩壊。プロイセンがナポレオンに大敗
1807年	プロイセン「シュタイン＝ハルデンベルク改革」開始
1813年	「諸国民戦争」でナポレオン敗れる
1814年	ヴィーン会議（～1815年）
1815年	ドイツ連邦成立
1817年	学生組織「ブルシェンシャフト」が自由と統一を訴えてヴァルトブルク祝祭
1834年	ドイツ関税同盟成立
1835年	ニュルンベルク‐フュルト間に最初の鉄道開業
1848―49年	ドイツ各地で革命、「ドイツ国民議会」は統一を試みるが挫折
1851年	第一回ロンドン万博に製鉄業者クルップが、鋼鉄製大砲を出品
1862年	ビスマルク、プロイセン王国首相に就任
1864年	プロイセン、オーストリアがデンマーク戦争（第二次）に勝利
1866年	普墺戦争。ドイツ連邦解体
1867年	プロイセンを中心に北ドイツ連邦結成
1870年	独仏（普仏）戦争はじまる

近現代ドイツ史 略年表

1871年	ドイツ帝国成立。
	＊このころドイツの主要都市間を結ぶ鉄道路線ほぼ完成
1872年	帝国宰相ビスマルク、カトリックに対して「文化闘争」を仕掛ける
1878年	「社会主義者鎮圧法」による社会主義者、労働組合弾圧はじまる
	「ベルリン会議」。ビスマルク外交の展開
1879年	ジーメンス、実用的な電気機関車を発明
1890年	皇帝ヴィルヘルム二世、ビスマルクを解任
1898年	青島などを含む膠州湾を租借地とする
	＊世紀末、全欧の鉄道路線距離は28万4000キロメートル（全世界で79万キロメートル）
1903年	バグダード鉄道の路線工事開始
1914年	第一次世界大戦（～1918年）
1918年	ドイツ革命。ドイツ敗戦
1919年	「ヴァイマル憲法」制定。ヴェルサイユ条約
	ベルリン-ヴァイマル間に初の定期航空便
1920年	邦有鉄道統合、「ドイツ国鉄（ライヒスバーン）」成立
1923年	ルール占領。「天文学的インフレ」
1924年	賠償金支払いに関する「ドーズ案」成立
	ドイツ国鉄、特殊会社化（DRG）
1929年	世界大不況はじまる。金融恐慌、大量失業
1933年	ヒトラーが首相就任。アウトバーン建設計画
1936年	非武装地帯ラインラントに進駐。ベルリン・オリンピック開催
1937年	ドイツ国鉄、官庁組織に復する
1939年	第二次世界大戦はじまる

1940年	アウシュヴィッツ（第一）収容所設置
1941年	独ソ戦開始
1945年	ドイツ降伏。四ヵ国が分割占領
1949年	東西ドイツに分断して建国
	西独ブンデスバーンと東独ライヒスバーンに分裂
1953年	東独、「6月17日事件」。労働者蜂起を弾圧
1961年	「ベルリンの壁」建設
1972年	両独関係基本条約。両独共存を明文化
1973年	石油ショック
1980年	「緑の党」が全国政党化
1982年	コールが西独首相に就任
1989年	「ベルリンの壁」崩壊
1990年	ドイツ再統一
1994年	東西ドイツ国鉄統合・民営化。「DB AG」に
1998年	シュレーダー、連邦選挙でコール率いる与党を破り、首相に
2005年	旧東独出身のメルケルが首相に就任
2006年	ベルリン中央駅開業
	FIFAワールドカップ・ドイツ大会

鳩澤 歩（ばんざわ・あゆむ）

1966年，大阪府生まれ．大阪大学大学院経済学研究科教授．博士（経済学）．大阪大学経済学部卒，同大学院経済学研究科博士後期課程中退．滋賀大学経済学部助手，在ベルリン日本国総領事館（当時）専門調査員，大阪大学大学院経済学研究科助教授などを経て，2010年より現職．

著書『ドイツ工業化における鉄道業』（有斐閣，2006年，第50回日経・経済図書文化賞）
『鉄道人とナチス』（国書刊行会，2018年，第44回交通図書賞、第20回鉄道史学会・住田奨励賞）

共著『西洋経済史』（有斐閣アルマ，2010年）
『ドイツ現代史探訪』（大阪大学出版会，2011年）

論文："A Comparison of Railway Nationalization between Two Empires: Germany and Japan", in: Sawai, M.（ed.）, *The Development of Railway Technology in East Asia in Comparative Perspective*, Springer Nature, 2017など

鉄道《てつどう》のドイツ史《し》
中公新書 *2583*

2020年3月25日発行

著 者 鳩 澤 歩
発行者 松 田 陽 三

本文印刷 暁 印 刷
カバー印刷 大熊整美堂
製 本 小泉製本

発行所 中央公論新社
〒100-8152
東京都千代田区大手町1-7-1
電話 販売 03-5299-1730
編集 03-5299-1830
URL http://www.chuko.co.jp/

Published by CHUOKORON-SHINSHA, INC.
Printed in Japan ISBN978-4-12-102583-8 C1222